# 从扶贫到自立之路

## 乌蒙山片区贫困测度、产业优化与国土政策

张秀智 施昱年 张磊◎著

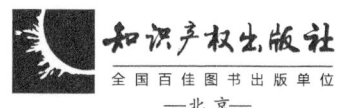

知识产权出版社
全国百佳图书出版单位
—北京—

**图书在版编目（CIP）数据**

从扶贫到自立之路：乌蒙山片区贫困测度、产业优化与国土政策/张秀智，施昱年，张磊著. —北京：知识产权出版社，2020.5

ISBN 978 - 7 - 5130 - 4721 - 0

Ⅰ.①从… Ⅱ.①张… ②施… ③张… Ⅲ.①贫困山区—扶贫—研究—西南地区 Ⅳ.①F127.7

中国版本图书馆 CIP 数据核字（2020）第 066689 号

**内容提要**

本书以未实现全部脱贫摘帽的云南、四川、贵州三省交界的乌蒙山片区为研究对象，测度了乌蒙山各县区的贫困指数以及时空变化，评价了区域产业的集中度和专业化程度，讨论了从扶贫到自立的产业发展策略。从扶贫视角提出了乌蒙山片区扶贫产业的适宜性和驱动导向，分析了与产业扶贫相匹配的土地利用模式。本书主要目标是从过去的扶贫工作经验中梳理出一条可行的产业扶贫道路，内容核心是探讨如何通过"产业脱贫"，让贫困户依靠自己的双手自力更生，实现脱贫致富。

**策划编辑**：蔡 虹　　**责任校对**：潘凤越
**责任编辑**：程足芬　　**责任印制**：孙婷婷

**从扶贫到自立之路：乌蒙山片区贫困测度、产业优化与国土政策**

张秀智 施昱年 张 磊 著

| | |
|---|---|
| **出版发行**：知识产权出版社有限责任公司 | **网　　址**：http：//www. ipph. cn |
| **社　　址**：北京市海淀区气象路 50 号院 | **邮　　编**：100081 |
| **责编电话**：010 - 82000860 转 8324 | **责编邮箱**：chengzufen@ qq. com |
| **发行电话**：010 - 82000860 转 8101/8102 | **发行传真**：010 - 82000893/82005070/82000270 |
| **印　　刷**：北京九州迅驰传媒文化有限公司 | **经　　销**：各大网上书店、新华书店及相关专业书店 |
| **开　　本**：787mm × 1092mm　1/16 | **印　　张**：15.75 |
| **版　　次**：2020 年 5 月第 1 版 | **印　　次**：2020 年 5 月第 1 次印刷 |
| **字　　数**：248 千字 | **定　　价**：69.00 元 |

ISBN 978-7-5130-4721-0

谨以此书献给奋战在乌蒙山片区
扶贫一线的同志们、朋友们!

# 前　言

自脱贫攻坚战打响以来，我国在脱贫工作上已取得丰硕成果。2020年3月5日的央视新闻，传来了振奋的消息，在2019年申请摘帽的贫困县中，中西部22个省区市的242个贫困县已宣布脱贫摘帽，河北、山西、内蒙古、黑龙江、河南、湖南、海南、重庆、西藏、陕西这10省市区则已实现贫困县全部脱贫摘帽。

依托产业是扶贫的重要手段。在2020年3月6日召开的决战决胜脱贫攻坚座谈会上，习近平总书记指出，“坚持开发式扶贫方针，引导和支持所有有劳动能力的贫困人口依靠自己的双手创造美好明天”。在脱贫攻坚过程中，已有“90%以上得到了产业扶贫和就业扶贫支持，三分之二以上主要靠外出务工和产业脱贫”，贫困区县的“特色产业不断壮大”。然而，习近平总书记也谈到，这一过程也是困难的，“扶贫产品销售和产业扶贫困难”“产业基础比较薄弱”“产业项目同质化严重”。因此，为完成高质量脱贫攻坚目标，要“支持扶贫产业恢复生产”“用好产业帮扶资金和扶贫小额信贷政策，促进扶贫产业持续发展”“推进东部产业向西部梯度转移，实现产业互补”。

本书的主要目标是从过去的扶贫工作经验中梳理出一条可行的产业扶贫道路；内容核心是如何通过“产业脱贫”，让贫困户依靠自己的双手自力更生，实现脱贫致富。据此，我们选择还未实现全部脱贫摘帽的云南、四川、贵州三省交界的乌蒙山片区为研究对象，讨论从扶贫到自立的产业发展策略。本书主要内容包括当前的扶贫政策与经验（第1~3章），乌蒙山片区产业发展现状与发展程度（第4~6章），构建贫困度与压力的测算方法（第7章），总结分析乌蒙山片区国土资源扶贫政策与发展方向（第8章）。

通过本书，期望能够从理论上凝练产业扶贫的逻辑思路，从视野上拓展产业扶贫的可选路径，从方法上探索产业扶贫的可行路径。三次产业的发展规律、支柱产业的分析、技术水平的评价、产业集中度和专业化程度测算、基于 DEA 的产业承接效应方法应用、贫困测度方法构建以及对自然贫困、社会贫困和综合贫困测度的模拟，都是本书重点的分析内容。本书还系统梳理了国土资源部门参与乌蒙山扶贫的系列政策。这些政策极大地盘活了土地资源价值，推动了东部“资金”与西部“土地资源”的价值转换，提高了城乡建设用地增减挂钩的“含金量”，为乌蒙山片区产业发展提供了土地保障。希望读者能够从上述内容中获得新知，扩展扶贫理论思考的深度与广度。

本书可以作为本科生、研究生产业经济与扶贫公共政策的辅助教材，亦可为行政部门从事扶贫攻坚工作提供参考。

# CONTENTS

# 目　录

# 第1章 国家扶贫产业政策演进

## 1.1 扶贫标准与连片特困地区的提出

自1978年改革开放以来，高速发展的经济和丰富的农副产品大大改善了中国人民的生活水平，解决了大多数人的温饱问题。但是，中国依然存在着一定数量的贫困人口。对于扶贫对象和贫困发生区的认定是通过国家文件逐步明确的。贫困人口的认定和数量与国家颁布的贫困人口标准有关。由表1－1可以看出，随着贫困标准的变动，贫困人口数量也随之改变。2000年、2008年和2011年对贫困标准进行调整后，贫困人口绝对数量显著增加。特别是2011年将农村贫困人口标准提高到年人均收入2300元，当年的贫困人口就达到1.2亿人，占到当年全国人口总数的9.08%；当年城镇居民人均可支配收入中位数为19118元，农村贫困人口收入标准仅为其12%。加快对农村贫困人口的帮扶，减少贫困人口发生率已经迫在眉睫。

**表1－1 中国农村贫困人口标准与贫困人口数量❶**

| 年份 | 贫困人口标准 | 分类 | 贫困人口数量 |
|---|---|---|---|
| 1986 | 年人均收入206元 | 绝对贫困❷ | 11.3%的农民家庭平均每人纯收入在200元以下 |
| 1987 | 年人均收入206元 | 绝对贫困 | 8.2%的农民家庭平均每人纯收入在200元以下 |
| 2000 | 年人均收入625元 | 低收入 | 9423万人❸ |

❶ 数据来源：国家统计局各年份国民经济和社会发展统计公报。2000年以前没有相关数据。

❷ 以每人每日2100千卡热量的最低营养需求为基准，再根据最低收入人群的消费结构测定。

❸ 数据来源：《中国提高贫困标准至1500元或致贫困人口总数上亿》，http：//news.hsw.cn/system/2010/12/24/050735690.shtml。

续表

| 年份 | 贫困人口标准 | 分类 | 贫困人口数量 |
|---|---|---|---|
| 2001 | 年人均收入 865 元 | — | 2927 万人 |
| 2002 | — | — | 2820 万人 |
| 2003 | — | — | 2900 万人 |
| 2004 | 年人均纯收入低于 668 元 | 绝对贫困 | 2610 万人 |
| | 年人均纯收入 669～924 元 | 低收入 | 4977 万人 |
| 2005 | 年人均纯收入低于 683 元 | 绝对贫困 | 2365 万人 |
| | 年人均纯收入 684～944 元 | 低收入 | 4067 万人 |
| 2006 | 年人均收入低于 693 元 | 绝对贫困 | 2148 万人 |
| | 年人均收入 694～958 元 | 低收入 | 3550 万人 |
| 2007 | 年人均收入 785 元 | 绝对贫困 | 1479 万人 |
| | 年人均收入 786～1067 元[1] | 低收入 | 2841 万人 |
| 2008 | 年人均收入 1196 元 | 贫困 | 4007 万人 |
| 2009 | 年人均纯收入 1196 元 | 贫困 | 3597 万人 |
| 2010 | 年人均纯收入 1274 元 | 贫困 | 2688 万人 |
| 2011 | 年人均纯收入低于 2300 元 | 绝对贫困 | 12238 万人 |
| 2012 | | | 9899 万人 |
| 2013 | | | 8249 万人 |
| 2014 | | | 7017 万人 |
| 2015 | | | 5575 万人 |
| 2016 | | | 4335 万人 |

1984 年中共中央和国务院发出的《关于帮助贫困地区尽快改变面貌的通知》中指出，贫困发生地主要集中在山区，即“还有几千万人口的地区仍未摆脱贫困，群众的温饱问题尚未完全解决。其中绝大部分是山区，有的还是少数民族聚居地区和革命老根据地，有的是边远地区。”

1994 年国务院印发的《国家八七扶贫攻坚计划》中，进一步明确了贫困发生地。该计划指出：“贫困人口主要集中在国家重点扶持的 592 个贫困县，分布在中西部的深山区、石山区、荒漠区、高寒山区、黄土高原区、地方病高发区以及水库库区，而且多为革命老区和少数民族地区。”为此，在扶持目标上，提出要加强贫困地区的基础设施建设，要为绝大多数贫困乡镇和有集贸市场的地方通公路，消灭无电县，基本解决人畜饮水困难问题。

2001 年中共中央、国务院印发了《中国农村扶贫开发纲要（2001—

[1] 2007 年 12 月 27 日，国务院扶贫开发领导小组办公室上调农村贫困标准，确定为年人均收入 1067 元，并取消绝对贫困标准和低收入标准的说法，将其合二为一，按照消费价格指数等逐年调整。

2010 年)》，重点解读了扶贫对象与扶贫开发的重点。按照“集中连片的原则，国家把贫困人口集中的中西部少数民族地区、革命老区、边疆地区和特困地区”作为扶贫开发的重点，要求相关各省、自治区、直辖市要制定规划，确定建设内容、帮扶单位和资金来源等。

2011 年 12 月，中共中央、国务院印发了《中国农村扶贫开发纲要(2011—2020 年)》，首次明确了 11 个连片特困地区，分别是六盘山区、秦巴山区、武陵山区、乌蒙山区、滇桂黔石漠化区、滇西边境山区、大兴安岭南麓山区、燕山 - 太行山区、吕梁山区、大别山区、罗霄山区等区域。各级政府对连片特困地区的扶贫开发工作各有侧重。首先明确了中央要重点支持连片特困地区，省级政府对所属连片特困地区负总责，以县为基础制定和实施扶贫攻坚工程规划。

从 1984 年提出扶贫对象和贫困发生地主要在“山区”，到 2011 年明确了 11 个在山地、高原、荒漠化土地、生态脆弱区域的连片特困区，重点针对这 11 个连片特困地区进行扶贫攻坚，反映出扶贫工作向纵深化和精准化发展的趋势（见图 1 - 1）。

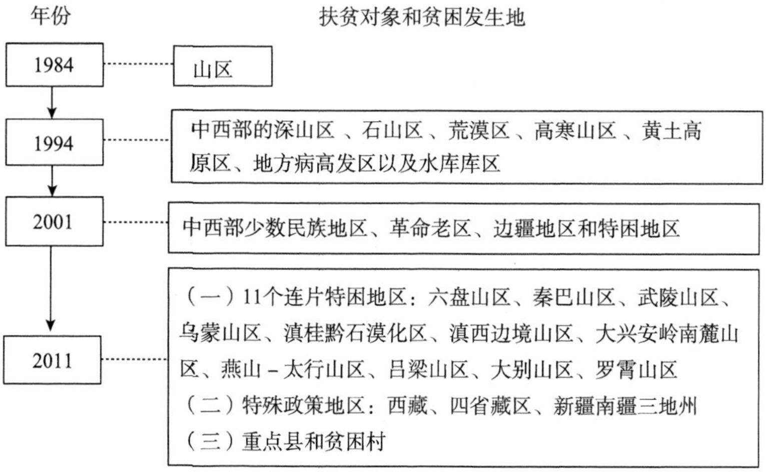


**图 1 - 1　历年中央政策中的扶贫对象和贫困发生地**

乌蒙山片区属于连片特困地区之一。乌蒙山片区位于云贵高原与四川盆地结合部，山高谷深，地势陡峻[1]，跨四川、贵州和云南三省，是

[1] 国务院扶贫开发领导小组办公室、国家发展和改革委员会，《乌蒙山片区区域发展与扶贫攻坚规划（2011—2020)》，2012 年 2 月，http：//www. ndrc. gov. cn/fzgggz/dqjj/qygh/201304/W020130425 563288915310. pd。

集革命老区、民族地区和贫困地区为一体的集中连片特困地区（见表1－2）。地区人地资源矛盾大，山地多、林地多，平地少、耕地少，土地资源十分宝贵，贫困发生率高。

乌蒙山片区贫困具有脆弱性，扶贫对象处于极不稳定状态，家庭或个人当前面临在将来遭遇各种可能导致贫困的风险的可能性，返贫问题具有综合性，扶贫开发任务十分艰巨。而造成乌蒙山片区贫困脆弱性的原因首先是乌蒙山片区生态脆弱，生存环境恶劣；其次是经济结构单一，以农牧业为主，农作物单一且产量低，经济基础差；再次是教育程度偏低，人力资本不足，收入普遍偏低；其他原因还有农村保障制度建设落后，少数民族的畸形消费习惯❶等。

**表1－2　乌蒙山片区扶贫38个县区域总体概况**

| 地区 | 行政辖区 | 国土面积❷ | 人口总量 |
|---|---|---|---|
| 片区 | 四川、贵州、云南三省毗邻地区的38个县（市、区）❸ | 10.7万$km^2$ | 2010年，总人口2292.0万人；乡村人口2005.1万人 |
| 云南 | 四个市的15个县/区：昭通市的昭阳区、鲁甸县、大关县、彝良县、镇雄县、威信县、盐津县、绥江县、永善县、巧家县；曲靖市的会泽县、宣威市（县级市）；昆明市的禄劝彝族苗族自治县（以下简称“禄劝县”）、寻甸回族彝族自治县（以下简称“寻甸县”）；楚雄彝族自治州的武定县 | 4.57万$km^2$<br>占比42.67% | 2009年年底总人口903.95万人，贫困人口148.1万人❹；<br>2010年贫困人口470万人❺；<br>2012年贫困人口303.44万人❻；<br>2016年贫困人口135.86万人❼ |

❶　饶华敏．乌蒙山集中连片少数民族困难地区贫困的脆弱性探讨［J］．经济研究导刊，2012（18）．

❷　根据《乌蒙山片区区域发展与扶贫攻坚规划（2011—2020年）》，片区国土面积为10.7万平方公里；根据三个省份发布的乌蒙山片区规划报告，将三个省份的乌蒙山片区国土面积相加总和为10.84万平方公里，二者相差0.14万平方公里。

❸　由于市与区仅为少数，故以下在统称各“县（市、区）”时，以“县”统称之。数据来源自《乌蒙山片区区域发展与扶贫攻坚规划（2011—2020年）》。

❹　张榆琴，李学坤．乌蒙山连片特困地区反贫困对策分析［J］．中国集体经济，2012（4）．

❺　资料来源：http：//news.163.com/12/0224/06/7R0OELPB00014AEE_mobile.html。

❻　邓小海，曾亮，罗明义，等．云南乌蒙山片区所属县旅游扶贫效应分析［J］．生态经济，2015（2）．

❼　资料来源：http：//www.sohu.com/a/256803344_183183。

续表

| 地区 | 行政辖区 | 国土面积 | 人口总量 |
| --- | --- | --- | --- |
| 四川 | 四个市（州）的13个县：泸州市的叙永县、古蔺县；乐山市的马边彝族自治县、沐川县；凉山彝族自治州的普格县、布拖县、金阳县、昭觉县、喜德县、越西县、美姑县、雷波县；宜宾市的屏山县 | 2.93万$km^2$<br>占比27.03% | 2010年年末总人口416.06万人，乡村户籍人口372.1万人，贫困人口108.77万人❶；<br>2015年贫困人口45.8万人❷ |
| 贵州 | 两个市的10个县/区：遵义市的桐梓县、习水县、赤水市（县级市）；毕节市的七星关区、大方县、黔西县、织金县、纳雍县、威宁彝族回族苗族自治县（以下简称“威宁县”）（含钟山区大湾镇）、赫章县 | 3.24万$km^2$<br>占比30.3%❸ | 2010年总人口726.69万人，<br>乡村人口539.17万人；<br>2011年贫困人口376.42万人❹，农村扶贫对象276.12万人❺；<br>2012年贫困人口226.64万人 |

注：由于四舍五入的原因，存在总计与分项合计不等的情况。

按照2010年1274元的贫困标准，乌蒙山片区农村人口有259.4万人，贫困发生率高达12.9%，高出全国10.1个百分点，比西部地区高出6.8个百分点❻。如果按照2011年的扶贫标准核算，乌蒙山片区需要帮扶的贫困人口数量将更多。2015年乌蒙山片区贫困人口373万人，贫困发生率18.5%，高出全国11个百分点❼。2010年，乌蒙山片区内38个县农村居民年人均纯收入为3268元，仅为同期全国平均水平的55.21%。片区内人口密度大，人均耕地仅为0.89亩（1亩=666.67平

❶ 资料来源：《乌蒙山片区（四川部分）区域发展与扶贫攻坚实施规划（2011—2015年）》，http：//www. zgwenku. com/p－43644. html。

❷ 数据来源：《乌蒙山片区（四川部分）区域发展与扶贫攻坚实施规划（2016—2020年）》（根据专家意见修改稿）。

❸ 资料来源：《乌蒙山片区（贵州省）区域发展与扶贫攻坚实施规划（2011—2015年）》，http：//fpb. zunyi. gov. cn/zcwj/201507/t20150716_320140. html。

❹ 黄水源．贵州实施农村精准扶贫创建国家扶贫开发攻坚示范区研究——贵州的贫困现象及经济学解读［J］．贵州社会主义学院学报，2016（2）．

❺❻ 资料来源：《乌蒙山片区（贵州省）区域发展与扶贫攻坚实施规划（2011—2015年）》，http：//fpb. zunyi. gov. cn/zcwj/201507/t20150716_320140. html。

❼ 郑子敬．乌蒙山片区利用土地政策易地搬迁脱贫路径研究——以四川省叙永县和古蔺县为例［J］，国土资源情报，2016（11）．

方米），人地矛盾极为突出❶。到 2014 年，乌蒙山片区仍有贫困人口 352.71 万人，贫困发生率高达 16.7%，其中四川省乌蒙山片区贫困人口 42.7 万人，贫困发生率 10.9%；贵州省乌蒙山片区贫困人口 103 万人，贫困发生率 14.2%；云南省乌蒙山片区贫困人口 207 万人，贫困发生率 20.8%❷。

经过连续几年的艰苦脱贫工作，各级政府大力投入，整个片区贫困人口从 2016 年年底的 272 万人减少到 2018 年的 199 万人，贫困发生率下降到 9.9%，比上年下降 3.6 个百分点。2018 年 12 月 4 日，在贵州毕节召开的乌蒙山片区区域发展与脱贫攻坚部际联席会议上宣布，贵州省赤水市、桐梓县、习水县、黔西县，四川省沐川县，云南省寻甸县这 6 个乌蒙山片区贫困县已通过验收宣布脱贫摘帽❸。

## 1.2 国家扶贫产业政策演进

### 1.2.1 1984—2010 年期间产业扶贫政策

针对农村贫困问题，1984 年中共中央和国务院发出《关于帮助贫困地区尽快改变面貌的通知》，1994 年国务院印发了《国家八七扶贫攻坚计划（1994—2000）》，到 2000 年中共中央和国务院发布的《中国农村扶贫开发纲要（2001—2010 年）》，都指出我国农村贫困主要发生在山区、少数民族聚居地区、革命老根据地和边远地区，特别要帮助在中西部的深山区、石山区、荒漠区、高寒山区等山区的贫困人口，基本解决全国农村 8000 万贫困人口的温饱问题，集中力量加快贫困地区脱贫致富的进程。各个时期的产业扶贫政策存在明显的递进思路（见表 1－3）。

❶ 魏海，秦博，彭建，等．基于 GRNN 模型与邻域计算的低丘缓坡综合开发适宜性评价——以乌蒙山集中连片特殊困难片区为例［J］．地理研究，2014（5）．

❷ 刘新卫，杨华珂．基于土地整治平台促进连片特困地区脱贫攻坚——以乌蒙山连片特困地区为例［J］，中国国土资源经济，2017（12）．

❸ 资料来源：https：//baijiahao.baidu.com/s？id＝1619022190007058046&wfr＝spider&for＝pc。

表1-3 1984—2010年期间国家级主要产业扶贫政策

| 发文时间 | 政策名称 | 政策目标 | 政策内容 |
| --- | --- | --- | --- |
| 1984年 | 中共中央、国务院发布《关于帮助贫困地区尽快改变面貌的通知》 | 1. 帮助老少边穷地区摆脱贫困，改变生产条件，提高生产能力，发展商品生产；<br>2. 纠正依赖思想 | 产业路径：发展林业、畜牧业、加工业、采矿业及其他多种经营，变单一经营为综合经营，变自然经济为商品经济<br>政策1：对贫困地区进一步放宽政策，给贫困地区农牧民更大的经营主动权。<br>政策2：耕地承包期可以延长到30年，允许转让承包权。允许私养牲畜，可以个体经营。荒山荒坡可以由农户承包经营，种树种草，承包期不少于50年。集体林场可以折价作股兴办林业合作社，按股分红。<br>政策3：划定矿产资源地段，积极组织农民集资开采。<br>政策4：从1985年开始，分情况减免农业税；贫困地区兴办的开发性企业五年内免交所得税；县人民政府决定是否对本地区乡镇企业、农民联办企业、个人商贩等减免所得税。<br>政策5：一切农、林、牧、副、土特产品都不再实行统购、派购，改为自由购销，国营部门和供销合作社开展代购代销 |
| 1994年 | 国务院发布《国家八七扶贫攻坚计划（1994—2000）》 | 1. 从现在起到21世纪末的7年时间里，基本解决8000万人的温饱问题；<br>2. 扶持贫困户创造稳定解决温饱问题的基础条件 | 政策1：重点发展投资少、见效快、覆盖广、效益高、有助于直接解决群众温饱问题的种植业、养殖业和相关的加工业、运销业。<br>政策2：发展能够充分利用贫困地区资源优势，又能大量安排贫困户劳动力就业的资源开发型和劳动密集型的乡镇企业。<br>政策3：依托资源优势，按照市场需求，开发有竞争力的名特稀优产品。发展专业化生产，形成一定规模的商品生产基地或区域性的支柱产业。<br>政策4：兴办贸工农一体化、产加销一条龙的扶贫经济实体，放手发展个体经济、私营经济和股份合作制经济<br>保障政策：提供若干信贷优惠、财税优惠、经济开发优惠政策 |

续表

| 发文时间 | 政策名称 | 政策目标 | 政策内容 |
| --- | --- | --- | --- |
| 2000年 | 中共中央、国务院发布《中国农村扶贫开发纲要（2001—2010年）》 | 1. 尽快解决少数贫困人口的温饱问题；<br>2. 改善贫困地区的基本生产生活条件，提高贫困人口的生活质量和综合素质；<br>3. 改善贫困乡村的基础设施建设，改善生态环境，逐步改善贫困地区经济、社会、文化的落后状况 | 政策1：推进农业产业化经营。对具有资源优势和市场需求的农产品生产，按照产业化发展方向，连片规划建设，形成有特色的区域性主导产业。<br>政策2：积极发展“公司＋农户”和订单农业，继续发展有特色、有市场的种养业项目。<br>政策3：引导和鼓励具有市场开拓能力的大中型农产品加工企业，到贫困地区建立原料生产基地，为贫困农户提供产前、产中、产后系列化服务，形成贸工农一体化和产供销一条龙的产业化经营。<br>政策4：加强贫困地区农产品批发市场建设，形成规范化和专业化的生产格局。<br>保障政策：增加财政扶贫资金，提高资金使用效益，增加扶贫贷款，加大西部基础设施建设，开展党政机关定点扶贫工作，东西部对口扶贫 |

第一，1984年的产业扶贫政策，重点针对农林牧副矿业第一产业，强调对贫困地区进一步放松政策限制，给农户更大的经营主动权，允许将耕地承包期延长至30年，允许个体私养牲畜，允许农户承包荒山荒坡种草种树，兴办集体山林，通过有条件地减免农业税和所得税，让利于民。不再由供销社对农产品进行统购统销，放开市场销售渠道，可以自由购销，增加农户自主经营，提高了市场与农场的对接度。允许农民集资开采矿产，这一方面为农民致富开发了一条新路径，但另一方面因采矿技术落后和土地复垦工程跟不上，造成矿产资源乱挖乱采，破坏了自然环境和自然资源，同时也出现了很多矿难事故。

第二，1994年的产业扶贫政策，政策目标清晰确定为解决贫困地区8000万人的温饱问题。在路径上，第一次强调致富主体的带头作用，即通过在贫困地区发展乡镇企业、个体户、私营经济体和股份合作企业，实现贫困人口就业和工资性收入，同时引导企业主体依据区域资源优势发展本地区支柱产业。政府对贫困地区要给予金融、税收、经济开发等优惠政策。

第三，2000年的产业扶贫政策，在政策目标上，除了尽快解决少数贫困人口的温饱问题的基本要求外，更强调加强基础设施建设，改善贫困地区人民的基本生产和生活条件，提高他们的生活质量和生活环境。产业扶贫实现路径方面，除了继续上一轮产业化经营发展区域性主导产业外，还提出了一些新思路、新做法，如"公司+农户""订单农业""农副产品生产基地""产供销一条龙产业化经营""农产品批发市场""东西部对口扶贫"等更加灵活的扶贫方案。

### 1.2.2 2010—2018年期间产业扶贫政策

2011年以后中国扶贫政策有了重大变化，特别是提出了精准扶贫，中央国家部门和东部地区对接中西部贫困地区，这对未来深化扶贫工作起到了非常积极的作用。2014年，中共中央办公厅和国务院办公厅印发了《关于创新机制扎实推进农村扶贫开发工作的意见》[1]，提出建立精准扶贫工作机制，即通过制定统一的扶贫对象识别办法，以县为单位，对每个贫困村、贫困户建档立卡，深入分析致贫原因，以专项扶贫措施逐村逐户制定帮扶措施，确保在规定时间内达到稳定脱贫目标。2015年11月27日，习近平总书记在中央扶贫开发工作会议上指出："消除贫困、改善民生、逐步实现共同富裕，是社会主义的本质要求，是我们党的重要使命……明确到2020年我国现行标准下农村贫困人口实现脱贫，贫困县全部摘帽，解决区域性整体贫困。"[2] 在解决好"怎么扶"的问题方面，按照贫困地区和贫困人口的具体情况，实施"五个一批"工程，即发展生产脱贫一批、易地搬迁脱贫一批、生态补偿脱贫一批、发展教育脱贫一批、社会保障兜底一批。2010—2018年国家级扶贫政策见表1-4，这一时期的扶贫政策有以下四方面特点。

---

[1] http://www.gov.cn/gongbao/content/2014/content_2580976.htm.

[2] 习近平．习近平谈治国理政（第二卷）[M]．北京：外文出版社，2014：83-86。

**表 1－4　2010—2018 年期间国家级产业扶贫政策**

| 发文时间 | 政策名称 | 政策目标 | 政策内容 |
|---|---|---|---|
| 2010 年 | 中共中央、国务院发布的《中国农村扶贫开发纲要（2011—2020 年）》 | 1. 到 2020 年，稳定实现扶贫对象不愁吃、不愁穿，保障其义务教育、基本医疗和住房（两不愁三保障）；<br>2. 贫困地区农民人均纯收入增长幅度高于全国平均水平，基本公共服务主要领域指标接近全国平均水平，扭转发展差距扩大趋势 | 政策 1：充分发挥贫困地区生态环境和自然资源优势，推广先进实用技术，培植壮大特色支柱产业，大力推进旅游扶贫；<br>政策 2：促进产业结构调整，通过扶贫龙头企业、农民专业合作社和互助资金组织，带动和帮助贫困农户发展生产；<br>政策 3：引导和支持企业到贫困地区投资兴业，带动贫困农户增收；<br>政策 4：发展特色产业，围绕主导产业、名牌产品、优势产品，大力扶持建设各类批发市场和边贸市场；<br>政策 5：加大科技攻关和科技成果转化力度，推动产业升级和结构优化，培育科技型扶贫龙头企业 |
| 2012 年 | 《农村残疾人扶贫开发纲要（2011—2020 年）》 | 1. 到 2015 年，农村残疾人生活总体达到小康，基本生活得到稳定的制度性保障，参与社会和自身发展状况显著改善；农村残疾人社会保障体系和服务体系基本框架建立，保障水平和服务能力明显提高；<br>2. 到 2020 年，稳定实现农村残疾人不愁吃、不愁穿，全面保障平等享受基本医疗、基本养老、教育、住房和康复服务。农村残疾人家庭收入达到或接近当地平均收入水平，基本公共服务覆盖农村残疾人并不断提高水平，残疾人生存有保障，生活有尊严，发展有基础 | 产业扶贫目标：坚持产业带动，基地扶持。以地方特色优势产业为依托，发挥龙头企业和扶贫基地的辐射带动作用，促进农村残疾人就地就近实现就业。<br>产业扶贫方式：巩固“公司＋农户”“小额信贷到户到人”等行之有效的扶贫模式，推广“整村赶平均”“一户一策滚动发展”“农机合作社”等残疾人扶贫典型做法。在农村经济发展较好和农业产业化程度较高的地区，通过产业带动，组织残疾人发展庭院经济、设施农业和家庭手工艺生产 |

续表

| 发文时间 | 政策名称 | 政策目标 | 政策内容 |
| --- | --- | --- | --- |
| 2014年 | 中共中央办公厅、国务院办公厅《关于创新机制扎实推进农村扶贫开发工作的意见》 | 消除扶贫工作中的体制机制障碍；建立推动特色产业实现增收的工作机制 | 机制1：指导连片特困地区编制县级特色产业发展规划。<br>机制2：加强规划项目进村到户机制建设，切实提高贫困户的参与度、受益度。<br>机制3：积极培育贫困地区农民合作组织，提高贫困户在产业发展中的组织程度。<br>机制4：鼓励企业从事农业产业化经营，发挥龙头企业带动作用，探索企业与贫困农户建立利益联结机制，促进贫困农户稳步增收。<br>机制5：深入推进科技特派员农村科技创业行动，加快现代农业科技在贫困地区的推广应用。到2015年，力争每个有条件的贫困农户掌握1~2项实用技术，至少参与1项养殖、种植、林下经济、花卉苗木培育、沙产业、设施农业等增收项目，到2020年，初步构建特色支柱产业体系。<br>机制6：不断提高贫困地区防灾避灾能力和农业现代化水平。畅通农产品流通渠道，完善流通网络。<br>机制7：推动县域经济发展。<br>机制8：发展乡村旅游，结合交通基础设施建设、危房改造、生态搬迁、历史文化名村名镇和传统村落及民居保护等发展休闲农业和乡村旅游业 |
| 2015年 | 中共中央、国务院《关于打赢脱贫攻坚战的决定》 | 1. 实现到2020年让7000多万农村贫困人口摆脱贫困的既定目标；<br>2. 到2020年，稳定实现农村贫困人口“两不愁三保障”；<br>3. 实现贫困地区农民人均可支配收入增长幅度高于全国平均水平，基本公共服务主要领域指标接近全国平均水平； | 要点1：制定贫困地区特色产业发展规划；<br>要点2：出台专项政策，统筹涉农资金，因地制宜发展种植业和传统手工业；<br>要点3：实施“一村一品”产业，扶持参与度高的特色农业基地；<br>要点4：培育农民合作社和龙头企业；<br>要点5：发展农产品加工业，加快第一、第二、第三产业融合发展，加大农产品品牌推介营销支持力度；<br>要点6：依托自然人文资源，实施乡村旅游扶贫工程； |

续表

| 发文时间 | 政策名称 | 政策目标 | 政策内容 |
|---|---|---|---|
| 2015年 | 中共中央、国务院《关于打赢脱贫攻坚战的决定》 | 4. 确保我国现行标准下农村贫困人口实现脱贫，贫困县全部摘帽，解决区域性整体贫困 | 要点7：引导中央企业、民营企业设立贫困地区产业投资基金，采取市场化运作方式，用于吸引企业到贫困地区从事资源开发、产业园区建设、新型城镇化发展 |
| 2016年 | 国务院《"十三五"脱贫攻坚规划》 | 1. 到2020年，稳定实现现行标准下农村贫困人口"两不愁两保障"；<br>2. 特别是14个集中连片特困地区的片区县、片区外国家扶贫开发工作重点县，以及建档立卡贫困村和建档立卡贫困户全部脱贫 | 产业扶贫总原则：立足贫困地区资源禀赋，以市场为导向，充分发挥农民合作组织、龙头企业等市场主体作用，建立健全产业到户到人的精准扶持机制，每个贫困县建成一批脱贫带动能力强的特色产业，每个贫困乡、村形成特色拳头产品；<br>产业要点1：优化发展种植业，积极发展养殖业，大力发展林产业，促进农村第一、第二、第三产业融合发展。扶持培育新型经营主体：农民专业合作社、龙头企业、种养大户、家庭农（林）场、股份制农（林）场。<br>产业要点2：发展乡村旅游，依托特色农产品、农事景观和人文景观，发展休闲农业和森林休闲健康养生产业。促进农业与旅游观光、健康养老等产业深度融合。发展特色文化乡村旅游，开发具有地方特色的旅游商品和纪念品，发展家庭手工旅游产品 |
| 2016年 | 国家发展和改革委员会《全国"十三五"易地扶贫搬迁规划》 | 1. 从根本上解决"一方水土养不起一方人"地区贫困人口的脱贫发展问题；到2020年通过"挪穷窝""换穷业""拔穷根"解决约1000万建档立卡贫困人口的稳定脱贫问题；<br>2. 实现迁出区生态环境明显改善，安置区特色产业加快发展，生活水平明显改善，搬迁对象有稳定的收入渠道 | 产业要点1：发展特色种植、高效养殖、林下经济、设施农业、休闲农业，推进农村第一、第二、第三产业融合发展；<br>产业要点2：制定安置区产业发展规划，择优发展水果、蔬菜、茶叶、马铃薯、木本粮油、特色经济林、竹子、中药材、花卉、苗木等特色产业；<br>产业要点3：在县城、小城镇、中心村发展农副产品营销、餐饮、家政、仓储、配送等服务业；积极发展多种形式的休闲度假、旅游观光、健康养生、养老服务、乡村手工业等产业 |

续表

| 发文时间 | 政策名称 | 政策目标 | 政策内容 |
|---|---|---|---|
| 2016年 | 国务院扶贫开发领导小组办公室等16个国家部委下发《关于促进电商精准扶贫的指导意见》 | 加快实施电商精准扶贫工程，以电商促进贫困地区特色产业发展 | 要点1：结合贫困村、建档立卡贫困户脱贫规划，确立特色产业和主导产品，推动“名特优新”“三品一标”“一村一品”农产品和休闲农业上网营销；<br>要点2：制定适应电子商务的农产品质量、分等分级、产品包装、业务规范等标准，推进扶贫产业标准化、规模化、品牌化；<br>要点3：扶持一批辐射带动能力强的新型农业经营主体，培育一批农村电子商务示范县、示范企业和示范合作社 |
| 2016年 | 国家旅游局等12部委联合印发《关于印发乡村旅游扶贫工程行动方案的通知》 | “十三五”期间，力争通过发展乡村旅游带动全国25个省（区、市）2.26万个建档立卡贫困村、230万贫困户、747万贫困人口实现脱贫 | 产业要点：各地要突出乡村自然资源优势，挖掘文化内涵，开发形式多样、特色鲜明的带动贫困户参与的乡村旅游产品。要发展一批以农家乐、渔家乐、牧家乐、休闲农庄、森林人家等为主题的乡村度假产品，建成一批依托自然风光、美丽乡村、传统民居为特色的乡村旅游景区，策划一批采摘、垂钓、农事体验等参与型的旅游娱乐活动，大力开发徒步健身、乡村体育休闲运动，培育发展自驾车房车营地、帐篷营地、乡村民宿等新业态，打造丰富多彩的乡村特色文化演艺和节庆活动 |
| 2016年 | 国家发展和改革委员会等5部门《关于实施光伏发电扶贫工作的意见》 | 在2020年之前，重点在前期开展试点的、光照条件较好的16个省的471个县的约3.5万个建档立卡贫困村，以整村推进的方式，保障200万建档立卡无劳动能力贫困户（包括残疾人）每年每户增加收入3000元以上 | 要点1：统筹资金，建设不同等级的光伏电站。电网企业加大贫困地区农村电网改造工作力度，为光伏扶贫项目接网和并网运行提供技术保障。<br>要点2：建立扶贫受益分配管理制度。原则上每位扶贫对象获得年收入3000元以上 |

续表

| 发文时间 | 政策名称 | 政策目标 | 政策内容 |
|---|---|---|---|
| 2016年 | 人力资源和社会保障部等3部门《关于切实做好就业扶贫工作的指导意见》 | 围绕实现精准对接、促进稳定就业的目标，通过多种方式带动促进1000万贫困人口脱贫 | 要点1：建立“农村贫困劳动力就业信息平台”。促进就近就业，发展产业，承接和发展劳动密集型产业，鼓励农民工回乡创业，加强劳务合作。<br>要点2：加强技能培训。围绕主导产业在贫困地区培训贫困地区就业人口的就业能力，建立劳动力就业基地 |
| 2016年 | 中共中央办公室、国务院办公厅《关于进一步加强东西部扶贫协作工作的指导意见》 | 推进东西部扶贫协作，确保西部地区现行国家扶贫标准下的农村贫困人口到2020年实现脱贫，贫困县全部摘帽，解决区域性整体贫困 | 要点1：帮扶双方要把东西部产业合作、优势互补作为深化供给侧结构性改革的新课题，研究出台相关政策，大力推动落实；<br>要点2：要立足资源禀赋和产业基础，激发企业到贫困地区投资的积极性，支持建设一批贫困人口参与度高的特色产业基地，培育一批带动贫困户发展产业的合作组织和龙头企业，引进一批能够提供更多就业岗位的劳动密集型企业、文化旅游企业等，促进产业发展带动脱贫；<br>要点3：加大产业合作科技支持，充分发挥科技创新在增强西部地区自我发展能力中的重要作用 |
| 2017年 | 中国残疾人联合会等26个部门和单位《贫困残疾人脱贫攻坚行动计划（2016—2020年）》 | 到2020年，稳定实现贫困残疾人及其家庭不愁吃、不愁穿，义务教育、基本医疗、住房安全有保障，基本康复服务、家庭无障碍改造覆盖面有效扩大。确保现行标准下建档立卡贫困残疾人如期实现脱贫 | 途径1：产业扶持助残扶贫行动。通过实用技术培训等方式，为贫困残疾人提供产业技能培训，利用康复扶贫贴息贷款等方式，为贫困残疾人提供资金支持，扶持残疾人贫困户因地制宜发展种养业和手工业，支持新型经营主体帮带贫困残疾人从事产业项目增收脱贫；<br>途径2：光伏助残扶贫行动。利用多种方式筹措资金为贫困残疾人家庭建造光伏设施，或集中建设后以折股量化的形式配发给残疾人贫困户，优先保障丧失劳动能力的贫困残疾人获得资产收益；<br>途径3：电商助残扶贫行动。为残疾人提供电商培训，扶持有意愿且有条件的建档立卡贫困残疾人电商创业； |

续表

| 发文时间 | 政策名称 | 政策目标 | 政策内容 |
|---|---|---|---|
| 2017年 | 中国残疾人联合会等26个部门和单位《贫困残疾人脱贫攻坚行动计划(2016—2020年)》 | | 途径4：百村千户乡村旅游助残扶贫行动。利用旅游资源，扶持贫困残疾人家庭在适当的岗位就业增收；<br>途径5："妇女编织"助残扶贫行动。帮助有就业能力和意愿的残疾妇女从事手工编织与制作，帮扶残疾妇女实现就业增收 |
| 2018年 | 国家发展和改革委员会等6部门共同制定《生态扶贫工作方案》 | 1. 到2020年，贫困人口通过参与生态保护、生态修复工程建设和发展生态产业，收入水平明显提升，生产生活条件明显改善；<br>2. 贫困地区生态环境有效改善，生态产品供给能力增强，生态保护补偿水平与经济社会发展状况相适应 | 产业政策1：加强重大生态工程建设。力争组建1.2万个生态建设扶贫专业合作社，吸纳10万贫困人口参与生态工程建设（退耕还林还草工程、退牧还草工程、青海三江源生态保护和建设二期工程、京津风沙源治理工程、天然林资源保护工程、三北等防护林体系建设工程、水土保持重点工程、石漠化综合治理工程、沙化土地封禁保护区建设工程、湿地保护与恢复工程、农牧交错带已垦草原综合治理工程）；<br>产业政策2：大力发展生态旅游业、特色林产业、特色种养业等生态产业，带动约1500万贫困人口增收 |
| 2018年 | 工业和信息化部《关于推进网络扶贫的实施方案(2018—2020年)》 | 以深度贫困地区和部系统定点帮扶县、燕山－太行山片区县为重点，推进网络基础设施建设，缩小城乡"数字鸿沟" | 要点：为贫困地区方便、低成本地接入高速、低成本的网络服务，使贫困人口通过农村电商实现家庭脱贫 |

第一，明确了扶贫政策目标。在2010年中共中央和国务院发布的《中国农村扶贫开发纲要（2011—2020年）》中明确了农村扶贫的两大政策目标。第一个目标是到2020年，稳定实现扶贫对象不愁吃、不愁穿，保障义务教育、基本医疗和住房，即"两不愁三保障"。第二个目标是贫困地区农民人均纯收入稳步提高，其增长幅度高于全国平均水平，扭转发展差距扩大趋势。应该说，这两个政策目标既明确，又具有可执行性，同时还反映出扶贫对象最根本的诉求。

第二，产业扶贫措施更加多元化。从贫困地区内生动力来看，产业扶贫措施强调要发挥其生态环境和自然资源优势，培育特色支柱产业，推进旅游扶贫，扶持扶贫龙头企业、农业合作社和互助型组织，带动和帮助贫困户发展生产。从外部资源和推动力来看，产业扶贫措施强调要引导和支持企业到贫困地区投资兴业。2016 年，中共中央办公厅、国务院办公厅专门发布了《关于进一步加强东西部扶贫协作工作的指导意见》，要求东西部要进行产业合作、优势互补，东部企业要到贫困地区投资，建设特色产业基地。在具体产业扶贫措施上，出台了旅游扶贫、电商扶贫、光伏发电扶贫、生态扶贫、网络扶贫等与产业扶贫相关的实施方案，大大丰富了产业扶贫措施。国家级综合扶贫政策如图 1 – 2 所示。

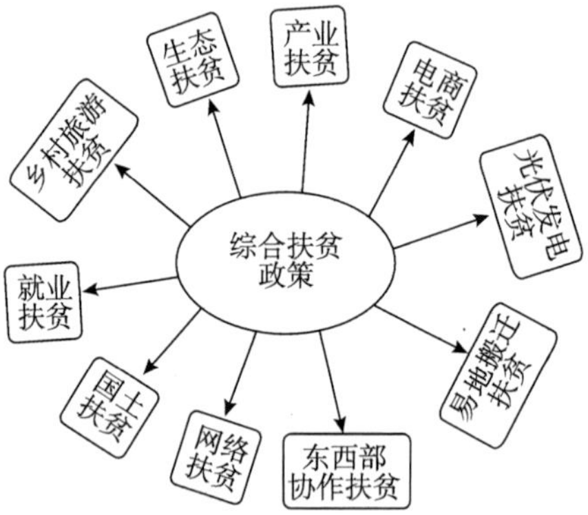


**图 1 – 2　国家级综合扶贫政策**

第三，2016 年密集出台了多项扶贫政策，为确保 2010 年实现贫困地区脱贫提供了政策保障。2016 年 11 月，国务院印发的《“十三五”脱贫攻坚规划》指出，在国家综合实力不断增强的背景下，要确保到 2020 年现行标准下农村贫困人口实现脱贫，促进全体人民共享改革发展成果，促进区域协调发展、民族团结和边疆稳固，实现全面建成小康社会。从具体产业扶贫措施上，2016 年中央部委相继出台了旅游扶贫、电商扶贫、光伏发电扶贫、就业扶贫等与产业扶贫相关的一系列实施方案，大大丰富了产业扶贫措施。2018 年又从生态扶贫和网络扶贫两个方面出台了具有可操作性的政策文件。

第四，集中连片特困地区实施的增减挂钩节余指标政策更加灵活。

国家发展和改革委员会2016年9月发布的《全国“十三五”易地扶贫搬迁规划》中，对迁出区土地整治和生态恢复提出了土地处置方案（见图1－3）。同时，在国土政策方面，城乡建设用地增减挂钩指标进一步向易地搬迁扶贫地区倾斜，同时集中连片特困地区可将增减挂钩节余指标在省域内流转使用的政策是一项国土资源参与精准扶贫的利好政策。这项政策可以说是一举两得，一方面促进了特困地区加大土地节约集约利用程度，将低效利用的建设用地复垦为耕地、林地或牧草地，改善了耕地条件，对生态环境修复有重要作用；另一方面，节余的建设用地指标资金化，所得资金又能用于特困地区建设或改善贫困户的住房条件或用于发展产业。

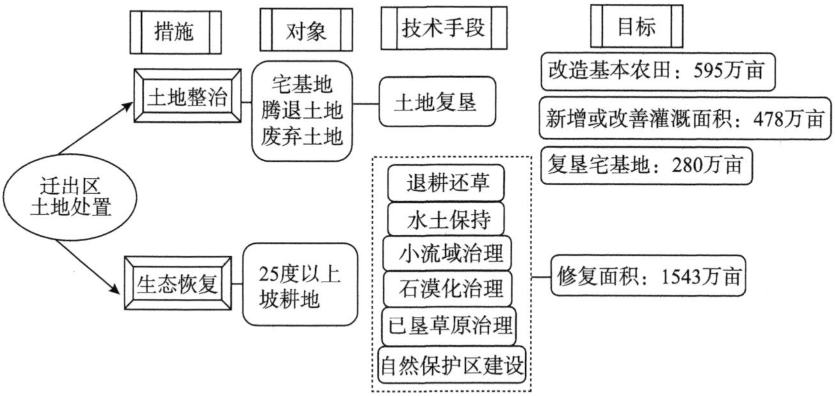


**图1－3 易地搬迁后对迁出区土地处置方案**

第五，对扶助残疾人脱离贫困提出政策目标和解决方案。在政策目标方面，除了达到一般贫困地区的“两不愁三保障”外，还增加了扩大“基本康复服务、家庭无障碍改造覆盖面”，真正满足了残疾人的切实要求。在产业扶贫政策方面，一是要对残疾人提供实用技术培训，使残疾人能发展力所能及的种养业和手工业；二是要通过光伏扶贫、电商扶贫、旅游扶贫、妇女编制等途径保障残疾人参与就业，增加收入。

政策的落实是关键，但首先要有政策。有了扶贫政策，对于指导贫困地区发展产业、增加收入才有明确的方向，同时产业扶贫政策对吸引外部企业到贫困地区投资设厂起到了激励作用。

# 第2章　乌蒙山片区扶贫规划与政策

## 2.1　乌蒙山片区区域发展和扶贫规划

2011年《中国农村扶贫开发纲要（2011—2020年）》确定了乌蒙山区为连片特困扶贫地区后，国务院和职能部门，云南、四川和贵州三省相关部门相继发布关于乌蒙山片区区域发展和扶贫工作规划。

2012年3月5日，国务院扶贫开发领导小组办公室、国家发展和改革委员会根据《国务院关于乌蒙山片区区域发展与扶贫攻坚规划（2011—2020年）的批复》（国函〔2012〕10号），公布了《乌蒙山片区区域发展与扶贫攻坚规划（2011—2020年）》，明确了该片区38个扶贫县（市、区），提出要把乌蒙山片区建设成为扶贫、生态与人口统筹发展创新区、国家重要能源基地、面向西南开放的重要通道、民族团结进步示范区和长江上游重要生态安全屏障。批复要求四川省、贵州省、云南省组织编制本省和片区内各县（市、区）的实施规划，同时确定国土资源部作为乌蒙山片区扶贫攻坚工作的联系单位。自2012年乌蒙山片区区域发展与扶贫攻坚工作启动以来，在部省协调联动和共同努力下，乌蒙山片区392万贫困人口实现脱贫，贫困发生率由33%下降至2016年的13.5%[1]。

《乌蒙山片区区域发展与扶贫攻坚规划（2011—2020年）》是指导三省乌蒙山片区扶贫攻坚工作的纲领性文件，表2-1是从这份文件中摘录的与产业扶贫和国土政策相关的内容，特别是城乡建设用地增减挂钩政策扶贫含金量最高。乌蒙山片区各县市国土资源部门规划确

---

[1] 谢玮．乌蒙山片区392万贫困人口实现脱贫　土地政策：脱贫攻坚的新政策生力军片区土地增减挂钩节余指标可跨省交易［J］．中国经济周刊，2017，(43)：80-81.

定土地整治项目，将零散分散、低效利用的农村建设用地实施拆除并复垦为耕地，将节约出来的建设用地指标通过平台调剂（交易）到本省或其他省市。同时，乌蒙山片区开展的城乡建设用地增减挂钩，不受指标规模限制，增减挂钩节余指标可在东西部扶贫协作和对口支援省市范围内流转。例如，四川的节余指标可以到浙江交易，云南的节余指标可以到上海交易，贵州可以在7省范围内交易。在建设用地总量不突破的情况下，通过流转使指标得到增值，土地价值得到显化，流转交易获得的资金用于农村居住环境改善、基础设施投入、教育投入等❶。

**表2－1　乌蒙山片区区域发展规划中的产业扶贫与土地政策**

| 项目 | 内容 |
| --- | --- |
| 内部资源条件 | |
| 自然资源条件 | 高原山地构造地形；水资源丰富，水能资源储量巨大，地跨长江、珠江两大流域；煤、磷等矿产资源丰富；生物物种丰富，森林覆盖率38.1% |
| 人口资源环境矛盾突出 | 生态环境脆弱，人均耕地少，适农适牧土地产出低；干旱、泥石流等自然灾害频发；石漠化面积占国土面积的16%，25°以上坡耕地占耕地面积比重大；水土流失严重，土壤极其贫瘠，人口增长较快，人地矛盾尖锐 |
| 基础设施薄弱 | 片区内交通主干道网络尚未形成，31.1%的行政村不通公路；9%的自然村不通电；农田水利设施薄弱，基本农田有效灌溉面积仅为37.2% |
| 产业发展滞后 | 资源优势没有转化为产业优势，缺乏大的产业支撑，县域经济薄弱，种养业规模小，效益差，组织化程度低，缺乏有带动能力的龙头企业。加工制造业和第三产业发展落后 |
| 发展目标、战略定位 | |
| 基本原则 | 扶贫开发、生态建设与人口控制相结合 |
| 战略定位 | 将片区建设成为扶贫、生态与人口统筹发展创新区；国家重要能源基地；长江上游重要生态安全屏障 |
| 发展目标 | 到2020年，实现扶贫对象“两不愁三保障”，产业体系基本形成，城乡居民人均收入大幅提高，人口与生态协调发展、资源开发与环境保护良性循环、经济发展与社会进步相互促进的可持续发展格局基本形成 |

❶ 谢玮．乌蒙山片区392万贫困人口实现脱贫　土地政策：脱贫攻坚的新政策生力军片区土地增减挂钩节余指标可跨省交易［J］．中国经济周刊，2017，（43）：80－81.

续表

| 项目 | 内容 |
| --- | --- |
| 空间布局 | |
| 功能分区 | 乌蒙山片区划分为重点发展区、农业生态区和生态保护区，分别占区域总面积的4%、28%和68% |
| 空间结构 | 依托铁路、高速公路、航运、水运等通道建设，形成“两中心四走廊”空间结构 |
| 城镇布局 | 中心城市：昭通和毕节，拓展城市空间，优化城市功能，带动人口与产业集聚，发展特色优势产业。重点城镇要发展县域经济 |
| 基础设施建设 | |
| 交通 | 构建“四纵两横”的交通主通道、区域内交通网络 |
| 水利 | 加快建设一批骨干水利工程，加快灌区建设，发展低耗水、高产出的节水型农业、节水产业；采用多种措施加强水资源保护 |
| 通信和信息化 | 推动光纤到社区、到乡镇、通行政村；推动新一代移动通信网、宽带通信网建设，消除交通沿线、旅游景区和自然村通信盲区 |
| 产业发展 | |
| 总原则 | 市场导向，依托资源优势，发展特色支柱产业，因地制宜承接产业转移，促进产业园区集约发展，调整优化产业结构，发展循环经济，形成具有区域特色的产业体系 |
| 农业 | 发展山地特色农业：绿色有机食品、酿造专用粮、优质烤烟、中药材、山地马铃薯、蔬菜、竹林、油茶、茶叶、核桃、花椒、苦荞、苹果、脐橙、生态畜牧业 |
| 工业 | 1. 地方特色产业：农林产品加工业、矿产资源开发与深加工、生物医药；<br>2. 承接产业转移：重点承接东部地区和周边省会城市劳动密集型产业、资源深加工型产业和装备制造业及配套产业转移。转移产业与自身产业相结合，促进产业升级 |
| 旅游业与民族文化产业 | 旅游业：开发6大重点景区、15条精品线路；<br>民族文化产业：建设一批重大民族特色文化产业项目 |
| 现代服务业 | 1. 现代物流业：发展昭通、毕节等区域性物流中心，壮大专业物流；<br>2. 商贸服务业：改造提升传统商贸服务业，建设特色商业街区，加强城乡商业网点和农产品批发市场建设，引导住宿餐饮业规范发展；<br>3. 金融、科技和信息服务业：提升中心城市金融综合服务能力，扩大农村金融服务覆盖面；推进电子政务，积极发展电子商务，培育地理信息服务 |

续表

| 项目 | 内容 |
| --- | --- |
| | 产业发展 |
| 县域经济与产业扶贫 | 1. 县域经济：强化城镇产业支撑，形成以县城为龙头、中心镇为重点、民营企业为主体的发展格局。着力推进工业化、城镇化和农业现代化同步发展，扩大就业，促进人口向城镇适度集中。<br>2. 产业扶贫：重点是建立发展带动贫困农户增收的利益联结和分享机制。发展农村经济合作组织和专业技术协会，形成有利于贫困户增收致富的各种产业发展模式 |
| | 改善农村基本生产生活条件 |
| 改善农业生产条件 | 1. 土地整治：对中低产田进行改造，对25°以下坡耕地实施坡改梯工程，提高耕地质量。<br>2. 小流域治理：实施山、水、林、田、路综合治理，完善流域内生态系统。<br>3. 小型农田水利建设：发展“五小”水利工程，完善田间排灌沟渠系统，发展节水灌溉。<br>4. 乡村道路建设：进一步实施乡村通达、通畅工程，乡村公路向村民小组居民点延伸 |
| 改善人居环境 | 实施水、电、路、气、房和环境改善“六到农家”工程，以多种方式防治畜禽养殖环境污染，控制和降低农药、化肥、农膜等面源污染 |
| 小城镇与村庄建设 | 打造一批特色突出的小城镇；对生存环境恶劣、自然灾害频发地区和国家级自然保护区核心区、缓冲区的贫困人口和村落实施易地搬迁。贫困村整村推进村庄建设，培育特色优势产业，改善村容村貌 |
| | 就业与农村人力资源开发 |
| 就业促进与农村劳动力转移 | 将劳动密集型加工业和服务业作为拓展就业机会的重点，着力提高第二、三产业从业人员比重；向成渝经济区、滇中经济区、黔中经济区和攀西战略资源创新开发试验区及周边城市异地转移就业；以政府投资项目带动农村劳动力就地就近转移就业 |
| | 生态建设和环境保护 |
| 重要生态功能区 | 加大投入力度，着力保护好片区的生物多样性保护区、水源涵养保护区、地貌多样性保护区，建设25个世界和国家自然遗产地的保护机制 |
| 生态保护与建设 | 加强生态公益林保护与建设，强化水土流失治理，推进石漠化治理，加强自然保护区建设，加强水生生物资源养护 |
| 环境保护 | 加强城乡环境保护，加强水环境保护，加强工业污染治理，推进节能减排和发展循环经济 |

续表

| 项目 | 内容 |
| --- | --- |
| 政策支持 | |
| 财政政策 | 从土地出让收益中提取10%用于农田水利建设，切实保障被征地农民的合法权益 |
| 产业政策 | 实施差别化产业发展政策，重点支持特色农业、清洁能源、现代服务业和具备资源优势、有市场需求的矿产资源深加工、特色化工的发展，在投资管理上予以优先考虑，在用地、信贷等方面给予政策倾斜 |
| 土地政策 | 1. 科学编制土地利用总体规划；<br>2. 充分发挥各项土地利用调控指标的控制作用，统筹各业用地规模、结构、布局和时序；<br>3. 完善保障交通等重点工程建设用地、易地扶贫搬迁、生态移民建房的建设用地审批制度；<br>4. 实行差别化土地管理政策，土地利用年度计划、城乡建设用地增减挂钩周转指标向片区倾斜；<br>5. 开展低丘缓坡等未利用土地综合开发利用试点。在支持通过补充相同耕地面积，落实占补平衡的前提下，研究提高耕地质量的新途径；<br>6. 支持探索水电站、水库等重大能源和水利基础设施建设涉及的淹没区及生态修复整体绿化的用地方式改革；<br>7. 加快农村集体土地确权登记，规范农村集体土地流转试点；<br>8. 土地出让收入要优先用于保障实地农民生活水平 |
| 生态与资源补偿政策 | 1. 中央财政加大生态补偿相关转移支付力度；<br>2. 在长江中下游流域相关省市积极支持片区建立健全全流域生态补偿机制 |
| 组织实施 | |
| 明确各级政府职责 | 国务院扶贫开发领导小组办公室、国家发展和改革委员会负责规划实施；三省人民政府对本省内片区规划编制与实施负总责。片区内各市（州）、县（区、市）充分发挥主体作用 |
| 落实行业部门分工 | 国土资源部是乌蒙山片区规划实施联系单位，主要职责为加强调查研究、督促指导实施、密切与三省和中央相关部委的联系沟通 |
| 建立跨省协调机制 | 建立三省联席会议制度，定期研究解决相关问题 |
| 规划管理 | 三省扶贫开发领导小组和片区各县级人民政府要依据本规划编制省、县级实施规划 |

## 2.2 分省乌蒙山片区区域发展和扶贫规划

根据国务院扶贫开发领导小组办公室、国家发展和改革委员会《乌蒙山片区区域发展与扶贫攻坚规划（2011—2020 年）》，云南、四川和贵州应根据本省具体情况分别制定本省的乌蒙山片区发展规划。

### 2.2.1 云南省乌蒙山片区发展规划

云南省没有专门制定乌蒙山片区的发展规划，乌蒙山片区发展规划主要包含在《云南省农村扶贫开发纲要（2011—2020 年）》中。纲要将乌蒙山区、石漠化地区、滇西边境山区以及藏区等连片特困地区作为云南省扶贫主战场，以专项扶贫、行业扶贫、社会扶贫为支撑，突出基础设施建设、产业培植、提高劳动者素质，最终实现扶贫对象具有自我发展能力、基本公共服务均等化，全面推进扶贫对象脱贫致富（见表 2－2）。其中，乌蒙山片区要突出解决“资源承载过重问题”，加大“农村剩余劳动力的培训和转移力度”，进行农田水利建设，提高土地综合生产能力和生态环境改善，拓展扶贫对象生存和发展空间。就云南省土地政策而言，土地政策主要是在国家土地政策框架体系下向贫困地区有所倾斜，目标是显化土地要素价值，但相比较于四川和贵州，土地政策的市场化机制体现得不够充分。

**表 2－2 《云南省农村扶贫开发纲要（2011—2020 年）》重点任务**

<table>
<tr><td>扶贫框架</td><td colspan="8">具体内容</td></tr>
<tr><td rowspan="2">扶持重点</td><td colspan="7">重点区域</td><td>优先扶持群体</td></tr>
<tr><td colspan="2">乌蒙山区</td><td colspan="2">石漠化地区</td><td colspan="2">滇西边境山区</td><td>藏区</td><td>162 万深度贫困群体</td></tr>
<tr><td>主要任务</td><td colspan="2">改善基础设施</td><td colspan="2">培育优势产业</td><td colspan="2">发展社会事业</td><td colspan="2">修复生态</td></tr>
<tr><td>专项扶贫</td><td>整村推进</td><td>产业扶贫</td><td>易地搬迁</td><td>就业促进</td><td>以工代赈</td><td>兴边富民</td><td>老区建设</td><td>扶贫试点</td></tr>
<tr><td>行业扶贫</td><td>跨部门协同扶贫</td><td>特色优势产业扶贫</td><td>基础设施扶贫</td><td>教育文化扶贫</td><td colspan="2">公共卫生与人口服务扶贫</td><td>民生保障扶贫</td><td>生态建设扶贫</td></tr>
<tr><td>社会扶贫</td><td>定点扶贫</td><td>沪滇对口帮扶扶贫</td><td>驻军和武警参与扶贫</td><td>企业参与扶贫</td><td colspan="2">社会参与扶贫</td><td colspan="2">外资扶贫</td></tr>
</table>

续表

| 扶贫框架 | 具体内容 | | | | | | | |
|---|---|---|---|---|---|---|---|---|
| 扶贫政策 | 形成扶贫政策体系 | 财税扶贫政策 | 投资扶贫政策 | 金融扶贫政策 | 产业扶贫政策 | 土地扶贫政策 | 生态补偿政策 | 人才政策 |
| 土地政策要点 | 1. 新增建设用地指标优先满足贫困地区易地搬迁项目；<br>2. 合理安排小城镇和产业聚集区建设用地；<br>3. 土地整理项目向重点县倾斜，贫困区开展建设用地增减挂钩试点；<br>4. 鼓励市场化的耕地占补平衡模式，建立贫困地区耕地保护补偿机制；<br>5. 土地资源丰富地区，采用承包、租赁、转包、参股等方式加大土地集约化经营力度；<br>6. 推进集体林权等生产要素资本化运作；<br>7. 实行土地等生产要素流转最低保护价制度；<br>8. 安排土地整治、高标准农田建设任务和分配中央补助资金时，继续向贫困地区倾斜；<br>9. 加大支持扶贫开发及易地扶贫搬迁力度；<br>10. 用好集中连片特困地区和国家扶贫开发工作重点县增减挂钩节约指标在省内流转使用政策；<br>11. 积极探索市场化运作模式，吸引社会资金参与土地整治和扶贫开发工作 | | | | | | | |

乌蒙山片区内寻甸县的发展规划体现在《云南桥头堡滇中产业聚集区发展规划（2014—2020 年）》中。在空间布局上，寻甸县被划归在滇中“两片两轴八组团”中的滇中产业聚集区的东片区的“寻甸组团”。该组团重点布局新型建材、文化旅游等产业。寻甸作为滇中东西产业发展轴的一个节点，规划建设客货运交通枢纽场站，提升片区内人流和物流运输能力。寻甸县煤炭资源丰富，在滇中能源保障体系中提出要合理开发利用煤炭资源，加大寻甸褐煤资源综合利用，发展煤炭物流，择机建设昆明安宁煤炭配送中心，形成采购、加工、配送一体化的煤炭产业供应链。寻甸县的文化旅游产业重点建设云南影视产业实验区寻甸天湖岛基地。天湖岛位于云南昆明市寻甸县北大营，美丽的高原红土草甸，自然风景秀丽，是一处理想的旅游度假胜地。2018 年 12 月云南省寻甸县已经通过验收宣布脱贫摘帽[1]。

[1] 资料来源：https：//baijiahao. baidu. com/s？ id = 1619022190007058046&wfr = spider&for = pc。

2017年，云南省人民政府发布了《云南省脱贫攻坚规划（2016—2020年）》[1]，乌蒙山片区作为四个集中连片贫困区被纳入整个云南省扶贫规划中。规划指出，从整个云南来看，“十二五”期间，全省农村贫困人口总数持续快速下降，农村贫困人口数量从2010年的1468万人减少到2015年的471万人，贫困发生率从2010年的40%下降到2015年的12.7%。贫困人口减少与资金投入密切相关。从2010年到2015年，云南向贫困片区投入资金共计244.3亿元，其中中央投入188.33亿元、省级投入55.97亿元。另外，中央和省级定点扶贫、上海对口扶贫、社会组织和外资扶贫等投入72.15亿元。四个集中连片特困地区基础设施投入完成5192.1亿元。《云南省脱贫攻坚规划（2016—2020年）》要求云南省到2020年，建档立卡471万贫困人口实现全部脱贫，4277个贫困村和88个贫困县全部摘帽。云南省脱贫攻坚规划的扶贫方式及具体内容见表2-3。该规划提出要将乌蒙山云南特困地区等四个连片特困地区的重大基础设施、农村生产生活条件改善、基本公共服务、产业发展、生态建设与环境保护工程纳入同级国民经济与社会发展规划与年度计划。特别是要加快农村公路、重点水利工程建设，改善贫困乡村生产生活条件。

**表2-3 云南省脱贫攻坚规划的扶贫方式及其具体内容**

| 扶贫方式 | 具体内容 | |
|---|---|---|
| 产业扶贫 | 特色产业扶贫 | 特色种植业、特色养殖业、特色林产业、农村三产融合 |
| | 乡村旅游扶贫 | 建设旅游基础设施、开发乡村旅游产品、建设旅游扶贫示范点 |
| | 电商产业扶贫 | 培育电子商务市场主体、加快“互联网+农村服务”升级、拓宽农副产品销售渠道 |
| | 资产收益扶贫 | 鼓励贫困户将已确权的土地承包经营权、林权和经营资产等作价入股，建立分享资产经营收益制度；紧密利益联结机制，明确重点受益对象 |
| | 农村科技扶贫 | 通过开展技术攻关、成果转化、平台建设、要素对接、教学培训、科普惠农等行动，到2020年基本形成贫困地区创新驱动发展新模式 |
| 转移就业脱贫 | 通过职业技能培训，支持劳动力就近就地或异地就业 | |

[1] 资料来源：https：//www.sohu.com/a/164840908_99940859。

续表

| 扶贫方式 | 具体内容 | |
|---|---|---|
| 易地安居脱贫 | 易地扶贫搬迁对象 | 1. 自然条件严酷、生存环境恶劣、发展条件严重欠缺、建档立卡贫困人口相对集中的深山石山、边远高寒、荒漠化、水土流失严重和光热条件难以满足日常生活生产需要，不具备基本发展条件的地区；<br>2. 国家主体功能区规划中禁止开发或限制开发区；<br>3. 交通、水利、电力、通信等基础设施，以及教育、医疗卫生等基本公共服务设施十分薄弱，工程建设难度大、运行成本高的地区；<br>4. 地方病严重、地质灾害频发，以及其他确需实施易地扶贫搬迁的地区为重点，科学合理精准确定搬迁对象 |
| | 搬迁安置方式 | 1. 集中安置与分散安置相结合；建房安置与货币安置相结合；<br>2. 根据家庭实际人口，按照 $50m^2$、$75m^2$、$100m^2$、$125m^2$、$150m^2$ 等户型建设安全稳固住房，同时做好宅基地复垦工作；<br>3. 配套建设公共基础设施 |
| | 促进搬迁群众脱贫 | 帮助易地搬迁群众发展生产，多种举措促进他们就业 |
| 教育扶贫 | 提升基础教育、发展职业教育、培育乡村教师队伍、降低群众负担 | |
| 健康扶贫 | 采取有力措施防止因病致贫、因病返贫 | |
| 生态保护扶贫 | 1. 完善森林分类经营和生态补偿机制，通过转移支付对贫困地区给予倾斜支持，探索多元化生态保护补偿方式，鼓励受益地区与保护地区、流域下游与上游建立横向补偿关系。设立生态公益岗位，优先聘用建档立卡贫困人口参与公益林管护；<br>2. 重要水源地和石漠化地区非基本农田坡耕地纳入国家新一轮退耕还林还草规划，能退就退。争取国家调减省级耕地保有量和基本农田保护指标；<br>3. 贫困地区实施水土流失治理、石漠化综合治理，加大高标准农田建设力度 | |
| 兜底扶贫 | 通过社会救助体系对农村“三留守”人员和残疾人实现社会保障兜底 | |
| 社会扶贫 | 发挥中央国家机关定点扶贫和东西部扶贫协作的作用 | |

### 2.2.2 四川省乌蒙山片区发展规划

2013 年 10 月 9 日，四川省人民政府审议通过了《乌蒙山片区（四川部分）区域发展与扶贫攻坚实施规划（2011—2015）》，并报送国家发展和改革委员会和国务院扶贫开发领导小组办公室审查并备案[1]。该规划方案分析了四川省乌蒙山片区的贫困状况、制约因素和发展机遇，并规划了片区未来的发展定位和规划方案。2016 年，四川省又颁布了《乌蒙山片区（四川部分）区域发展与扶贫攻坚实施规划（2016—2020 年）》。

根据 2011—2015 年的规划方案，四川省乌蒙山片区 2010 年扶贫人口达到 108.77 万人，贫困发生率高达 29.23%，比全省高近 9 个百分点，部分贫困群众处于不稳定、低层次的“酸菜土豆型”温饱状态，同时地方病、传染病发病率较高，特别是大凉山和小凉山地区因毒、因病致贫现象十分突出。片区内，道路交通、水利灌溉、电网、通信等设施落后；县域经济薄弱，主导产业没有发育，农业生产经营方式落后，市场观念和市场体系需要大力扶持。

《乌蒙山片区（四川部分）区域发展与扶贫攻坚实施规划（2011—2015 年）》中与产业发展和国土政策相关的规划有以下六个方面：

（1）构建了“三 + 三”的空间布局：功能分区强调了县城、中心城镇（13 个）、重点小城镇（92 个）和重点项目区为主的重点发展区，以种养殖业为主的特色农业区，以河流、森林、高山草地和自然文化保护区为主的生态保护区；空间结构上，将 13 个县规划到了“大小凉山扶贫开发区”“金沙江沿江扶贫开发区”“赤水河流扶贫开发区”三个片区内，并确定了发展重点。

（2）以提升内外交通通达性为目标的基础设施建设规划：构建铁路和公路区域对外大交通，同时不断完善内部交通网络，提高农村公路覆盖广度和通达深度，全面提升区域交通运载能力。

（3）以农业为根本的产业规划方向：重点发展特色优势农业，优质马铃薯、优质烤烟、特色水果、有机茶叶、酿酒专用粮等。工业方面，一是白酒和农产品加工，二是矿产资源开发与深加工，统筹规划产业园区建设，对接东部地区和成渝地区产业转移。同时还要发展以生态观光、民族风情、红色文化、乡村休闲为特色的旅游业；服务业则以现代物流、商贸服务、金融和信息服务为主。

（4）新农村建设和土地整治是改善农村生产生活条件的措施和手

[1] 资料来源：http：//www.sc.gov.cn/10462/10464/10465/10574/2013/5/7/10261102.shtml。

段：在大小凉山地区建设彝家新寨 1390 个，在川南赤水河和金沙江、岷江流域建设新农村 464 个；采用乡村道路建设、土地整治、小流域综合治理、小型农田水利建设、农村环境综合整治等手段，提高耕地质量和水土资源利用效率，改善农民生活条件和人居环境。

（5）2010—2015 年，片区规划项目总投资 2757.91 亿元（片区人均投资 0.66 万元）：扶贫攻坚的根本是向贫困地区投入真金白银，改善区域基础设施和公共服务状况，才能使产业有发展基础，贫困村脱贫致富有希望。规划项目由实施项目、专项规划和储备项目三部分组成，实施项目分别投向基础设施、产业发展、民生发展、公共服务、能力建设、生态环境六大类项目，总投资 751.24 亿元，占比分别为 41.2%、20%、17.9%、14.6%、1.7%、4.6%。资金来源于中央及省级财政、地方（市、县）资金、业主投资、农户自筹。2011—2013 年项目总投资 367 亿元，2014 年投资 173.02 亿元，2015 年投资 211.22 亿元。

（6）产业、土地、生态和资源补偿政策为片区扶贫提供了制度保障：土地政策探索土地利用年度计划、城乡建设用地增减挂钩周转指标向片区倾斜。

《乌蒙山片区（四川部分）区域发展与扶贫攻坚实施规划（2016—2020 年）》总结了“十二五”期间扶贫规划建设工作取得的成效。截至 2015 年年底，四川省乌蒙山片区实施规划累计完成投资 904.3 亿元，地区生产总值年均增长率达到 22%，贫困人口减少到 45.8 万人，贫困发生率降低到 11.7%（但还比全省高 6.1 个百分点）。交通、水利、能源等重大项目稳步推进。完成中办发 25 号文件明确的 10 项重点工作涉及项目 1317 个中的 900 个，项目完工率 68.3%。例如，完成村级道路 32 个，新改建成农村公路 1512 公里，改造农村危房 2.3 万户，建成特色农业基地 950 万亩，完成乡村旅游扶贫项目 30 个，解决 114 万农村人口和农村学校师生饮水问题。

规划也总结了目前四川省乌蒙山片区扶贫中还存在的问题，指出尽管“十二五”期间四川省乌蒙山片区扶贫开发已经取得了明显成效，但还存在四个方面的问题：一是大小凉山地区依然是集中连片贫困地区，部分特困家庭还处于极度贫困状态；二是片区基础设施脆弱，还有一些县交通设施状况没有达到标准，急需将居住在高寒山区、干旱缺水地区和泥石流滑坡等自然灾害特别严重地区的居民易地搬迁；三是卫生、教育等公共服务滞后，劳动力受教育年限低；四是农业产业还处于自然经济状态。

### 2.2.3 贵州省乌蒙山片区发展规划

2012 年 12 月，贵州省政府批复了贵州省扶贫开发办公室和贵州省发展和改革委员会编制的《乌蒙山片区（贵州省）区域发展与扶贫攻坚实施规划（2011—2015)》。贵州省乌蒙山片区位于贵州省的西北部，主要位于毕节市和遵义市，是整个乌蒙山片区中的重点贫困片区，贫困面广量大，贫困程度深，人均生产总值仅相当于全国平均水平的 30% 和全省平均水平的 66%。

分解来看，《乌蒙山片区（贵州省）区域发展与扶贫攻坚实施规划（2011—2015)》中与产业扶贫和国土政策相关的内容有以下六个方面：

（1）以农业和生态为主的三个功能分区：重点发展区以城镇化和工业化为发展方向，农业生态区以发展特色农业、生态农业和现代农业为主，生态保护区以生态建设和环境保护为主，适当发展生态旅游和种养殖业。

（2）以中心城市和重点城镇为核心的城镇建设：城镇经济是经济发展的核心和关键。贵州乌蒙山片区重点打造位于毕节市的三个中心城市和位于遵义市的两个中心城市，并将其作为人口集聚、区域交通枢纽、对外交流和提供公共服务的中心。镇，作为一级城市建制，最大的功能是作为公共服务中心和商业中心将城市和乡村联结起来。此次贵州省乌蒙山片区发展规划将打造 88 个重点城镇，这将为提高整个片区的农产品交易效率、公共服务均等化打下坚实的基础。

（3）将交通设施放在首位的基础设施建设规划：产业发展离不开完善的交通设施，乌蒙山片区以建设快速铁路、高速公路和机场为重点，分别从铁路、高速公路、国道和省道、县道和乡道、航运、机场等几个方面规划建设交通设施，满足片区农产品运输和旅游出行的需求。

（4）以农业、农林产品加工业和旅游业等产业为重点发展方向的产业规划：建设特色农产品种植基地和产业园区，发展绿色食品，进一步开发蔬菜、茶叶、水果、中药材等农林产品加工业，通过建设特色产业园区，发展白酒、烟草、矿产资源和生物医药等产业，逐步形成“一乡一品、一县一业”特色突出的产业发展格局。在旅游产业方面，片区打造生态酒、高原喀斯特地貌及民族风情、避暑观光旅游三大特色旅游产品。在现代服务业方面，该片区根据第一、第二产业发展需要，重点发展现代物流业、商贸服务业、家庭服务业、金融科技信息服务业。例如，发展商贸服务业的目的是加快农产品批发零售速度，将物流网点对接到农户，并满足农村居民的消费需求。

（5）通过土地整治、公路和农田水利工程建设、“六到农家”工程等改善农村基本生产生活条件：土地整治总规模150万亩，提高耕地生产效益；实施移民搬迁工程，建设中心村，改善贫困村居住条件并发展特色优势产业。

（6）实施退耕还林还草、石漠化治理、水土流失综合治理等生态保护工程：片区内自然保护区15个，风景名胜区6个，森林公园6个，世界文化自然遗产1个，国家地质公园1个，其中国家级的有14个，省级的4个，市级的1个，县级的10个，建立严格的保护机制，开展生态补偿，建设城市污水、垃圾处理、工业污染治理等项目。

贵州省乌蒙山片区发展规划，“十二五”期间资金投入达到9118亿元（相当于片区人均投入12万元），中央资金4022亿元，占总投资的44.1%，其他投资来自省级、地县、业主和农户自筹资金，占比分别是10.8%、6.9%、35.7%和2.5%。在所有投入中，住建和交通投资都达到千亿规模，其次是经信、水利、农业、民政、旅游、能源、教育部门投资，投资规模在200亿～600亿元。这些投资整合后，分别投向了基础设施、产业发展、民生改善、公共服务、能力建设、生态建设这六大领域。

在体制改革方面，对行政体制、经济体制、户籍制度、国土资源管理、集体林权制度五个方面提出了乌蒙山片区改革的侧重点。经济体制改革中的产业发展突出了因地制宜承接产业转移和促进产业园区集约发展两个方面，前者主要承接东部地区和周边省会城市劳动密集型产业、资源深加工型产业和装备制造业及配套产业，后者鼓励与东部地区共建产业园区，合理确定产业定位和发展方向，打造产业集群，延伸产业链条。国土资源管理制度配套改革政策，主要期望从农村集体土地征收和农用地转用审批、土地整治、城乡建设用地指标流转、土地承包经营权和林权流转管理等方面提出改革措施，目标是保障农民的土地财产权利，增加农民的财产性收入。在政策支持方面，将土地利用年度计划、城乡建设用地增减挂钩指标向片区倾斜，新增建设用地指标优先满足易地扶贫搬迁和生态移民建房需求，同时还支持通过土地整治提高耕地质量等级折抵新增耕地占补平衡指标。应该说，这些政策有利于显化农村集体土地价值，保障了农民土地财产收益。

# 第3章　乌蒙山片区产业扶贫经验探索

## 3.1　产业扶贫经验探索

### 3.1.1　具有可持续性的“造血式”的产业扶贫

产业扶贫是涉及基础设施、资源禀赋、金融支持、政策配套、利益机制以及市场风险等要素的系统工程，带动能力强，发展潜力大，是实现可持续扶贫的根本措施。产业扶贫的基础是构建产业规划。构建精准扶贫大数据云平台，综合考虑基础设施、资源禀赋、金融支持、技术资源、政策配套、利益机制、市场需求等因素，优化顶层设计，合理规划产业，优化扶贫产业的决策机制，进而提升产业扶贫的成效（汪磊等，2017）[1]。

解决农村贫困问题，有两个途径，一个是送现金直接解决贫困，另一个是扶持贫困人口发展产业走向致富之路。在扶贫过程中，存在“授之以鱼”还是“授之以渔”之争。前者对于一个正处于饥饿的人来说，给他一条鱼有雪中送炭之效果。但是从长期来看，授之以渔，持续性的养鱼经营活动，可以让受助之人长期受益。从这个视角来看，产业扶贫是解决农村贫困的关键之路。李志平（2017）[2] 比较了“送猪崽和羊羔”（GTP）和“折现金由贫困户自己选择扶贫产业”（GSP）两种产业扶贫路径的实施效果。研究结果显示，短期来看，GSP 路径下贫困户自

[1] 汪磊，许鹿，汪霞．大数据驱动下精准扶贫运行机制的耦合性分析及其机制创新——基于贵州、甘肃的案例［J］．公共管理学报，2017（3）．

[2] 李志平．“送猪崽”与“折现金”：我国产业精准扶贫的路径分析与政策模拟研究［J］．财经研究，2017（4）．

由选择扶贫产业，可以得到更多的福利，从整体上提高了农村福利水平。但从中长期来看，向贫困户“送猪崽和羊羔”，降低了贫困户的选择成本和决策成本，精准增强了贫困户的生产行为，加速了贫困户的资本形成，从技术、产业整合力度和农村赋权等方面改善了贫困户的弱势地位，可以显著提高贫困户的福利水平。特别地，贫困户的技术水平具有更强、更长久的扶贫脱贫效果。采用GTP方式实施精准扶贫还需要引导贫困户的产业支付意识，提高他们参与产业扶贫的耐心，增加GTP中的“技术含量”；调动扶贫责任人的积极性，提高贫困户对“送来的猪崽”这种初始资本额与自身资本的耦合整理能力。

针对少数民族地区旅游产业精准扶贫，舒小林（2016）[1] 提出了“五化”：产业政府主导化、产业精英引领化、产业生产组织化、产业发展生态化、产业民众参与化。通过对少数民族地区旅游产业扶贫案例研究后得到启示，只有形成“生态＋旅游＋民族文化＋特色产业”的“四链”特色产业群，形成多重效益机制，同时建立中长期、大区域发展规划的顶层设计，才能实现区域特色产业与旅游、民族文化、商贸等产业横向聚集，使贫困户脱贫致富。

### 3.1.2 产业扶贫参与主体与存在的问题

针对特色农业如何实现精准扶贫的问题，陆汉文（2016）[2] 做了深入的案例研究，并得到了很多值得推广的对策与建议。他认为，一些难以标准化评估劳动质量和产品质量的农产品，具有劳动密集型特点，其惠农、利农效果明显。东部地区劳动密集型特色农业做强、做大后，带来了产业集群效应，市场发育成熟，并惠及贫困农户，增加了他们的就业机会，拓宽了致富通道。笔者由此推论，农业投入不足、市场发育滞后、农业发展水平低、农业经营投入回报少的中西部地区应采取以下措施：

（1）要发挥大户、中高收入户在农业产业化中的关键作用，使特色农业走向产业化，进一步给中低收入户和贫困户带来脱贫的机会，带动

---

[1] 舒小林．新时期民族地区旅游引领产业群精准扶贫机制与政策研究［J］．西南民族大学学报（人文社会科学版），2016（8）．

[2] 陆汉文．东部地区特色农业发展路径及其对精准扶贫的启示［J］．当代农村财经，2016（7）．

贫困户共同致富。

（2）政府要做好扶持大户的工作，支持大户和企业开拓市场，政府应市场主体的需求，提供相关公共服务和公共产品，促进特色农业产业化发展。

（3）政府对贫困户参与特色农业产业化中面临的具体困难提供精准扶贫措施，包括提供小额信贷、针对性的能力建设服务和农业科技服务、交通等基础设施、支持股份化合作、开展农业保险等。

精准产业扶贫，不是一剂灵丹妙药，黄承伟等（2017）[1] 分析了产业精准扶贫的实践困境和深化路径，提出应探索“绣花式”产业扶贫，见表 3－1。

**表 3－1　产业精准扶贫中存在的问题、表现与解决方案**

<table>
<tr><th>问题类型</th><th>表现</th><th>解决方案</th></tr>
<tr><td>简化论思维</td><td>产业发展过程中，唯经济效益论，数字主义与指标化管理</td><td>强县与富民相统一，以城乡统筹发展理念推动城镇基础设施向农村延伸，公共服务向农村覆盖</td></tr>
<tr><td>贫困群体被动参与</td><td>地方政府代替建档立卡户做决策，外部力量强力干预贫困户参与产业扶贫，导致贫困户的参与没有发挥真正价值</td><td rowspan="2">一是构建参与产业化经营的龙头企业与农户之间的益贫性的利益联结机制，建立“公司＋农业园区＋贫困户”的多元主体利益联结机制，将贫困户列入重点扶持对象，政策层面的扶贫资金变成贫困户入股股金；<br>二是注重产业扶贫过程中贫困户内生动力的挖掘和培育，倡导参与式扶贫。设计机制，吸引贫困户全程参与发展的项目设计、产业选择、资金监管</td></tr>
<tr><td>精英俘获现象普遍</td><td>瞄准机制不健全，出现扶富不扶贫，扶贫资源无法有效“落地”的现象。专业合作社被大户掌控，难以达到产业扶贫益贫性的效果，大户的市场逻辑与脱贫的利他性逻辑存在矛盾。产业扶贫的资本化导致与扶贫开发工作完全脱嵌</td></tr>
<tr><td>技术或能力培训“有用无效”</td><td>收入贫困转向能力贫困。而提升能力的技术培训“有用无效”的困境主要是由于精准扶贫阶段沿袭小农特色的产业扶贫造成的</td><td>开展有针对性的培训，提升贫困户产业发展能力。将技术培训、能力培训与当地产业升级换代紧密结合，联合企业、农业科技部门、销售服务部门，将技术培训嵌入产业扶贫过程中</td></tr>
</table>

[1] 黄承伟，邹英，刘杰．产业精准扶贫：实践困境和深化路径——兼论产业精准扶贫的印江经验［J］．贵州社会科学，2017（9）．

续表

| 问题类型 | 表现 | 解决方案 |
| --- | --- | --- |
| 短期脱贫目标与全面小康之间的矛盾 | 片面强调产业扶贫的作用，出现产业配置与地方人力资源、产业政策、地区发展不协调，甚至脱节的现象，扶贫措施单一 | 一是产业扶贫回应当前农村社会面临的诸多问题，做到产业扶贫与农村社会发展密切关联；<br>二是产业扶贫与农村社会治理密切衔接，与区域发展、社区治理相协调 |

产业扶贫中的主体有政府、企业、村两委、扶贫工作队、贫困户，它们的生产要素、作用过程和扶贫路径见表3－2。产业扶贫过程中的各利益相关者只有相互协作，才能实现产业精准扶贫的目标（刘建生等，2017）❶。

**表3－2 产业扶贫的主体的生产要素、作用过程和扶贫路径**

| 主体 | 生产要素 | 作用过程 | 扶贫路径 |
| --- | --- | --- | --- |
| 政府 | 政策、资金、服务、信息 | 制定规划、资金扶持、完善服务 | 促进社会经济发展，实现共同富裕，实现增收和可持续发展 |
| 企业 | 运行平台、技术与管理 | 产业经营，建立相关主体的利益联结 | |
| 村两委 | 生产要素信息及其整合和链接 | 产业选择、企业引进、对接贫困户 | 促进贫困户脱贫致富，提升其自我发展能力，提高贫困人口的参与度，激发贫困人口内生动力，培育公民精神 |
| 扶贫工作队 | 外部信息、资源和技术 | 获取外部资源、联系企业、帮扶贫困户 | |
| 贫困户 | 土地、劳动力 | 土地入股、产业加盟、项目参与 | |

以特色农业产业化实现精准扶贫❷，以河北省环京津贫困带的国家级贫困县A县为例研究了“项目制”产业扶贫，提出为了避免项目选择时出现的“精英俘获”和“弱者吸纳”现象，项目运行中出现“政策性负担”与“规模化劣势”的问题，扶贫项目中出现“虎头蛇尾”与

❶ 刘建生，陈鑫，曹佳慧．产业精准扶贫作用机制研究［J］．中国人口·资源与环境，2017（6）．

❷ 许汉泽，李小云．精准扶贫背景下农村产业扶贫的实践困境——对华北李村产业扶贫项目的考察［J］．西北农林科技大学学报（社会科学版），2017（1）．

威胁农户生计安全（种植单一蔬菜，农户的口粮得不到保障）等问题，实施产业扶贫，不应盲目地进行大规模土地流转、实施规模化大农场经营。特别是在以山地丘陵为主、土地细碎化严重、生态环境脆弱的14个集中连片特困地区，不适宜进行集中化、规模化的产业发展模式，要坚持瞄准扶贫对象，坚持分类施策，注意贫困户之间的异质化特征。针对同一个案例，李博等（2016）[1]认为在“合作社+贫困户”的规模化大农场经营模式下，尽管贫困户获得了少量分红和工资性收入，但由于合作社整体运行成本大，以获得前期国家惠农补贴和产业扶贫专项资金为目标，后期经营风险加大，合作社常常出现赔钱现象，一旦合作社不能持续经营，反而不能实现精准扶贫的目标。

合作社，具有制度益贫性的组织特征，在国家与贫困户之间扮演着中介组织的角色，成为政府精准扶贫的组织载体，解决了“谁来扶”和“怎么扶”的难题。在精准扶贫中，通过建设特色农产品产业平台、将财政扶贫资金作为贫困户加入合作社的入社初始资本金、对合作社进行低息或免息的金融扶持，使合作社扩大农户合作规模，延长产业链条，提升了农户的合作自治能力和拓展市场空间的应变能力。在推动合作社发展与精准扶贫协同机制构建的同时，政府还需要尽到引导、管理和监督的责任，建立财政资源量化为贫困户股权的管理办法，保证贫困户能够按年度享有相应的合作收益（赵晓峰等，2016）[2]。

河北赤城县以龙头企业为引领，建设了六大农业产业园区，65%的村形成了支柱产业，以“资产入股”“资金入股”“土地入股”“劳务入股”等方式发展产业，吸引农户加入产业链中，实现增收[3]。蒋永甫等（2016）[1]比较了农业产业化中的“龙头企业带动模式”“合作社模式”和“政府带动模式”对精准扶贫的扶持作用。笔者认为，老、少、边、穷地区存在贫困地区自然条件差、经济基础薄弱、小农意识浓厚、封闭

---

[1] 李博，左停．精准扶贫视角下农村产业化扶贫政策执行逻辑的探讨——以Y村大棚蔬菜产业扶贫为例［J］．西南大学学报（社会科学版），2016（7）．

[2] 赵晓峰，邢成举．农民合作社与精准扶贫协同发展机制构建：理论逻辑与实践路径［J］．农业经济问题，2016（4）．

[3] 河北省委省政府决策咨询委员会农业农村组，河北省社会科学院，河北省农林科学院联合调研组．对赤城县产业精准扶贫的调查［J］．经济论坛，2016（2）．

[1] 蒋永甫，莫荣妹．干部下乡、精准扶贫与农业产业化发展——基于“第一书记产业联盟”的案例分析［J］．贵州社会科学，2016（5）．

性等问题，产业扶贫更适合政府带动模式，能够发挥下派干部（第一书记）的引领作用。在广西崇左市龙州县，其建立的“第一书记产业联盟”政府带动模式，形成了一种具有地方特色的政府带动的“造血型”农业产业化扶贫路径。例如，下冻镇峡岗村采用“第一书记+党支部+合作社+贫困户+产品加工+市场”的经营模式，带动贫困户、五保户、残疾户发展食用菌致富。

### 3.1.3 建立产业扶贫引导基金

贫困高发区或密集区主要集中在边远地区或连片山区，这些地区在地理、气候、水源和土壤等方面具有发展优质农产品和农业服务业的天然比较优势，适合发展地方性附加值高的种养业或观光休闲产业。精准产业扶贫需要大量资金，但是目前政府主导的产业扶贫资金使用效率较低、扶富不扶贫、参与扶贫的地区性中小微企业资金来源有限、扶贫资金供需错配、扶贫资金缺乏有效整合等问题，如果设立了产业扶贫引导基金，引导基金的资金分配方式从传统的补贴改为投资，引导资金投向贫困地区的特色效益农业或高附加值农业服务业，引导针对贫困地区产业发展需求做出的市场化判断和决策更专业、更细致、更严格，引导基金关注地方性中小微企业和见效期相对漫长的农业产业化发展。批准设立产业扶贫基金理事会或法人公司，管理模式按法人治理，厘清政府与市场的关系，在运作过程中合理平衡各主体之间的利益分配，充分保障贫困户的收益（张维康，2016）❶。

在扶贫资金使用上，湖南省从2015年开始建立“资金跟着穷人走、穷人跟着能人走、能人穷人跟着产业走、产业项目跟着市场走”的“四跟四走”策略，形成了不同片区的特色扶贫产业体系，建立了柑橘、茶叶、中药材等特色扶贫产业基地❷。湖南邵阳产业扶贫中，引导涉农金融机构按照“资金跟着穷人走、穷人跟着能人走、能人跟着市场走”的策略，并以“合作社+农户+能人”的方式将扶贫资金和涉农资金整合起来，为114个贫困村产业发展提供资金支持，使6.6万贫困人口通过

---

❶ 张维康．设立产业扶贫引导基金助推精准扶贫［J］．银行家，2016（6）．

❷ 湖南“十二五”产业扶贫成效数据大盘点［EB/OL］．http：//news.sina.com.cn/o/2016-01-31/doc-ifxnzanh0444006.shtml。

金额帮扶实现脱贫[1]。

### 3.1.4 乌蒙山片区产业状况

产业扶贫的基础是合理的产业结构和精准的产业规划。两个地区间产业结构趋同度越高，则表明竞争越激烈，区域间的产业互补性越低。研究表明，2011 年乌蒙山片区四川—贵州、四川—云南、贵州—云南的产业结构趋同系数均超过 0.99，其中四川—云南的产业结构趋同度最高，趋同系数达到 0.9999。从省域内来看，乌蒙山片区中，云南省 14 对区域、四川 9 对区域、贵州 6 对区域的产业结构趋同系数均超过 0.9，只有云南的宣威—镇雄、四川的古蔺—屏山产业结构趋同系数低于 0.9，说明整个乌蒙山片区产业结构同构程度比较高，需要大力发展优势产业和特色产业，同时应对传统产业进行技术改造和战略调整（李俊杰等，2013）[2]。

云南省乌蒙山片区第一产业占比高，多数县的产业结构为“一、二、三”或“一、三、二”，农业剩余劳动力很难转移到第二、三产业就业，农业劳动生产率水平不能迅速提高，农民收入水平比较低，农产品特色不鲜明，没有形成农产品品牌优势，市场占有率不高，市场竞争力弱，很难将自然资源优势转化为产业优势，亦不能将产业优势转化为经济优势。在这种情况下，荀关玉（2017）[3] 提出在大力发展农业产业化的前提下，发展特色农产品加工业、生物制药业等第二产业和第三产业，形成“二、三、一”或“三、二、一”的产业结构，重点发展“昭通苹果产业、花椒产业、天麻产业、茶叶产业”，以及生态旅游业和红色旅游业。

乌蒙山片区的交通设施，“十一五”期间形成了若干条铁路大动脉，片区基本上形成以高铁引领、普铁全面覆盖的高铁新格局；构建了“三纵两横”的主骨架公路网络；航空运输相对落后，片区内只有昭通机场（建于 1935 年）和毕节机场（2011 年正式动工，2013 年通航）。但总体

---

[1] 杨坚，蒋丽君．新宁金融扶贫惠及六万余贫困群众［EB/OL］．http：//hunan.voc.com.cn/article/201801/201801151145414924.html。

[2] 李俊杰，刘松．乌蒙山片区产业结构趋同度比较研究［J］．黑龙江民族丛刊，2013（5）．

[3] 荀关玉．云南乌蒙山片区农业产业化扶贫绩效探析［J］．中国农业资源与区划，2017（1）．

上，片区由于地理环境复杂、建设难度大、管理分散、条块分割、经济基础薄弱等原因，造成路网布局不优、低级别公路多、省际和重要旅游环线存在“断头路”、水运航道条件差、铁路网密度不够、航空设施不足等问题，与片区外百强县运输能力相比较还有很大差距[1]，限制了农产品输出、旅游出行、外出就业等活动。

### 3.1.5 小结

从对精准产业扶贫的文献研究结论来看，形成的共识是：产业扶贫对于解决地区贫困具有可持续性，“送猪崽”比“折现金自由选择产业”更能引导贫困户走上致富道路。不一致的观点有：①特色农业产业化，政府扶持大户，会不会造成“精英俘获”问题，怎样厘清政府扶持产业带头大户与“扶富不扶贫”现象？对于特别落后地区，可能首先要扶持大户，形成产业致富效果，才能吸引其他贫困户共同参与。②特别贫困地区产业扶贫，采用政府主导模式还是龙头企业主导或合作社主导模式？有文献认为，对落后贫困地区采用政府主导的产业扶贫模式能够发挥政府在区域规划、产业引导、搭建市场平台方面的作用；也有文献认为政府主导下的项目扶贫，行政引导僵化，追求规模，为了资金和项目落地，合作社后期经营中出现虎头蛇尾问题，反而不能实现产业扶贫目标。应该说，“政府主导”“龙头企业主导”“合作社主导”三种模式都有其优势和劣势，每个地区应根据各自的市场供需、政府管理、基础设施状况、资源条件评价来选择，或者几种模式混合使用。

对于山区扶贫产业的选择，多数文献都认为生态农业、旅游产业、森林产业等发挥了地区资源优势，同时这些劳动力密集型产业有助于解决地区贫困问题。

贵州、四川和云南的少数民族地区贫困问题不仅是扶贫重点，也是一个研究重点。总体上看，少数民族地区多数位于深山区，耕地资源少，基础设施薄弱，地区教育和医疗条件落后，劳动者身体素质差、受教育年限少、劳动技能匮乏。种种内外部环境因素都制约了扶贫工作取得卓越成效。少数民族贫困地区扶贫需要采取综合性措施和方案才能真

[1] 甘泗群，速韬．乌蒙山片区协同发展的交通基础优化分析［J］．时代金融，2013（8）．

正实现有效扶贫，对于产业的选择应该因地制宜。从现有文献研究来看，旅游产业是少数民族地区开展扶贫工作的产业选择方向。

## 3.2 乌蒙山片区扶贫经验探索

### 3.2.1 四川精准扶贫经验

在贫困区开展农业技术教育是塑造新农民，引导贫困户转变贫困性思维方式、行为规范与价值观念的有效方法。邓秀华课题组（2016）[1]在四川某国家级贫困县调查时，就访谈了一位因参加了当地科技培训而发家致富的农民。通过在该县调研，课题组还发现农村成人教育培训项目要符合当地产业种植作物（如当地种植历史悠久的银耳、核桃、茶树）技术需求，以提高农民种植技术为目标，吸收农民参与制定培训项目单，才能调动农民参与培训活动的积极主动性。

很多学者研究了四川藏区精准扶贫工作。四川藏区集民族聚居区、生态脆弱区、连片特困区、自然灾害多发区等为一体，社会经济发展水平低、公共产品供给能力弱、区域产业结构单一、交通通信基础设施落后、部分自然村落尚未通电通路。四川藏区是全国 14 个连片特困地区之一，扶贫难度大，是全国藏区扶贫减贫的攻坚区。同时，四川藏区精准扶贫面临着多维约束，包括生态资源保护、自然环境条件和自然灾害、社会经济发展水平较低、人均受教育年限低于 9 年、政策层面对生态保护补偿机制单一、人口居住分散扶贫成本高等问题。在藏区，扶贫产业应结合青藏高原生态建设与保护规划，培育地域特色明显、市场竞争力强、生态环境优化的绿色产业，如生态农业、生态旅游业、新能源产业、生态建设产业。在县级层面的产业选择上，既要兼顾片区（避免同质化竞争），又要体现各县特色资源，实施错位产业发展战略。对于贫困村和贫困户而言，生态建设产业与生态农业、乡村旅游业是极具优势的产业[2]。

---

[1] 邓秀华．“精准扶贫”与农村成人教育的“精准”发展——以四川某国家级贫困县为例［J］．中国成人教育，2016（16）．

[2] 沈茂英．四川藏区精准扶贫面临的多维约束与化解策略［J］．农村经济，2015（6）．

藏区致贫原因主要是大骨节病等地方病、居民受教育程度低（很多藏民仅小学毕业）导致资金技术缺乏、子女教育支出、家庭发生重大变故等。针对藏区致贫原因，有学者提出了藏区精准扶贫措施，要以村为单位发展产业项目，选派“第一书记”、培养年轻干部、选拔致富带头人进入“两委”班子。对藏区，加大教育扶贫、发展教育事业是阻断贫困代际传递的重要途径，除了加大藏区“9＋3”免费教育支持力度外，还要扩大藏区青少年的职业教育受惠面，提高藏区青年文化技能水平[1]。

在藏区发展特色产业，实施精准扶贫，要根据青藏高原特殊的自然地理环境和经济社会的发展程度进行。自然资源保护与生态环境保护是产业开发的底线，因此集中开发“净土产业”（无污染纯绿色产业）、“圣地产业”（藏族文化产业）、“高原旅游业”是必然选择。在精准扶贫模式上，采用“政府牵头＋驻村帮扶＋项目推动”“政府＋龙头企业＋专业合作社＋农民”“企业＋基地＋贫困户”“合作社＋能人＋贫困户”“社会扶贫”五种模式[2]。

唐建兵（2016）[3] 对集中连片特困藏区的资源产业精准扶贫机制进行了研究。他首先提出资源产业扶贫是产业扶贫的有效形式，是指立足于特定贫困地域的气候地貌、能源矿产、珍稀物种和习俗文化等各类优势资源要素，以市场为导向并借助资金帮扶、特殊政策等有利条件，通过殖产兴业、功能区集聚和产业链延伸等有效方式，将资源优势转为产业优势，吸纳并带动困难群众就业增收的扶贫方式。资源产业扶贫就是将资源优势转为产业优势，形成资源、资本和劳动力的高度融合，为贫困地区提供“用之不竭”的内生动力。资源产业精准扶贫机制的核心是充分了解地方资源，确定优势资源产业，提高资源产业立项的精准度。

2015 年，四川藏区有 145 个行政村列入了国家旅游局的乡村旅游扶

[1] 杨军．关于四川藏区精准扶贫工作的调查与思考［J］．中共乐山市委党校学报（新论），2015（5）．

[2] 罗莉，谢丽霜．精准扶贫背景下藏区特色优势产业发展研究［J］．青海社会科学，2016（5）．

[3] 唐建兵．集中连片特困地区资源产业精准扶贫机制研究——以四川藏区为例［J］．四川民族学院学报，2016（4）．

贫重点村。李佳等（2017）[1] 实地调查了四川藏区连片特困少数民族地区三种不同的旅游发展模式（生态景区带动型、民族文化村寨型、灾后重建古镇型）后，进一步对旅游精准扶贫机制进行了深入研究。李佳提出包容性可持续旅游具有实现消除贫困和区域可持续发展的特点。旅游产业扶贫，首先要在连片贫困区有旅游资源优势（位于景区周边或旅游交通沿线）、基础设施和相对产业的村镇，确定区域范围内的旅游扶贫重点村，推动旅游相关资源要素向其优先集聚，旅游扶贫优惠政策向其优先覆盖，旅游相关基础设施和重大项目向其优先布局。在实施旅游产业扶贫过程中，要优先考虑贫困户，公益性旅游扶贫资金向公共服务设施和贫困户倾斜，实现旅游扶贫措施到户精准。

罗正琴（2017）[2] 对四川乌蒙山片区旅游精准扶贫问题进行了分析。他认为乌蒙山片区自然资源丰富，人文旅游资源历史悠久、类型多样，具备发展旅游业带动经济发展、提高贫困户经济收入的条件。但是目前片区存在旅游接待配套设施缺乏、民宿达标户资金短缺、修建标准化住宿餐饮设施困难大等问题，也没有形成旅游特色商品，而且区域旅游线路串联不足，没有形成品牌效应，旅游市场促销力度小，乌蒙山特色旅游缺乏知名度。

刘绍吉（2017）[3] 以四川乌蒙山片区的会泽县为例研究了贫困农户发展的制约因素与推进策略。会泽县是集农业、山区、贫困为一体并且交通落后的欠发达落后地区，属于深度贫困。会泽片区产业扶贫策略是将环保、无污染、绿色农产品推向沿海城市，同时内引外联深化会泽与发达城市的合作。

陈希勇（2016）[1] 深度调查了四川省平武县三个处于不同阶段的扶贫村庄，认为产业扶贫是山区精准扶贫的重要模式，客观分析山区产业扶贫存在的问题和困境，才能提出有针对性的改进对策（见表 3－3）。

---

[1] 李佳，田里，王磊．连片特困民族地区旅游精准扶贫机制研究——以四川藏区为例［J］．西南民族大学学报（人文社会科学版），2017（6）．

[2] 罗正琴．四川乌蒙山片区旅游精准扶贫问题分析［J］．乡村科技，2017（9）．

[3] 刘绍吉．贫困农户发展的制约因素与推进策略——以乌蒙山会泽片区为例［J］．农业经济，2017（10）．

[1] 陈希勇．山区产业精准扶贫的困境与对策——来自四川省平武县的调查［J］．农村经济，2016（5）．

**表3-3 山区产业精准扶贫的困境与改进对策**

| 项目 | 内容 |
|---|---|
| 具备的优势 | 1. 独特的自然地理位置，清新的空气，清洁的水源，茂密的森林；<br>2. 产业扶贫的劳动密集型特征，有效分流了贫困地区的剩余劳动力；<br>3. 特色种养殖业、乡村旅游业具有良好的生态效益 |
| 面临的困境 | 1. 因病致贫的贫困户缺乏体力素质，没有技术指导和启动资金；<br>2. 有概念化产业发展规划，但精准度高的落实性具体政策少；<br>3. 贫困户摘帽后，出现“民富村穷”现象，村集体无力承担垃圾清运、维护村庄秩序等公共服务和公共产品 |
| 对策 | 1. 整合分散财政资金，提高扶贫地区补助标准，取消县乡两级政府配套和贫困户自筹资金；<br>2. 多方参与，包括政府的主导作用和龙头企业的主体作用，以及专业合作社、专家和咨询机构、贫困户的参与；<br>3. 细化宏观政策，提高政策的适应性和灵活性；<br>4. 完善贫困户与龙头企业的利益联结机制，提高农民的专业技能、管理技能和诚信技能，提高其自我发展能力与脱贫致富能力；<br>5. 绿色发展与产业扶贫协同推进 |

何仁伟等（2017）[1]以四川省凉山彝族自治州为例，构建了基于可持续生计框架下的精准扶贫识别指数，并根据不同的贫困类型，提出了相应的帮扶措施（见表3-4）。在解决方案中，土地整治、危房改造、基础设施建设、异地搬迁扶贫、村庄整体迁出是解决贫困的关键措施。

**表3-4 精准扶贫识别指数、贫困户类型及帮扶措施**

| 精准扶贫户识别评价指标体系 | | | | | |
|---|---|---|---|---|---|
| 人力资本H | 社会资本S | 自然资本N | 物质资本P | 金融资本F | 生计环境E |
| 劳动技能<br>教育文化<br>职业技能 | 政治资本<br>联系成本<br>就业资本 | 人均耕地面积<br>粮食单产 | 住房情况<br>居住条件<br>拥有财产 | 理财资本<br>信贷资本 | 自然灾害状况<br>基础设施状况<br>公共服务状况 |

[1] 何仁伟，李光勤，刘运伟，等．基于可持续生计的精准扶贫分析方法及应用研究——以四川凉山彝族自治州为例［J］．地理科学进展，2017（2）．

续表

| 贫困户类型 | | | | |
|---|---|---|---|---|
| 人力资本贫困型 | 基础型资本贫困型 | 社会资本贫困型 | 多维资本贫困型 | 生计环境恶劣型 |
| 总体劳动能力缺乏，教育文化程度低导致的 | N、P、F三种资源至少缺少其中一种。耕地资源少，产出不高，位于山区，没有资金，住房条件差造成贫困 | 社会资源和人际网络缺乏造成贫困 | 前三种贫困类型任意两种类型叠加或三种类型同时叠加引起的农户贫困 | 地理区位和资源禀赋条件约束导致的贫困，如位于高寒区、水源保护地、地质灾害频发区的贫困农户 |
| 解决方案 | | | | |
| 加强农业技能和科技培训，劳务输出就业培训 | 开展土地整治，加快危房改造，加强基础设施建设，探索成立贫困农户资金互助合作社，提供小额信贷 | 提供务工信息，上级帮扶，成立专业性经济合作组织，改善交通，增加对外出行渠道 | 采用综合扶贫措施 | 必须实施易地搬迁扶贫，将村庄整体性迁出 |

### 3.2.2 贵州精准扶贫经验

贵州省乌蒙山片区是典型的高原山地构造地形，土地资源退化明显，耕地后备资源严重不足。在土地开发利用上，方式落后，土地垦殖率高，“广种薄收”的种植方式普遍，坡耕地比例大，优质耕地稀少，水土流失严重，石漠化发育明显[1]，生态环境脆弱；喀斯特地貌地区修建交通设施成本高；土地产出扣除基本生产需求外，可供交易的数量少，加上交通不便导致交易成本高、交易机会少，加剧了内循环的自然经济状态。在产业发展上，贵州第一产业投入产出比与环境承载比低导致区域商品化程度低，第二产业对于劳动力的素质要求高、政策失衡导致吸附能力低，财富分配比例失调，第三产业的发展机会相对狭窄（黄

[1] 谢杭，陈莹婕，吴敏，等．贵州省乌蒙山片区坡耕地整治工程设计研究［J］．安徽农业科学，2013，41（12）．

水源，2016）❶。因而，对于贵州来讲，产业扶贫困难重重，但近年来持续开展精准扶贫，在产业扶贫方面取得了很多经验。

产业扶贫可以推动贫困地区和贫困群众走上经济内生增长、自主脱贫致富的可持续发展道路。贵州省产业扶贫工作重心体现在四个方面：一是大力推进产业结构调整，立足资源禀赋、产业基础和市场需求，因地制宜选择可发展产业，宜工则工、宜农则农、宜商则商、宜游则游。二是精细打造“十大扶贫产业园区”，建设农业大户、农业公司、农业专业合作社等扶贫组织形式。三是形成了“东油西薯、南药北茶、中部蔬菜、面上干果牛羊”的全省扶贫产业格局。四是依托贵州八山一水一分田的气候多样性、地理多样性、生物多样性、民族文化多样性等特征，发展山地乡村旅游，将517个村列为乡村旅游扶贫重点村，采取“一村一品”“一家一艺”“一户一特”等形式培育一批省级山地旅游扶贫示范（重点）村。把乡村旅游从业人员培训纳入“雨露计划”，鼓励金融机构帮扶山地旅游企业，解决贫困农户融资问题（黄承伟等，2016）❷。

贵州大龙经济开发区探索了“产业＋金融”的扶贫模式。大龙经济开发区国有平台公司提供担保，建档立卡贫困户将5万元“精扶贷”贷款入股龙头企业，村集体和贫困户按年度保底分红，3年后期满龙头企业负责偿还本金，每户保底1个就业岗位，实现了贫困户、村集体、企业多方共赢（张云等，2016）❸。

贫困与生态环境脆弱具有显著的共生性，生态环境脆弱地区同时也是基础设施落后地区。精准扶贫与生态环境保护互相依存的两大目标，促使贵州省的产业扶贫必须打造生态扶贫产业。例如，在武陵山片区、乌蒙山片区和滇桂黔石漠化片区重点发展精品水果、中药材、核桃、茶叶、旅游等优势产业；实施到村的以牛、羊和优质果、茶、菜、药、薯为重点的特色生态产业化的项目4万多个，生态扶贫产业实现了生态

---

❶ 黄水源．贵州实施农村精准扶贫创建国家扶贫开发攻坚示范区研究——贵州的贫困现象及经济学解读［J］．贵州社会主义学院学报，2016（2）．

❷ 黄承伟，叶韬，赖力．扶贫模式创新——精准扶贫：理论研究与贵州实践［J］．贵州社会科学，2016（10）．

❸ 张云，李朝国，张莹，等．“产金互促541”探索金融扶贫新模式——贵州大龙经济开发区启动精准扶贫民生工程［J］．当代贵州，2016（36）．

美、百姓富的有机统一（邓小海等，2016）❶。六盘水乌蒙山国家地质公园属于国家级旅游资源，六盘水市同时又是一个山区矿业资源城市，但是由于六盘水市对旅游资源的宣传不够，没有结合周边地区旅游资源特点打造出精品旅游线路，自然资源没有带动旅游业发展，也没能带动山区矿业城市转型发展（杨洪等，2017）❷。解决“抱着金饭碗找饭吃”的问题，重点要推动“抱着金饭碗”的人学会“做饭”——实现产业扶贫，以产业发展带动贫困人口脱离贫困。

少数民族地区建立主客互动型旅游精准扶贫模式，是一种“整体型”“参与式”“造血式”的精准扶贫模式，能够有效解决留守妇女、留守儿童和留守老人这类弱势群体的贫困问题。旅游精准扶贫的主体有政府、企业、非政府组织、游客、领头人，他们在精准扶贫工作中的参与方式是不同的。政府主要是确定精准扶贫对象、完善基础设施、教育扶贫、搭建平台；企业进行资源开发、产业培育、技能培训、市场开拓、吸纳就业、捐资助贫、设立公益基金；非政府组织提供信息服务、爱心捐赠、志愿服务、业务指导、结对帮扶等；游客体验走访、参与旅游、志愿服务；领头人主要起到示范影响作用。而作为旅游精准扶贫的客体——贫困居民，在扶贫主体的帮助和带动下，从短期改变“等靠要”的思想意识，中期主动参与旅游扶贫项目，未来最终独立地依托少数民族文化特色和经济价值，创新旅游产品、旅游项目，创造财富，实现主动脱贫（王超，2017）❸。

靳永翥等（2017）❶在武陵山片区、乌蒙山片区、滇桂黔片区三大集中连片特困地区进行问卷调查，实证分析政府行为、执政者素质、社会参与和行政环境四个因素对精准扶贫战略背景下贫困地区项目的减贫绩效。减贫绩效分为精准识别、精准帮扶、精准管理和精准考核四个层面。文章采用层次回归方法进行分析，并得到表3－5中总结的结论。

---

❶ 邓小海，曾亮．贵州生态文明建设与精准扶贫互动对策探析［J］．贵州社会主义学院学报，2016（4）．

❷ 杨洪，谌洪星．地质资源开发带动山区矿业城市转型发展——以六盘水乌蒙山国家地质公园为例［J］．工业经济论坛，2017（3）．

❸ 王超．我国少数民族地区主客互动型旅游精准扶贫模式研究——基于贵州黎平肇兴侗寨的扎根分析［J］，安徽农业大学学报（社会科学版），2017（9）．

❶ 靳永翥，丁照攀．精准扶贫战略背景下项目制减贫绩效的影响因素研究——基于武陵山、乌蒙山、滇桂黔三大集中连片特困地区的调查分析［J］．公共政策评论，2017（3）．

**表3-5 减贫绩效考核评价和结果**

| 变量 | 变量内涵 | 对项目减贫的绩效 |
|---|---|---|
| 政府行为 | 政府主导扶贫，地方政府对项目进行可行性评估，上下级政府之间有较好的互动，项目实施少有“上有政策、下有对策”现象等 | 1. 政府和工作人员素质对精准识别扶贫对象有很大影响。工作人员素质还影响地区民众对政府的信任度；行政环境决定了扶贫对象识别方式方法，以确保识别的精确性；贫困项目规模越大，精准识别难度越大；<br>2. 社会参与对精准帮扶程度影响最大，村民参与项目建设内容决策的扶贫项目，其实施的精确度、成功率更高。上级政府强控制、专款专用、服务大局等技术理性削弱了地方灵活性，影响了减贫项目的整体效益。贫困规模越大，精准帮扶程度难度也越大；<br>3. 执政者素质对精准管理程度影响最大。专职扶贫人员严重不足，影响了精准管理。基层缺乏扶贫制度、疲于应付上级检查和验收、受到传统习俗和伦理道德制约等影响了精准管理程度；<br>4. 政府行为、执政者素质对精准考核有重要影响。考核不能成为应付上级检查的一个“形式” |
| 执政者素质 | 高素质的扶贫人员，能够把握精准扶贫的深刻内涵，能转变自身思想观念和工作方式，能掌控减贫项目的高效运作，工作人员有较好的德能勤绩，可以着力推动贫困群众早日脱贫 | |
| 社会参与 | 社会组织和企业介入项目制减贫实践，将各种行政性资源和社会资源引至贫困村，并转为贫困村内部资源。本地贫困村民积极参与扶贫 | |
| 行政环境 | 政治环境表现为县乡基层组织之间权力划分合理；法律环境表现为政策法规比较完备；社会文化环境表现为本地良好的社会风气状况 | |

### 3.2.3 云南精准扶贫经验

云南是集边疆、民族、山区、贫困四位一体的省份，贫困人口数量在全国居第二位，尚未脱贫的片区县和重点县数量居中国第一位（罗伊玲等，2017）[1]。云南边疆少数民族地区又存在贫困面积大、分布广、贫困人口成片散落在少数民族聚居区域、返贫现象严重等特点。根据致贫原因，贫困可以分为生态贫困、市场贫困、文化贫困、信息贫困等类型。因医疗卫生保障不足，抵御疾病能力非常薄弱，疾病成为云南少数民族致贫、返贫的主要原因之一（马毓彤，2017）[2]。

---

❶ 罗伊玲，窦志萍．云南贫困村落旅游精准扶贫绩效研究新视角［J］．旅游研究，2017（10）．

❷ 马毓彤．精准扶贫背景下云南边疆民族地区贫困治理研究［J］．农业与技术，2017（2）．

李宇卫等（2016）❶ 对昭通市乌蒙山片区精准扶贫问题进行了深入研究。昭通市的贫困人口总数和贫困发生率分别排云南省第1位和第3位，基础设施和社会事业滞后，乌蒙山片区规划对区域统筹作用不够明显，扶贫资金投入不足，资源收益外溢。"四因四缺"（因病、因残、因学、因灾和缺技术、缺资金、缺劳力、缺动力）是致贫和返贫的重要原因。在产业扶贫方面，昭通市发布了《关于加快高原特色农业发展的决定》，期望通过建设现代农业示范园，打造乡镇特色产业，着力发展畜牧、烟草、苹果、天麻、花椒、桑蚕、核桃、蔬菜等特色优势农业产业示范园和特色农产品基地，带动片区群众脱贫致富。同时，国家级自然保护区位于云南昭通市，是云贵高原代表性的亚热带山地湿性常绿阔叶林森林生态系统和高山沼泽化草甸湿地生态系统。自然保护区划定后，与周边社区农民产生了一些矛盾，主要是农民集体土地被划入保护区、土地权属争议纠纷、生产经营行为受到约束、发展机会受到限制等。在当前生态文明理念下，产业结构从"一产"向"三产"转变，开始发展生态旅游、森林康养等基于生态优势的生态休闲服务业❷。

许汉泽等（2016）❸ 调查了位于云南大理白族自治州北部某国家级贫困县的玉村，分析了在精准扶贫中出现的现实问题（见表3－6）。

**表3－6 精准扶贫地方实践困境与优化措施**

| 扶贫阶段 | 地方实践：偏离政策 | 带来问题 | 背后原因 | 优化措施 |
|---|---|---|---|---|
| 精准识别 | 为避免村民之间的矛盾，按照村小组平均分配扶贫对象指标 | 进行程序调整与选择性平衡，导致没有精准识别出贫困户 | 乡土社会的模糊性与农民之间的平均主义，存在优惠政策对农户的"援助诱惑" | 由村民决定谁是贫困户，乡镇干部和驻村工作组进行监督 |

❶ 李宇卫，崔华勇．昭通市乌蒙山片区精准扶贫存在的问题与对策［J］．昭通学院学报，2016（2）．

❷ 杨科，吴霞．生态文明背景下云南乌蒙山国家级自然保护区与周边社区发展关系探讨［J］．林业调查规划，2017（4）．

❸ 许汉泽，李小云．"精准扶贫"的地方实践困境及乡土逻辑——以云南玉村实地调查为讨论中心［J］．河北学刊，2016（11）．

续表

| 扶贫阶段 | 地方实践：偏离政策 | 带来问题 | 背后原因 | 优化措施 |
|---|---|---|---|---|
| 精准帮扶 | 政府为了落实产业扶贫项目，非建档立卡农户获得实际补贴 | 贫困户因病、外出打工缺劳力、小农意识等而对产业扶贫项目参与不积极 | 产业扶贫项目的市场风险与贫困户生存逻辑不一致，出现倒挂的“逼民致富”和参与不足 | 重视贫困人口专业技能、发展能力培养；发展适合妇女和老人从事的小微项目；设置优惠政策，吸引本地外出务工人员返乡创业发展 |
| 精准管理 | 村干部知识水平、工资水平有限，不会填写扶贫表格，扶贫积极性不高，与上级玩“数字游戏”“纸面脱贫” | 权责不匹配与管理体制僵化 | 部门间条块分割，资金使用与评价各自为政；基层缺少专门的扶贫组织 | 加强对农村本土内生性农民合作组织、管理组织的培育，培育合作社、农民协会 |

高亚男等（2017）[1] 以曲靖市富源县富村镇居核村为例调查了山区贫困问题。调查显示，导致当地贫困的原因除了自然环境恶劣、交通不便、人口素质低、劳动力缺乏外，因疾病导致贫困的人口占总贫困人口的41%。采用“五评工作法”识别贫困户，即评住房条件、评生产资料、评劳动能力、评教育程度、评疾病状况，按照“一评、二审、三公示”的方式校对认定贫困户，最终形成按“户有卡、村有册、省市有数据库”的要求建立贫困户动态管理数据库。针对“因病致贫”的贫困户，除了新农合报销一部分看病费用外，政府主导建立重大疾病救助基金和社会募捐资金用于贫困户医疗救助。产业扶贫措施上，扶持重点村、贫困户因地制宜发展种养业和传统手工业，扶持建设一批贫困人口参与度高的特色农业基地。

刘绍吉（2017）[2] 分析了云南乌蒙山会泽片区的贫困农户精准扶贫

[1] 高亚男，陈萌萌，叶妍，等. 云南精准扶贫面临的困难问题与对策建议——以曲靖市富源县富村镇居核村调查为例［J］. 曲靖师范学院学报，2017（7）.

[2] 刘绍吉. 贫困农户发展的制约因素与推进策略——以乌蒙山会泽片区为例［J］. 农业经济，2017（10）.

中的问题和推进策略。脱贫“拔穷根”的根本是发展地方特色产业，把会泽的环保、无污染、绿色农产品推向沿海城市，构建内外结合的发展策略（见图 3－1）。

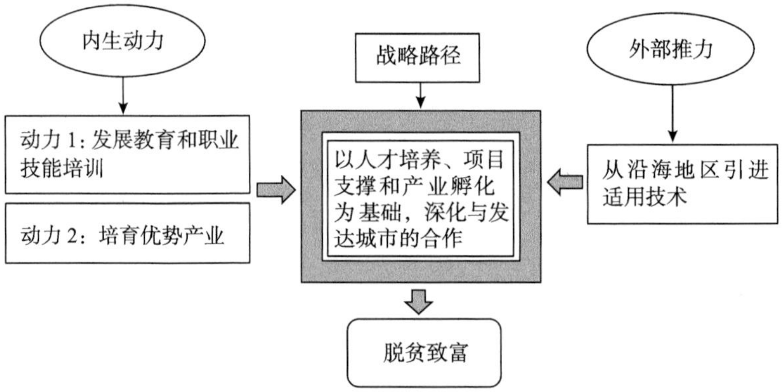


**图 3－1　以“造血”机能为基础的产业扶贫推进策略**

云南省森林资源丰富，发展林业是对其进行精准扶贫的路径之一。以发展林业实现精准扶贫，要增加技术投入和资金投入，优化林业产业结构，建设以林业这一第一产业为基础的第二、三产业。例如，发展红花茶油、核桃油的加工与销售，建立林业品牌企业和龙头企业（张建辉，2017）❶。

云南旅游资源丰富，发展旅游扶贫能在相对较短的时间内发挥旅游的产业经济带动功能，实现旅游扶贫综合效益，从而实现精准扶贫。云南的贫困乡村多位于边远地区或山区，多是一些未开发区或半封闭的村落，保持着较高的民族文化及生态原真性，因而是旅游资源富集地区。边远特困村落的生态和文化具有脆弱性。引进国外成熟的“志愿者旅游”和开发“生态旅游”是这些区域发展产业的适宜途径。通过志愿者义教、义诊、义工等工作，吸引居民主动参与产业发展；在生态资源价值较高的地区建设国家公园，建立生态补偿制度，实现对边远贫困地区的脱贫致富（罗伊玲等，2017）❷。云南乌蒙山片区的旅游收入从 2008

❶ 张建辉．积极发展林业产业，助力云南精准扶贫［J］．国家林业局管理干部学院学报，2017（3）．

❷ 罗伊玲，窦志萍．云南贫困村落旅游精准扶贫绩效研究新视角［J］．旅游研究，2017（10）．

年以来就呈现增长态势，但总体上旅游产业处在起步阶段，发展水平还偏低，对区域经济贡献不大。2012 年数据显示，片区旅游总收入在地区国内生产总值中所占的比重一直落后于全国平均水平，且远低于省内水平，同时旅游业与三次产业之间的关联度不是很高，互动性不强，缺乏联动，片区所属各县旅游漏损较严重，影响旅游乘数效应发挥。对片区所属区县社区居民进行问卷调查结果显示，“缺资金、不会经营、缺乏人手、未接受过旅游相关的专业培训”导致从事旅游相关行业的家庭经营户较少。对云南乌蒙山片区旅游扶贫开发的建议是：宏观上，政府加大投入改善基础设施条件，为旅游业发展提供硬件支撑，突出地区旅游资源特色，打造区域旅游品牌；微观上，加强旅游产业与其他产业的整合，农旅融合、工旅融合、商旅融合、文旅融合、体旅融合等，加快旅游产业链本地化，通过职业培训增强贫困人口参与能力❶。

## 3.3 乌蒙山片区土地扶贫经验

2012 年 2 月《乌蒙山片区区域发展与扶贫攻坚规划（2011—2020 年）》正式启动实施，国土资源部作为乌蒙山片区联系单位，对四川、贵州、云南三省的乌蒙山片区给予了很多政策、项目、资金、技术和人才支持（见图 3 -2），对地方经济发展和民生改善产生了很大的促进作用❷。同时，国土资源部在乌蒙山片区扶贫工作中也发现了一些困难和问题，还需要在实践中探索有效路径和方法，包括：

（1）选择乌蒙山片区有条件的地方开展农村集体建设用地流转等国土资源改革试点，增加贫困地区农民财产性收入，推进城乡建设用地土地增减挂钩、低丘缓坡荒滩等未利用地开发利用、工矿废弃地复垦、矿山环境恢复治理，推动贫困群众在土地流转、资源开发中受益。

（2）精简用地审批程序，增加农村土地整治和新农村建设投入，探索建立基本农田经济补偿机制和基本农田保护的财产转移支付政策，加

❶ 邓小海，曾亮，罗明义，等．云南乌蒙山片区所属县旅游扶贫效应分析［J］．生态经济，2015（2）．

❷ 李东法．国土资源部支持乌蒙山片区扶贫攻坚路径分析［J］．中国国土资源经济，2014（1）．

大中央财政资金对乌蒙山片区地质灾害治理的支持力度。

（3）根据乌蒙山片区各市县自然条件和发展情况不同，对国土资源管理工作政策区分情况，分类落实[1]。

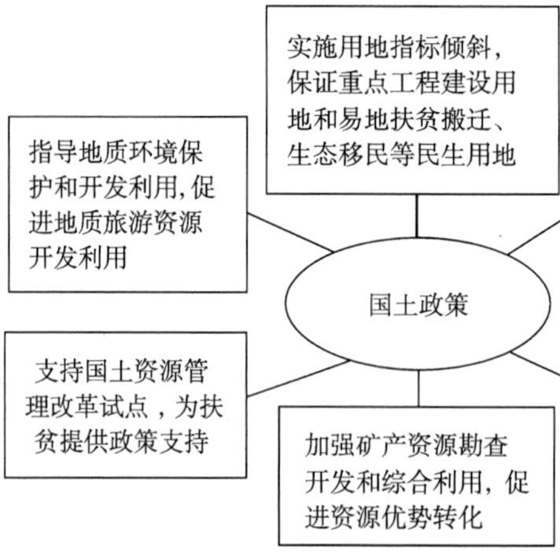

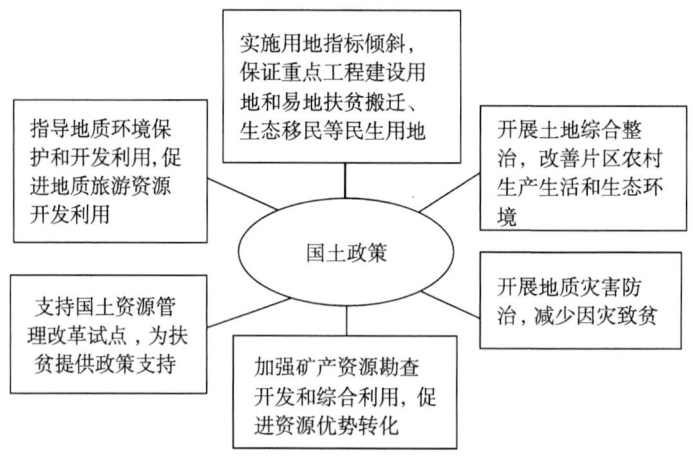


**图 3－2　乌蒙山片区国土资源政策**

2017 年国土资源部印发的《全国土地整治规划（2016—2020 年）》确定了在集中连片特殊困难地区实施土地整治工程，工程建设总规模达到 1000 万亩，总投资约 300 亿元。目标是着力解决这类地区口粮田不足、生态环境脆弱、地质灾害频发等问题。

易地扶贫搬迁主要针对居住在“一方水土养不起一方人”地区的贫困人口的脱贫问题，而国土资源部的“城乡建设用地增减挂钩政策”能有效地解决贫困人口易地搬迁、耕地复垦、住房建设的资金问题。四川省易地搬迁脱贫人口达到 116 万人，郑子敬（2016）[2] 以叙永县和古蔺县为例，研究了乌蒙山片区利用土地政策易地搬迁扶贫路径。叙永县和古蔺县采用发行债券方式支持易地扶贫搬迁，融资流程如图 3－3 所示。叙永县和古蔺县共实施工矿废弃地复垦利用项目 13 个，形成建设用地和建设用地指标，其中建设用地指标转让给泸州市中心城区，获得收益

---

[1] 李东法．国土资源部支持乌蒙山片区扶贫攻坚路径分析［J］．中国国土资源经济，2014（1）．

[2] 郑子敬．乌蒙山片区利用土地政策易地搬迁脱贫路径研究——以四川省叙永县和古蔺县为例［J］，国土资源情报，2016（11）．

7.448 亿元，建设用地作为易地扶贫搬迁用地，所获建设用地指标收益用于易地扶贫搬迁工程建设资金投入。

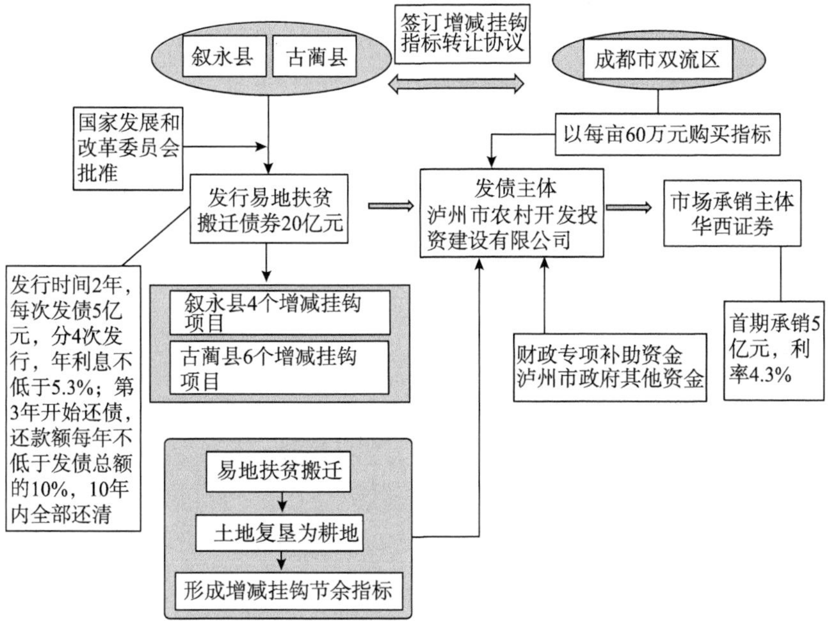


**图3－3　易地扶贫搬迁融资模式图**

乌蒙山片区属典型的喀斯特地貌区，地形复杂，土地贫瘠。魏海等(2014)❶ 对乌蒙山片区低丘缓坡用地的耕地和建设用地适宜性进行了评价，评价结果见表3－7。其研究结论认为，低丘缓坡开发建设为高标准农田、部分用地开发为建设用地，有助于贫困山区发展山地特色农业，承接东部地区产业转移，延长产业链条。

云南省乌蒙山片区的耕地面积为107.6万公顷，占整个乌蒙山片区耕地面积（145万公顷）的74.21%，占云南省耕地面积（611.95万公顷）的17.58%。陈镜宇等（2017）评价了云南省乌蒙山片区耕地自然质量和空间分布。结果表明，片区内低等地和中等地面积总和占全部耕地面积总和的92.11%，光照条件差，海拔较高，土壤质地不佳，呈零星分布状态，主要集中在大关、会泽、鲁甸、绥江、威信、宣威、盐津、

❶ 魏海，秦博，彭建，等．基于GRNN模型与邻域计算的低丘缓坡综合开发适宜性评价——以乌蒙山集中连片特殊困难片区为例［J］．地理研究，2014（5）．

永善、昭阳、镇雄和彝良；高等地和优等地面积总和占全部耕地面积总和的7.89%，主要集中在光热资源充裕即土壤质地良好的地区，包括禄劝、巧家、武定和寻甸，当然这四个县也有大量的低等地和中等地[1]。

**表3－7　乌蒙山片区耕地和建设用地适宜性评价**

| 开发类型 | | 面积（公顷） | 分布区县 |
|---|---|---|---|
| 耕地 | 适宜区 | 1373.82 | 叙永县、赤水市、习水县 |
| | 较适宜区 | 312400 | 片区大部分区县都有分布；其中北部的沐川县、盐津县、叙永县、赤水市、习水县、威宁彝族回族苗族自治县、寻甸回族彝族自治县相对集中 |
| | 基本不适宜区 | 3245900 | 作为限制区 |
| | 不适宜区 | 476100 | 作为限制区 |
| 建设用地 | 适宜区 | 86 | 威宁彝族回族苗族自治县 |
| | 较适宜区 | 38300 | 大部分区县都有分布；其中在沐川县、盐津县、叙永县、昭通市、寻甸回族彝族自治县相对集中 |
| | 基本不适宜区和不适宜区 | 320100 | 作为限制区 |
| 综合开发多宜区[2] | 适宜耕地开发 | 8400 | 占土地开发多宜区的46.75% |
| | 适宜建设用地开发 | 6900 | — |
| | 空间独立区 | 2600 | 被剔除 |
| | 合计 | 17900 | 占建设用地开发单宜区的46.76%，在叙永县、寻甸县集中分布 |
| 最终结果 | 适宜耕地开发 | 276800 | 集中分布在北部沐川县、盐津县、叙永县、赤水市等11个区县，南部的寻甸县 |
| | 适宜建设用地开发 | 22100 | 分布于沐川县、盐津县、叙永县、桐梓县、毕节市、昭阳区、寻甸县、宣威市 |

一般来讲，连片贫困地区有两大特点，一是城市化率低，二是主要产业是农业产业，农地和宅基地是农民的两项主要财产。通过对连片特

[1] 陈镜宇，龚涛，陈运春，等．云南乌蒙山片区耕地自然质量等空间分布特征［J］．水土保持研究，2017（6）．

[2] 同时适合耕地、建设用地开发的区域，定义为土地开发多宜区。

困地区“田、水、路、林、村”进行综合整治和生态环境修复，建设高标准农田和设施完善的村庄，改善了农地生产条件和农民的生活条件，不仅可以有效扶持地区特色产业和实现农业规模经营，还为生态移民和改善基础设施条件提供建设用地，而修复的生态环境又为发展旅游产业和增加就业提供了保障。国土资源部编制的《全国土地整治规划（2011—2015 年）》将乌蒙山片区的 38 个县（市、区）全部纳入 500 个高标准农田建设示范县予以支持。各级财政向四川、贵州和云南的乌蒙山片区投入了一定的资金，在片区内安排了 200 多个整治项目（见表 3 -8）。云南省乌蒙山片区土地整治后的高产稳产农田，土地利用程度普遍提高了 3%，生产能力普遍提高 10% 以上，生产成本降低 10%，人均增产粮食 400 余千克，人均增加纯收入 500 余元❶。

**表 3 -8　2011—2015 年四川、贵州、云南三省乌蒙山片区土地整治项目**

| 省份 | 资金总额（亿元） | 项目数量（个） | 建设规模（万亩） |
|---|---|---|---|
| 四川 | 19.76 | 156 | 120 |
| 贵州 | 7.21 | 39 | 46.92 |
| 云南 | 16.59 | 75 | 70.80 |
| 合计 | 43.56 | 270 | 237.72 |

乌蒙山片区由于独特的自然条件和多样的民族特点，形成了独具特色的乌蒙文化，即以乌蒙山脉为中心的历史文化、民族文化、宗教文化、红色文化、服饰文化、饮食文化、建筑文化、生态文化。旅游业是一个经济性很强的文化产业，也是一个文化性很强的经济产业。乌蒙山片区将旅游产业与文化产业深度融合，规划建设一批具有示范、集聚、辐射作用的重点文化旅游产业园区，实施历史遗址保护与改造❷，提升乌蒙山片区文化旅游产业的竞争优势。

---

❶ 刘新卫，杨华珂．基于土地整治平台促进连片特困地区脱贫攻坚——以乌蒙山连片特困地区为例［J］．中国国土资源经济，2017（12）．

❷ 郭玉坤．文化产业与旅游产业融合发展研究——以乌蒙山片区为例［J］．四川行政学院学报，2016（1）．

# 第4章　乌蒙山片区各区县产业发展现状评价

## 4.1　云南、贵州、四川经济发展概况

### 4.1.1　云南省经济概况

云南省第一产业增加值在全国排名居中，比重增速领先全国，第二、三产业增加值排名与增速排名靠后。2014 年，云南省省内生产总值是 12814.59 亿元，位于全国除香港、台湾、澳门地区外的 31 个省份中的第 23 位，与上年相比增长了 9.33%，总体呈增长态势，与其他省相比相对落后。从产业结构来看，云南省是一个农业大省，第一产业增加值 1990.07 亿元，在全国 31 个省份[1]中排名第 14 位。云南省第一产业增加值的增长速度为 5.00%，与其他 31 个省相比，增长速度较快，在各省排名第 5 位，说明其第一产业正以较快的速度发展。云南省第二、第三产业占比仍然比较低，第三产业增长速度有待提高；第二产业增加 5281.82 亿元，第三产业增加 5542.7 亿元，在各省中均排名第 23 位；第二产业增加值增长速度为 7.18%，在各省中排名第 7 位，第三产业增加值增长速度为 13.17%，在各省由高到低排名第 21 位（见表4－1）。从产业构成来看，该省产业结构较为简单，第一产业主要为传统的种植业，农业占比呈上升趋势；林业占比呈下降趋势；渔业占比则基本保持在 2.40% 左右，传统农业向现代农业转变速度慢。第二产业主要以资源型、原料型的工业为主，近年来，云南工业发展比较快，但集中于粗

[1] 此处系指除香港、台湾、澳门地区外的 27 个省与 4 个直辖市，合并统称为 31 省，下同。

放型、低技术的发展方式，如烟草制品业、采矿业等。第三产业仍是较为传统的方式，而信息、咨询等新型的现代化服务业发展不足（见表4－2）。❶

**表4－1　2014年全国各省生产总值分配表**　　（单位：亿元）

| 序号 | 省份 | 生产总值 | 第一产业 | 第二产业 | 第三产业 |
|---|---|---|---|---|---|
| 1 | 广东 | 67809.85 | 3166.82 | 31419.75 | 33223.28 |
| 2 | 江苏 | 65088.32 | 3634.33 | 30854.5 | 30599.49 |
| 3 | 山东 | 59426.59 | 4798.36 | 28788.11 | 25840.12 |
| 4 | 浙江 | 40173.03 | 1777.18 | 19175.06 | 19220.79 |
| 5 | 北京 | 21330.83 | 158.99 | 4544.8 | 16627.04 |
| 6 | 上海 | 23567.69 | 124.26 | 8167.71 | 15275.72 |
| 7 | 河南 | 34938.27 | 4160.01 | 17816.56 | 12961.67 |
| 8 | 辽宁 | 28626.58 | 2285.75 | 14384.64 | 11956.19 |
| 9 | 湖南 | 27037.32 | 3148.75 | 12482.06 | 11406.51 |
| 10 | 湖北 | 27379.22 | 3176.89 | 12852.4 | 11349.93 |
| 11 | 四川 | 28536.66 | 3531.05 | 13962.41 | 11043.2 |
| 12 | 河北 | 29421.15 | 3447.46 | 15012.85 | 10960.84 |
| 13 | 福建 | 24055.76 | 2014.8 | 12515.36 | 9525.6 |
| 14 | 天津 | 15726.93 | 199.9 | 7731.85 | 7795.18 |
| 15 | 安徽 | 20848.75 | 2392.39 | 11077.67 | 7378.68 |
| 16 | 内蒙古 | 17770.19 | 1627.85 | 9119.79 | 7022.55 |
| 17 | 黑龙江 | 15039.38 | 2611.36 | 5544.41 | 6883.61 |
| 18 | 重庆 | 14262.60 | 1061.03 | 6529.06 | 6672.51 |
| 19 | 陕西 | 17689.94 | 1564.94 | 9577.24 | 6547.76 |
| 20 | 广西 | 15672.89 | 2413.44 | 7324.96 | 5934.49 |
| 21 | 江西 | 15714.63 | 1683.72 | 8247.93 | 5782.98 |
| 22 | 山西 | 12761.49 | 788.89 | 6293.91 | 5678.69 |
| 23 | 云南 | 12814.59 | 1990.07 | 5281.82 | 5542.7 |
| 24 | 吉林 | 13803.14 | 1524.01 | 7286.59 | 4992.54 |
| 25 | 贵州 | 9266.39 | 1280.45 | 3857.44 | 4128.5 |
| 26 | 新疆 | 9273.46 | 1538.6 | 3948.96 | 3785.9 |
| 27 | 甘肃 | 6836.82 | 900.76 | 2926.45 | 3009.61 |

❶ 资料来源：《云南省2014年国民经济和社会发展统计公报》。

续表

| 序号 | 省份 | 生产总值 | 第一产业 | 第二产业 | 第三产业 |
|---|---|---|---|---|---|
| 28 | 海南 | 3500. 72 | 809. 52 | 875. 97 | 1815. 23 |
| 29 | 宁夏 | 2752. 10 | 216. 99 | 1341. 24 | 1193. 87 |
| 30 | 青海 | 2303. 32 | 215. 93 | 1234. 31 | 853. 08 |
| 31 | 西藏 | 920. 83 | 91. 64 | 336. 84 | 492. 35 |

数据来源：中华人民共和国统计局《中国统计年鉴2015》。

**表4－2　2014年全国各省生产总值分配表**

| 序号 | 省份 | 生产总值（亿元） | 第一产业占比 | 第二产业占比 | 第三产业占比 |
|---|---|---|---|---|---|
| 1 | 广东 | 67809. 85 | 4. 67% | 46. 34% | 48. 99% |
| 2 | 江苏 | 65088. 32 | 5. 58% | 47. 40% | 47. 01% |
| 3 | 山东 | 59426. 59 | 8. 07% | 48. 44% | 43. 48% |
| 4 | 浙江 | 40173. 03 | 4. 42% | 47. 73% | 47. 85% |
| 5 | 北京 | 21330. 83 | 0. 75% | 21. 31% | 77. 95% |
| 6 | 上海 | 23567. 69 | 0. 53% | 34. 66% | 64. 82% |
| 7 | 河南 | 34938. 27 | 11. 91% | 50. 99% | 37. 10% |
| 8 | 辽宁 | 28626. 58 | 7. 98% | 50. 25% | 41. 77% |
| 9 | 湖南 | 27037. 32 | 11. 65% | 46. 17% | 42. 19% |
| 10 | 湖北 | 27379. 22 | 11. 60% | 46. 94% | 41. 45% |
| 11 | 四川 | 28536. 66 | 12. 37% | 48. 93% | 38. 70% |
| 12 | 河北 | 29421. 15 | 11. 72% | 51. 03% | 37. 25% |
| 13 | 福建 | 24055. 76 | 8. 37% | 52. 03% | 39. 60% |
| 14 | 天津 | 15726. 93 | 1. 27% | 49. 16% | 49. 57% |
| 15 | 安徽 | 20848. 75 | 11. 47% | 53. 13% | 35. 39% |
| 16 | 内蒙古 | 17770. 19 | 9. 16% | 51. 32% | 39. 52% |
| 17 | 黑龙江 | 15039. 38 | 17. 36% | 36. 87% | 45. 77% |
| 18 | 重庆 | 14262. 60 | 7. 44% | 45. 78% | 46. 78% |
| 19 | 陕西 | 17689. 94 | 8. 85% | 54. 14% | 37. 01% |
| 20 | 广西 | 15672. 89 | 15. 40% | 46. 74% | 37. 86% |
| 21 | 江西 | 15714. 63 | 10. 71% | 52. 49% | 36. 80% |
| 22 | 山西 | 12761. 49 | 6. 18% | 49. 32% | 44. 50% |
| 23 | 云南 | 12814. 59 | 15. 53% | 41. 22% | 43. 25% |
| 24 | 吉林 | 13803. 14 | 11. 04% | 52. 79% | 36. 17% |

续表

| 序号 | 省份 | 生产总值（亿元） | 第一产业占比 | 第二产业占比 | 第三产业占比 |
|---|---|---|---|---|---|
| 25 | 贵州 | 9266. 39 | 13. 82% | 41. 63% | 44. 55% |
| 26 | 新疆 | 9273. 46 | 16. 59% | 42. 58% | 40. 83% |
| 27 | 甘肃 | 6836. 82 | 13. 18% | 42. 80% | 44. 02% |
| 28 | 海南 | 3500. 72 | 23. 12% | 25. 02% | 51. 85% |
| 29 | 宁夏 | 2752. 10 | 7. 88% | 48. 74% | 43. 38% |
| 30 | 青海 | 2303. 32 | 9. 37% | 53. 59% | 37. 04% |
| 31 | 西藏 | 920. 83 | 9. 95% | 36. 58% | 53. 47% |

数据来源：中华人民共和国统计局《中国统计年鉴 2015》。

### 4.1.2 四川省经济概况

四川省第一产业增加值全国领先，第二、三产业增加值排名靠前，第三产业增加值的增速排名靠前。2014 年四川省生产总值达 28536. 66 亿元，位于全国第 11 位，与上年同比增长 8. 5%，总体呈增长态势，在全国处于中上游位置。从产业结构来看，四川省是一个农业大省，第一产业增加 3531. 05 亿元，在全国 31 个省份中排名第 4 位，相对国内其他省份产业增加值占有绝对优势地位。四川省第一产业占比 12. 37%，在全国 31 个省份中排名是第 8 位，且 2013 年到 2014 年，四川省第一产业增加值增长速度为 3. 08%，在全国位于第 12 位，总体而言，四川省第一产业发展势头较好，且在全国处于优势地位。四川省第二产业增加 13962. 41 亿元，在全国排名第 8 位，第二产业虽占比较大，但第二产业增加值增速缓慢，增速为 2. 82%，在各省中排名第 21 位；第三产业增加 11043. 2 亿元，排名第 11 位，虽占比相比其他省份处于中下游水平，但增加值较大且增加值增速较快，增长速度为 19. 31%，排名第 7 位，发展潜力大（见表 4 – 1）。

2014 年，四川全省三产比重为 12. 4∶48. 9∶38. 7（见表 4 – 1 和表 4 – 2），在全国排名第 11 位。第一产业以粮食种植、经济作物生产和牲畜养殖为主，其中粮食作物总产量 3374. 9 万吨，以小春粮、大春粮为主；经济作物以油料、烟叶、茶叶、中草药材为主；水果、蔬菜种植也占较大比重；牲畜家禽以猪、牛、羊的养殖为主。第二产业中，就工业部分而言，四川是中国西部工业门类齐全、优势产品多、实力强的工业基地，电子信息、装备制造、饮料食品、油气化工、能源电力、钒钛稀土、汽车制造等优势产业在全国占有重要地位，新一代信息技术、高端装备制造、新能源、新材料、生物、节能环保等战略性新兴产业快速发展。第三产业中全年社会消费品零售总额 11665.8 亿元，全年实现旅游总收入 4891.0 亿元，全年实际利用外资 106.5 亿美元。

从产业构成看，该省的产业结构较为简单。第一产业主要为传统的农林牧渔业，其中农业占比基本保持稳定；林业、牧业和渔业占比呈上升趋势，新增农业机械 11.2%，农业保持精耕细作的传统，规模化、机械化、现代化生产转型较慢。第二产业以重工业为主，轻重工业的比为 33.7∶66.3；分行业看，以电子设备、汽车、黑色金属矿采、烟酒、茶叶等制造业为主，是西部最强的工业基地之一，传统制造业仍然占主导地位。第三产业中，虽然新一代信息技术发展快速，且仍然有较大的进步和发展空间，但是目前主要仍以发展金融业、住宿业、餐饮业和旅游业为主。

### 4.1.3 贵州省经济概况

贵州省第一产业增加值在全国排名靠后，比重增速领先全国，第二、三产业增加值排名靠后，第二产业增速排名领先全国。2014 年贵州省地区生产总值 9266.39 亿元，位于全国第 25 位，比上年增长 10.8%。其中，第一产业增加 1280.45 亿元，在全国 31 个省份中按产值从高到低排名第 21 位，其第一产业占比较大，与上年相比增长 24.43%，第一产业增加值增长速度位于全国第一；第二产业增加 3857.44 亿元，按产值从高到低排名第 26 位，比上年增长 18.92%，第二产业增加值增速为全国第一；第三产业增加 4128.5 亿元，各省由高到低排名第 25 位，比上年增长 15.73%，第三产业增加值增速在全国 31 个省中排名第 29 位。由此可见，目前贵州省第一产业、第二产业发展较快，第三产业发展较为落后，是一个典型的农业大省（见表 4－1 和表 4－2）。

从产业结构的角度来说，贵州省是典型的内陆山区农业省份，人均耕地少，耕地面积分散，地形复杂，土地不肥沃，农业基础设施建设不足。第二产业主要是轻工业发展较好，尤以烟酒制造业为代表；重工业中缺乏现代的制造业，多以依托资源的产业为主，如煤化工、磷化工、铝业和电力生产。第三产业发展的总体水平仍较低，现代服务业、新兴产业发展相对滞后。

2014 年贵州省地区三产占比为 13.82∶41.63∶44.55（见表 4－1 和表 4－2），在全国 31 个省份中排第 25 位。第一产业中，粮食作物以种植小麦、玉米、稻谷、马铃薯为主，油料作物以种植花生、油菜籽为主，蔬菜、水果、茶叶等经济作物产量增长较快；林业产品中油茶籽、核桃、板栗等产量较高；畜牧业增长平稳；渔业增长较快。第二产业中，工业保持较快增长，重点行业有酒、饮料和精制茶制造业，煤炭开采和洗选业，烟草制品业，电力、热力生产和供应业等。第三产业中，旅游业继续较快发展，全年接待旅游总人数 32134.94 万人次。

## 4.2　云南省乌蒙山相关县域产业分析

据不完全统计，2012 年乌蒙山片区人口 960.63 万人，其中少数民族人口 125.76 万人、农业人口 792.04 万人、贫困人口 303.44 万人，分别占总人口的 13.09%、82.45% 和 31.59%；2012 年区域人均国内生产总值（GDP）为 11508 元，相当于全省平均水平的 51.85%、全国平均水平的 30.00%，农民人均纯收入为 3847 元，相当于全省农民人均纯收入平均水平的 71.02%、全国平均水平的 48.59%。

### 4.2.1　各县产业发展分析

1. 主导产业与行业类型：多数县以第二产业为主导

云南省乌蒙山片区各个县的产业发展成熟度不同，部分县仍处于第一产业主导阶段，部分县虽然已发展到以第三产业为主导，但其产业结构以零售业为主，现代服务业发展不足，说明第一与第二产业发展相对较弱，而非丹尼尔·贝尔（Daniel Bell）所指出的后工业化阶段。各个县依其产业比重的不同，可分为三类产业县。

以第一产业为主的县。2010 年，以第一产业为主的县有 2 个，分别是巧家县、武定县，两者的第一产业在三产中的比重均超过 35%。巧家县的农业主要包括粮食生产、林业生产、烤烟、桑蚕和畜牧渔业。武定县为高原特色农业种植、中草药、反季蔬菜、花卉等庄园经济农业产业。到了“十二五”时期，以第一产业为主的县有所变动，2014 年时为巧家县、彝良县，第一产业在三产中的比重均超过 40%，彝良县的农业主要包括烤烟、天麻、核桃、竹子、花椒。

以第二产业为主的县。2010 年，以第二产业为主的县有 9 个，分别是宣威市、昭阳区、会泽县、镇雄县、彝良县、永善县、鲁甸县、盐津县、威信县。这些县的第二产业在三产中的比重多数占到了 40% 以上，包括轻、重工业，轻工业产品有卷烟、纸制品、食品制造（糕点、糖果、饼干、酱油）、精制食用植物油、精制茶，其他工业主要有水泥、原煤、电石、农机修造、煤炭、电力、采矿、化工、冶金、化肥、建材、木材加工、烤烟、粮油加工、酿酒、制药等。其中的重点行业主要为烟草加工业、农副产品加工业、印刷业和记录媒介的复制、造纸及纸制品、制药业和塑料制品业等。到了“十二五”时期，以第二产业为主的县有所变动，2014 年时为 6 县，分别是鲁甸县、昭阳区、会泽县、永善县、大关县和盐津县。第二产业比重大多占到了 38% 以上，有三个县超过了 50%，黑色金属冶炼、有色金属冶炼、燃气和供应业、建筑业等开始发展。

以第三产业为主的县。2010 年，以第三产业为主的县有 5 个，分别是寻甸县、禄劝县、威信县、大关县、绥江县，第三产业比重大多数达 40% 以上，以旅游业和零售业为主。到了“十二五”时期，以第三产业为主的县有所变动，2014 年时有 7 县，分别是武定县、禄劝县、宣威市、寻甸县、绥江县、威信县、镇雄县。由于武定县、禄劝县、宣威市与寻甸县的人均 GDP 居各县中第 2 名、第 4 名、第 6 名与第 7 名，这也说明在“十二五”时期第三产业的发展开始拉动人均 GDP 的增长，创收能力增强。

2. 生产总值变化：人均 GDP 下降、差距扩大

总结“十一五”期间的经济表现，2010 年生产总值最高的 3 个县分别是宣威市、昭阳区、会泽县，宣威市的生产总值是数值最低的绥江县的 12 倍。宣威市、昭阳区、会泽县的人均 GDP 也是各县中较高的，但排名略有变化，由高至低分别是昭阳区、宣威市、会泽县，昭阳区的人均 GDP 略低于云南省的人均 GDP，是数值最低的镇雄县的 3.89 倍，这也表明其他县的人均 GDP 均低于云南省的水平。镇雄县的生产总值虽然

排名第4位，但其人均GDP却排名最后一位，是云南省乌蒙山片区中最为贫困的县（见表4－3）。

**表4－3　2010年云南省乌蒙山片区各县生产总值分配表**

| 地区 | 生产总值（亿元） | 第一产业总值（亿元） | 第二产业总值（亿元） | 第三产业总值（亿元） | 第一产业比重 | 第二产业比重 | 第三产业比重 | 人均GDP（元/人） |
|---|---|---|---|---|---|---|---|---|
| 云南省 | 7224.18 | 1108.38 | 3223.49 | 2892.31 | 15.34% | 44.62% | 40.04% | 15699.28 |
| 宣威市 | 148.19 | 32.48 | 66.65 | 49.06 | 21.92% | 44.97% | 33.11% | 11361.63 |
| 昭阳区 | 123.28 | 12.69 | 63.64 | 46.95 | 10.29% | 51.62% | 38.08% | 15630.18 |
| 会泽县 | 95.02 | 19.89 | 53.65 | 21.48 | 20.93% | 56.46% | 22.61% | 10449.59 |
| 镇雄县 | 53.30 | 14.95 | 19.75 | 18.59 | 28.06% | 37.05% | 34.89% | 4007.89 |
| 寻甸县 | 38.42 | 11.60 | 11.12 | 15.69 | 30.20% | 28.95% | 40.85% | 8395.87 |
| 禄劝县 | 32.62 | 10.82 | 8.63 | 13.17 | 33.17% | 26.46% | 40.37% | 8221.75 |
| 彝良县 | 28.10 | 7.43 | 13.04 | 7.63 | 26.46% | 46.40% | 27.14% | 5378.06 |
| 巧家县 | 27.05 | 10.49 | 7.42 | 9.14 | 38.76% | 27.44% | 33.79% | 5233.14 |
| 永善县 | 26.89 | 6.41 | 10.62 | 9.86 | 23.84% | 39.51% | 36.65% | 6812.52 |
| 鲁甸县 | 25.11 | 5.81 | 12.46 | 6.84 | 23.14% | 49.61% | 27.25% | 6419.59 |
| 武定县 | 24.09 | 8.76 | 7.37 | 7.96 | 36.37% | 30.60% | 33.03% | 8845.83 |
| 盐津县 | 21.31 | 5.09 | 8.96 | 7.25 | 23.90% | 42.06% | 34.04% | 5753.44 |
| 威信县 | 20.36 | 3.99 | 8.22 | 8.14 | 19.60% | 40.39% | 40.01% | 5270.15 |
| 大关县 | 12.58 | 3.99 | 3.68 | 4.91 | 31.73% | 29.24% | 39.04% | 4774.69 |
| 绥江县 | 12.14 | 2.30 | 4.76 | 5.08 | 18.95% | 39.18% | 41.87% | 7916.11 |

数据来源：中华人民共和国统计局《云南统计年鉴2011》，部分数据因四舍五入，加起来可能不等于100%。

总结“十二五”期间的经济表现，2014年生产总值最高的三个县仍然是宣威市、昭阳区、会泽县，宣威市的生产总值与数值最低的绥江县间的差距有缩小的趋势，两者倍数降为10.4倍。人均GDP最高的县也略有变化，前3名分别是昭阳区、武定县与会泽县，昭阳区的人均GDP与云南省的人均GDP的差距有逐渐扩大的趋势，与数值最低的镇雄县的差距也持续扩大，两者的倍数达到3.99倍。镇雄县仍然是云南省乌蒙山片区中最为贫困的县（见表4－4）。

**表 4－4　2014 年云南省乌蒙山片区各县生产总值分配表**

| 地区 | 生产总值（亿元） | 第一产业总值（亿元） | 第二产业总值（亿元） | 第三产业总值（亿元） | 第一产业比重 | 第二产业比重 | 第三产业比重 | 人均 GDP（元/人） |
|---|---|---|---|---|---|---|---|---|
| 云南省 | 12814.59 | 1990.07 | 5281.82 | 5542.7 | 15.53% | 41.22% | 43.25% | 27184.69 |
| 宣威市 | 207.89 | 51.01 | 55.71 | 101.17 | 24.54% | 26.80% | 48.67% | 15581.62 |
| 昭阳区 | 201.33 | 24.81 | 104.29 | 72.23 | 12.32% | 51.80% | 35.88% | 24639.58 |
| 会泽县 | 160.09 | 35.62 | 80.51 | 43.96 | 22.25% | 50.29% | 27.46% | 17169.67 |
| 镇雄县 | 84.62 | 22.59 | 28.78 | 33.25 | 26.70% | 34.01% | 39.29% | 6164.04 |
| 寻甸县 | 72.43 | 19.87 | 24.95 | 27.61 | 27.43% | 34.45% | 38.12% | 15509.64 |
| 禄劝县 | 68.42 | 19.74 | 20.12 | 25.86 | 28.85% | 29.41% | 37.80% | 16769.61 |
| 永善县 | 66.67 | 12.53 | 37.37 | 16.77 | 18.79% | 56.05% | 25.15% | 16380.84 |
| 武定县 | 50.39 | 14.82 | 14.75 | 20.82 | 29.41% | 29.27% | 41.32% | 18119.38 |
| 巧家县 | 46.46 | 19.34 | 10.06 | 17.06 | 41.63% | 21.65% | 36.72% | 8759.43 |
| 彝良县 | 45.37 | 18.95 | 14.09 | 12.33 | 41.77% | 31.06% | 27.18% | 8406.52 |
| 鲁甸县 | 44.35 | 10.5 | 17.00 | 16.85 | 23.68% | 38.33% | 37.99% | 10923.65 |
| 盐津县 | 35.40 | 8.55 | 13.47 | 13.38 | 24.15% | 38.05% | 37.80% | 9267.02 |
| 威信县 | 29.24 | 6.37 | 11.04 | 11.83 | 21.79% | 37.76% | 40.46% | 7344.89 |
| 大关县 | 27.61 | 6.38 | 10.63 | 10.60 | 23.11% | 38.50% | 38.39% | 10161.94 |
| 绥江县 | 19.96 | 3.71 | 6.63 | 9.62 | 18.59% | 33.22% | 48.20% | 12656.94 |

数据来源：中华人民共和国统计局《云南统计年鉴 2015》，部分数据因四舍五入，加起来可能不等于 100%。

3. 2010 年到 2014 年的产业发展变化特征总结

特征 1：生产总值排名基本稳定。各县的生产总值排名变动不大，排名进步最多的是武定县，进步 3 个名次，退步最多的是彝良县，退步 3 个名次；其次是永善县进步 2 个名次，巧家县与鲁甸县退步 1 名。

特征 2：人均 GDP 排名变动大。73% 的县的排名均发生变化。排名进步最多的是大关县，进步 4 个名次，退步最多的是宣威市，退步 4 个名次；2010 年，人均 GDP 最高的县是昭阳区，到了 2014 年，最高的县由武定县取代。镇雄县始终是人均 GDP 最低的县。

特征 3：三产结构变化大。多数县的三次产业比重均发生变化。第一产业比重增长幅度最大的县是彝良县，鲁甸县则降幅最大；第二产业比重增长幅度最大的县是永善县，彝良县则降幅最大；第三产业比重增长幅度最大的县是宣威市，其他县则降幅不大。

特征4：仍有少数县的农业比重持续增加。在三次产业发展规律中，通常不会出现第一产业大幅度回增的情况，但仍有6个县的第一产业比重持续增长，其中有2个县的第一产业比重大幅度增长，分别是彝良县与巧家县，说明这2个县仍处于第一产业主导阶段（见表4-5）。

**表4-5 2010年与2014年云南省乌蒙山片区各县产业发展排名与变动**

| 省县 | 生产总值排名变化 | 人均GDP排名变化 | 第一产业增幅 | 第二产业增幅 | 第三产业增幅 |
|---|---|---|---|---|---|
| 云南省 | 0 | 0 | 0 | -3% | 3% |
| 宣威市 | 0 | -4 | 3% | -18% | 16% |
| 昭阳区 | 0 | 0 | 2% | 0 | -2% |
| 会泽县 | 0 | 0 | 1% | -6% | 5% |
| 镇雄县 | 0 | 0 | -1% | -3% | 4% |
| 寻甸县 | 0 | -2 | -3% | 6% | -3% |
| 禄劝县 | 0 | 2 | -4% | 3% | -3% |
| 永善县 | 2 | 3 | -8% | 10 | -2% |
| 武定县 | 3 | 2 | -9% | 2% | 8% |
| 巧家县 | -1 | 1 | 18% | -18% | 0 |
| 彝良县 | -3 | -2 | 19% | -19% | 0 |
| 鲁甸县 | -1 | 0 | -13% | 8% | 5% |
| 盐津县 | 0 | -1 | 0 | -4% | 4% |
| 威信县 | 0 | -2 | 2% | -3% | 0 |
| 大关县 | 0 | 4 | -9% | 9% | -1% |
| 绥江县 | 0 | -1 | 0 | -6% | 6% |

特征5：生产总值大幅度增长主要来源于第二、三产业增长的贡献。以云南省的生产总值增长率为标准，有5个县的生产总值增长率高于云南省，它们依序分别是永善县、大关县、禄劝县、武定县、寻甸县，其中，除了永善县与禄劝县，第三产业的增长幅度均高于云南省外，其他3个县主要是第二、第三产业的增长幅度高于云南省。

特征6：生产总值增长偏低主要受到第二产业增长幅度小的影响。以云南省的生产总值增长率为标准，有10个县的生产总值增长率低于云南省，其中以宣威市及威信县的增长率最低，仅约40%。生产总值增长率低的原因，主要是第二产业增长幅度偏低，其中，除了昭阳区之外，其他9个县的增长率均等于或低于50%，而尤以宣威市的－16.41%最低（见表4－6）。

**表4－6　2010年与2014年云南省乌蒙山片区产业发展增速比较**

| 省县 | 生产总值增幅 | 第一产业增幅 | 第二产业增幅 | 第三产业增幅 | 人均GDP增幅 |
|---|---|---|---|---|---|
| 云南省 | 77.38% | 79.55% | 63.85% | 91.64% | 73.16% |
| 永善县 | 147.95% | 95.48% | 251.75% | 70.16% | 140.45% |
| 大关县 | 119.45% | 59.83% | 189.00% | 115.82% | 112.83% |
| 禄劝县 | 109.72% | 82.42% | 133.09% | 96.34% | 103.97% |
| 武定县 | 109.20% | 69.16% | 100.11% | 161.71% | 104.84% |
| 寻甸县 | 88.52% | 71.28% | 124.29% | 75.92% | 84.73% |
| 鲁甸县 | 76.64% | 80.76% | 36.48% | 146.26% | 70.16% |
| 巧家县 | 71.76% | 84.44% | 35.51% | 86.64% | 67.38% |
| 会泽县 | 68.48% | 79.10% | 50.07% | 104.64% | 64.31% |
| 盐津县 | 66.16% | 67.89% | 50.33% | 84.50% | 61.07% |
| 绥江县 | 64.48% | 61.27% | 39.46% | 89.34% | 59.89% |
| 昭阳区 | 63.32% | 95.54% | 63.88% | 53.85% | 57.64% |
| 彝良县 | 61.49% | 154.94% | 8.09% | 61.69% | 56.31% |
| 镇雄县 | 58.77% | 51.07% | 45.73% | 78.82% | 53.80% |
| 威信县 | 43.62% | 59.61% | 34.26% | 45.24% | 39.37% |
| 宣威市 | 40.29% | 57.03% | －16.41% | 106.22% | 37.14% |
| 各县平均值 | 79.32% | 77.99% | 76.38% | 91.81% | 74.26% |

数据来源：中华人民共和国统计局《云南统计年鉴2011》《云南统计年鉴2015》。

### 4.2.2　按支柱产业分类的县产业结构分析

在云南省乌蒙山片区的15个县中，以第一产业为支柱产业的县有2个，以第二产业为支柱产业的县有6个，以第三产业为支柱产业的县有7个，各个县的产业结构现状分析如下：

1. 以第一产业为支柱产业的县

按人均GDP由高至低排序，分别是巧家县与彝良县。

巧家县：以栽种粮食作物为主，轻工业为辅，2014年人均全社会消费品零售总额仅2337.01元。在第一产业方面，属全国粮食产粮大县，“十二五”期间，每年均以近10万亩以上的速度发展核桃和花椒产业，全县种植烤烟面积2.59万亩，种烟农户2164户，蚕桑产业发展也在不断推进，拥有龙头企业1家——昭通市长江丝绸有限公司，是目前西南片区单厂加工能力最大的龙头企业。[1] 在第二产业方面，主要集中于造纸、榨糖、纺织、酿造、金属加工等。在第三产业方面，根据2016年年底的数据，全县商贸流通企业共482家，其中限额以上企业仅有16家。[2] 县内无高等级公路、铁路，公路等级低，畅通能力弱，交通发展制约了产业发展。

彝良县：以发展特色农业为主，矿业为辅，旅游业开始发展，2014年人均全社会消费品零售总额仅2605.28元。在第一产业方面，重点打造天麻、竹子、花椒、百草羊等4个特色优势产业，最具特色的是小草坝天麻，当前已开发出的系列产品有天麻胶囊、天麻饮片等；在第二产业方面，已发现矿产30种，探明储量14种，主要发展小发路煤矿与毛坪水泥厂；在第三产业方面，发展旅游业，推进小草坝景区建设。[3]

2. 以第二产业为支柱产业的县

按人均GDP由高至低排序，分别是昭阳区、会泽县、永善县、鲁甸县、大关县、盐津县。

昭阳区：以传统制造业为主，栽种经济作物为辅，2014年人均全社会消费品零售总额为9728.67元。在第一产业方面，主要作物为蔬菜、烤烟、糖料和油料；在第二产业方面，重点行业主要有烟草加工业、农副产品加工业、印刷业和记录媒介的复制、造纸及纸制品、食品制造业、制药业和塑料制品制造业。[4] 在第三产业方面，全社会消费品零售总额与其人均GDP均较高，高人均GDP带动高消费，发展合理。

会泽县：以传统制造业为主，栽种经济作物为辅，2014年人均全社会消费品零售总额偏低，为3355.33元。在第一产业方面，种植中药材、花卉、烟叶等；在第二产业方面，以烟草制造业、有色金属冶炼及压延加工业、电力生产和供应业为主；[5] 在第三产业方面，以其较高的人均GDP水平来说，全社会消费品零售总额反而低于其他人均GDP更

---

[1][2] 巧家县人民政府网站之巧家概况：http://www.qiaojia.gov.cn/qggk/8481445714744578727。

[3] 资料来源：《关于昭通市2013年国民经济和社会发展计划执行情况与2014年国民经济和社会发展计划草案的报告》。

[4] 资料来源：《昭阳区2014年国民经济和社会发展统计公报》。

[5] 资料来源：《关于会泽县2013年国民经济和社会发展计划执行情况与2014年国民经济和社会发展计划（草案）的报告》。

低的县，有禄劝县、宣威市、寻甸县、绥江县，说明其第三产业发展未能带动消费增长。

永善县：以采矿业、建筑建材业为主，栽种经济作物为辅，2014 年人均全社会消费品零售总额偏低，为 2650.11 元。在第一产业方面，经济作物种植花生、油菜籽、蔬菜、魔芋和甘蔗，着力打造“魔芋、畜牧、竹子、花椒、核桃”五大农业特色产业，也是全国半细毛羊改良基地；在第二产业方面，发展以金沙铅锌矿为主的矿产业，以及以水泥、页岩砖为主的建筑建材业；[1] 在第三产业方面，以其较高的人均 GDP 的水平来说，全社会消费品零售总额低于其他人均 GDP 更低的县，计有宣威市、寻甸县、绥江县，说明其第三产业发展未能带动消费增长。

鲁甸县：以采矿业为主，烤烟业为辅，2014 年人均全社会消费品零售总额为 2140.12 元。在第一产业方面，主要作物为烤烟、果蔬、马铃薯等，还有畜牧业；在第二产业方面，主要是采矿业、水泥和电力及水的生产和供应业；在第三产业方面，有旅游定点单位一家。[2]

大关县：以采矿业为主，栽种经济作物、旅游业为辅，2014 年人均全社会消费品零售总额为 2394.69 元。在第一产业方面，经济作物主要包括油料、烤烟、蔬菜和水果；在第二产业方面，主要的工业产品是水泥、电石和原煤；在第三产业方面，发展旅游业，有旅游资源点 137 处，涵盖黄连河瀑布群、青龙洞峡谷溶洞、罗汉坝原始森林、三江口自然保护区、云台山古道驿站“四片一线”旅游资源。[3]

盐津县：以采矿业为主，栽种粮食作物为辅，2014 年人均全社会消费品零售总额为 2225.22 元。在第一产业方面，主要的农产品有稻谷、玉米、薯类、油菜籽、花生和甘蔗；在第二产业方面，主要是采矿业；第三产业以批发零售贸易业和住宿餐饮业为主。[4]

3. 以第三产业为支柱产业的县

按人均 GDP 由高至低排序，分别是武定县、禄劝县、宣威市、寻甸县、绥江县、威信县、镇雄县。

---

[1] 资料来源：《永善县 2014 年国民经济和社会发展统计公报》。

[2] 资料来源：《鲁甸县 2014 年统计年鉴》。

[3] 资料来源：《大关县二〇一四年国民经济和社会发展统计公报》。

[4] 资料来源：《关于盐津县 2014 年 1—6 月国民经济和社会发展计划执行情况的调研报告》。

武定县：服务业比重大但缺乏支柱行业，第一产业比重略高于第二产业，以栽种经济作物为主、传统制造业为辅，2014 年人均全社会消费品零售总额为 6518.55 元。在第一产业方面，主要的农产品有烟叶、蔬菜、人工食用菌和中药材；在第二产业方面，主要是有色金属冶炼、采矿业、化工业等；在第三产业方面，非公有经济消费品零售额占全社会消费品零售额的绝对主导，同时旅游业发展迅猛。❶

禄劝县：同样是服务业比重大但缺乏支柱行业，第二产业比重略高于第一产业，以传统制造业为主、栽种粮食作物为辅，2014 年人均全社会消费品零售总额为 5977.82 元。在第一产业方面，主要的农产品有玉米、薯类、稻谷。❷ 在第二产业方面，主要是钛、磷化工、石材、水泥建材、农特产品加工、水电开发。第三产业方面，主要是零售业、批发业、住宿业、餐饮业和交通运输、仓储及邮政业。❸

宣威市：服务业比重大，零售业较为发达，2014 年人均全社会消费品零售总额为人均 8939.66 元，高于人均 GDP 更高的武定县、会泽县、禄劝县与永善县；第二产业比重略高于第一产业，以传统制造业、栽种经济作物为辅，生产知名的宣威火腿。在第一产业方面，主要的经济作物有烤烟、油菜。在第二产业方面，主要是黑色金属冶炼业、煤炭开采及洗选业、化学原料和化学制品制造业、非金属矿物制品业、电力、热力的生产和供应业。❶ 在第三产业方面，主要以零售业为主。

寻甸县：服务业比重大，零售业较为发达，2014 年人均全社会消费品零售总额为 5360.58 元，高于人均 GDP 更高的会泽县与永善县；第二产业比重较第一产业高出较多，以传统制造业为主、栽种经济作物为辅。在第一产业方面，主要的经济作物有烤烟、蔬菜、鲜切花、油料。在第二产业方面，主要的工业产品有黄磷、原煤、水泥和硫酸等。❺ 在第三产业方面，主要以零售业为主。

绥江县：同样是服务业比重大但缺乏支柱行业，第二产业比重大幅领先第一产业，以传统制造业为主、栽种经济作物为辅，2014 年人

❶ 数据来源：武定县统计信息网。

❷ 资料来源：《禄劝彝族苗族自治县 2014 年国民经济和社会发展统计公报》。

❸ 资料来源：禄劝人民政府网站，http：//lq. km. gov. cn/c/2017 -04 -13/1562437. shtml。

❶ 资料来源：《(云南省) 宣威市 2015 年国民经济和社会发展统计公报》。

❺ 资料来源：《2014 年寻甸国民经济和社会发展统计公报》。

均全社会消费品零售总额为3855.19元。在第一产业方面，主要的经济作物有油菜、茶叶和水果。在第二产业方面，主要的工业产品有原煤、砖、机制纸、水泥、石灰石。第三产业方面，自2011年开始积极培育现代服务业，如邮电通信、金融保险、商贸流通、餐饮娱乐等行业。

威信县：服务业比重大，以旅游业为主，第二产业比重大幅领先第一产业，以传统制造业为主、栽种经济作物为辅，2014年人均全社会消费品零售总额为2482.53元。在第一产业方面，经济作物油菜籽的产量位于云南前列。在第二产业方面，以煤矿、水电生产为主，林产品加工业正在起步阶段。在第三产业方面，全县旅游开发区面积达150平方公里，分为"一片两山一洞"，"一片"即扎西红色旅游经典景区（扎西、石坎、水田）；"两山"为观斗山观光旅游度假区（含天星国家级森林公园）和大雪山原始生态旅游区（含瓦石僰人悬棺）；"一洞"是堪称"西南第一洞"的天台山溶洞地质公园，逐步构建了"一心、二特、三线、四环、五区"的旅游发展新格局。[1]

镇雄县：服务业比重大，以旅游业为主，第二产业比重高于第一产业，以能源和化工产业为主、栽种经济作物为辅，2014年人均全社会消费品零售总额为2337.95元。在第一产业方面，主要经济作物有烤烟、油菜籽和魔芋。在第二产业方面，有煤炭开采、煤化工、煤层气、煤制烯烃、页岩气、电石气、石化气、电解铝、金属镁、大型火电、硫铁矿、电石、碳化硅、大理石等能源产业和化工产业。在第三产业方面，有赤水源乡村生态旅游、小溪坝生态旅游、鸡鸣三省生态旅游、大湾古镇、小山峡观光休闲度假、乌峰森林公园六大旅游景区，同时具有刺绣、木雕、石刻、木器、陶器、泥塑、绘画、制银、服饰等民族工艺品。[2]

表4-7全面展示了2014年云南省乌蒙山片区各县人均消费情况。从相关性分析来看，人均GDP与人均消费品零售额呈显著高度正相关，相关系数为0.853，说明人均GDP越高，人均消费品零售额也会越高。

---

[1] 此处数据为初步统计数据，正式数据以《（云南省）2015年威信县国民经济和社会发展统计公报》为准。

[2] 此处各项数据为初步统计数据，正式数据以2016年镇雄县国民经济和社会发展统计资料为准。

由于各县的人均 GDP 均低于云南省平均值，因此，各县的人均消费品零售额也均低于云南省 9828.17 元/人的平均水平。人均消费品零售额位于前三位的是昭阳区、宣威市、武定县，均高于 6000 元/人，位于后三位的是巧家县、盐津县和鲁甸县，人均消费零售额仅为 2000～2400 元。总结来说，贫困县整体消费水平仍较低，生产总值不高制约了第三产业的发展。

**表 4－7　2014 年云南省乌蒙山片区全社会消费品零售总额及人均水平**

| 地区 | 人均 GDP（元/人） | 人口（万人） | 全社会消费品零售总额（亿元） | 人均消费品零售额（元/人） |
|---|---|---|---|---|
| 云南省 | 27184.69 | 4713.9 | 4632.9 | 9828.17 |
| 昭阳区 | 24639.58 | 78.87 | 76.73 | 9728.67 |
| 武定县 | 18119.38 | 27.23 | 17.75 | 6518.55 |
| 会泽县 | 17169.67 | 90.93 | 30.51 | 3355.33 |
| 禄劝县 | 16769.61 | 39.68 | 23.72 | 5977.82 |
| 永善县 | 16380.84 | 39.47 | 10.46 | 2650.11 |
| 宣威市 | 15581.62 | 130.43 | 116.6 | 8939.66 |
| 寻甸县 | 15509.64 | 45.76 | 24.53 | 5360.58 |
| 绥江县 | 12656.94 | 15.33 | 5.91 | 3855.19 |
| 鲁甸县 | 10923.65 | 39.11 | 8.37 | 2140.12 |
| 大关县 | 10161.94 | 26.35 | 6.31 | 2394.69 |
| 盐津县 | 9267.02 | 37.03 | 8.24 | 2225.22 |
| 巧家县 | 8759.43 | 51.69 | 12.08 | 2337.01 |
| 彝良县 | 8406.52 | 52.24 | 13.61 | 2605.28 |
| 威信县 | 7344.89 | 38.63 | 9.59 | 2482.53 |
| 镇雄县 | 6164.04 | 132.98 | 31.09 | 2337.95 |

数据来源：各县 2014 年国民经济与社会发展统计公报。

注：人均 GDP 与人均消费品零售额的相关系数为 0.853，在显著水平为 0.01 时显著。

### 4.2.3　产业技术水平分析

地均产值是土地生产效率的表现。土地生产效率会受到生产技术的影响，产业技术高，就能够在相同的土地投入下获得更高的产出，从而提高地均产值。表 4 – 8 是云南省乌蒙山片区各县的地均产值变化，表现出以下 4 个特征。

特征 1：各个县的地均产值均呈现正增长趋势。比较 2010 年与 2014 年各个县的地均产值，均为正增长趋势；增长最多的是永善县，达到约 148%，增长最少的是宣威市，但仍有 40% 的增长率。究其原因，进一步比较永善县与宣威市，两地区的人均 GDP 均较靠前，分居各县第 5 位与第 6 位，但在三产结构上有较大差异，永善县第二产业占比高，达到 56.05%，第一及第三产业只分别占 18.79% 与 25.15%，相比之下，宣威市第二产业占比低，只有 26.80%，第三产业达到 48.67%，第一产业也高达 24.54%，因此，宣威市第二产业发展不足严重制约其地均产值的增长。

特征 2：以第二产业为主的县，其地均产值平均数最高。进一步分析三产结构与地均产值的关系会发现发展第二产业对提高地均产值的重要性：以第一产业为主的县，其平均的地均产值为 153.62 万元/平方公里，以第二产业为主的县，其平均的地均产值为 343.28 万元/平方公里，以第三产业为主的县，其平均的地均产值为 228.76 万元/平方公里。

特征 3：以第二产业为主的县，其地均产值平均增长率最高。再观察地均产值平均增长率，以第一产业为主的县，其平均的地均产值增长率为 66.63%，以第二产业为主的县，其平均的地均产值增长率为 90.33%，以第三产业为主的县，其平均的地均产值增长率为 73.51%。由此也说明发展第二产业有助于提升地均产值。

特征 4：所有以第三产业为主的县都还未进入后工业化阶段。根据配第定律，当产业不断发展，会进入第三产业生产总值与就业人口均超越第二产业及第一产业的第三产业主导阶段。而丹尼尔·贝尔（Daniel Bell）更指出，第三产业阶段发展到最后，会进入后工业化阶段，计算机技术和数据通信网络成为产业改革的重要原动力，地均产值不断提升，而从目前以第三产业为主的县的地均产值来看，第二产业仍然是驱动生产力的重要产业，云南省乌蒙山片区各县仍处于农业到工业的发展阶段。

表 4-8　2010 年和 2014 年云南省乌蒙山片区各贫困县地均产值

| 主导产业 | 地区 | 面积（万平方公里） | 2010 年生产总值（亿元） | 2010 年地均产值（万元/平方公里） | 2014 年生产总值（亿元） | 2014 年地均产值（万元/平方公里） | 地均产值增长率 |
|---|---|---|---|---|---|---|---|
| 第一产业 | 巧家县 | 0.32 | 27.05 | 84.53 | 46.46 | 145.19 | 71.76% |
| | 彝良县 | 0.28 | 28.10 | 100.34 | 45.37 | 162.04 | 61.49% |
| 平均 | | 0.30 | 27.58 | 92.44 | 45.92 | 153.62 | 66.63% |
| 第二产业 | 昭阳区 | 0.22 | 123.28 | 560.34 | 201.33 | 915.14 | 63.32% |
| | 会泽县 | 0.59 | 95.02 | 161.05 | 160.09 | 271.34 | 68.48% |
| | 永善县 | 0.28 | 26.89 | 96.03 | 66.67 | 238.11 | 147.95% |
| | 鲁甸县 | 0.15 | 25.11 | 167.38 | 44.35 | 295.67 | 76.64% |
| | 大关县 | 0.17 | 12.58 | 74.01 | 27.61 | 162.41 | 119.45% |
| | 盐津县 | 0.2 | 21.31 | 106.53 | 35.40 | 177.00 | 66.16% |
| 平均 | | 0.27 | 50.70 | 194.22 | 89.24 | 343.28 | 90.33% |
| 第三产业 | 武定县 | 0.29 | 24.09 | 83.06 | 50.39 | 173.76 | 109.20% |
| | 禄劝县 | 0.42 | 32.62 | 77.68 | 68.42 | 162.90 | 109.72% |
| | 宣威市 | 0.61 | 148.19 | 242.93 | 207.89 | 340.80 | 40.29% |
| | 寻甸县 | 0.36 | 38.42 | 106.72 | 72.43 | 201.19 | 88.52% |
| | 绥江县 | 0.07 | 12.14 | 173.36 | 19.96 | 285.14 | 64.48% |
| | 威信县 | 0.14 | 20.36 | 145.42 | 29.24 | 208.86 | 43.62% |
| | 镇雄县 | 0.37 | 53.30 | 144.05 | 84.62 | 228.70 | 58.77% |
| 平均 | | 0.32 | 47.02 | 139.03 | 76.14 | 228.76 | 73.51% |

数据来源：中华人民共和国统计局，《云南统计年鉴 2011》《云南统计年鉴 2015》。

### 4.2.4　三次产业比重对提高人均、地均与总产值的作用

云南省乌蒙山片区各个县的三次产业结构与人均产值、地均产值、总产值的提升是否存在规律，是本节探讨的重点。

1. 三次产业之间的关系

根据配第定律，产业发展会由第一产业阶段发展到第二产业阶段，再由第二产业阶段发展到第三产业主导阶段。此定律表明，第一产业比重越小，第二与第三产业比重越大，产业发展越健康。然而，第三产业比重超过第二产业，却未必表示产业发展已由第二产业进入第三产业阶

段，因为部分地区呈现高的第三产业比重，可能是第二产业发展不足所致，使得第三产业虽然比重大，但却缺乏现代服务业的支撑，仍是以传统的批发业、零售业、居民服务业等为主要行业。

由于第一产业、第二产业与第三产业依序推进，故第一产业比重减少应当是受到第二产业与第三产业推进的共同影响，第二产业比重减少则应当是受到第三产业推进的影响。若某一地区第三产业推进对第一产业比重减少的作用不大，说明该地区所发展的第三产业仍以传统的批发业、零售业、居民服务业为主，其生产力不足以取代第一产业，同时，第三产业的发展也仍依赖于第一产业的生产。

表4－9是云南省乌蒙山片区2014年三次产业比重之间的相关系数，可以看出，第二产业比重越大，第一产业比重越小；第三产业比重越大，第二产业比重越小。此一递延关系符合配第定律所指出的产业由第一产业推进到第三产业的说法；但表中第三产业与第一产业不存在相关性，则说明第三产业增加无法取代第一产业，表明第三产业仍以传统的服务业为主。

**表4－9　云南省乌蒙山片区2014年三次产业比重之间的相关系数**

| 三次产业比重 | 第一产业比重 | 第二产业比重 | 第三产业比重 |
|---|---|---|---|
| 第一产业比重 | 1 | －0.719** | －0.148 |
| 第二产业比重 | －0.719** | 1 | －0.570* |
| 第三产业比重 | －0.148 | －0.570* | 1 |

注：** 表示在显著水平为0.01时（双尾），相关显著；* 表示在显著水平为0.05时（双尾），相关显著。

实证结果表明，云南省乌蒙山片区各个县的产业发展仍处于以第二产业为主导的阶段，部分县以第三产业为主导的情况，是第二产业发展不足所致。因此，云南省乌蒙山片区在推进产业发展的策略上，应致力于提高第二产业比重，以降低第一产业的比重，第二产业逐渐现代化后，才能提高对现代服务业的需求。

2. 三次产业发展与人均产值、地均产值、总产值的关系

表4－10是云南省乌蒙山片区2014年三次产业与人均GDP、地均产值、地均产值增长率、生产总值的关系，表中显示，三次产业比重与地均产值存在相关性。这就表明，某一县的第一产业比重越大，则该县

的地均产值排名将越靠后，而由于提高第二产业能够降低第一产业比重。因此，提高第二产业能够降低第一产业比重，从而提升地均产值排名，此一结果也间接呼应了前文“第二产业发展有助于推升地均产值”的说法。然而，云南省乌蒙山片区各县的三次产业比重，与人均 GDP、地均产值增长率排名、生产总值排名不存在相关性，两者之间缺乏一定的规律，这也说明了三次产业结构变化对人均 GDP、地均产值增长率及生产总值排名的影响力不足。因此，也表明第二产业及第三产业的附加价值仍较低，产品现代化仍不足，无法有效提高生产总值。

**表 4-10　云南省乌蒙山片区 2014 年三次产业比重与经济发展的相关系数**

| 经济发展指标 | 第一产业比重 | 第二产业比重 | 第三产业比重 |
|---|---|---|---|
| 人均 GDP | -0.496 | 0.419 | -0.071 |
| 地均产值排名 | 0.697 ** | -0.400 | -0.180 |
| 地均产值增长率排名 | -0.039 | -0.203 | 0.357 |
| 生产总值排名 | -0.074 | 0.027 | 0.166 |

注：** 表示在显著水平为 0.01 时（双尾），相关显著。

## 4.3　四川省乌蒙山相关县域产业分析

### 4.3.1　各县产业发展分析

1. 主导产业与行业类型：多数县以第二产业为主导

四川省乌蒙山片区各个县的产业发展成熟度虽然不同，但均未达到后工业化阶段，部分县仍处于第一产业主导阶段，不过所有县的第三产业比重均小于第一或第二产业，服务业以零售业为主，现代服务业发展不足，未占据主导地位。各个县依其三次产业比重的不同，可分为两类产业县。

以第一产业为主的县。2010 年，以第一产业为主的县有 4 个，按比重高低排序分别是昭觉县、屏山县、美姑县、普格县，第一产业在三产中的比重均超过 33%。其中，普格县的第一产业中粮食种植以水稻、玉米为主；经济作物以洋芋、烤烟、蚕桑、马铃薯为主；林产品以花椒、核桃、板栗为主；畜牧业以猪、牛、羊为主。昭觉县的第一产业中粮食生产以大春粮、小春粮为主，加大培养马铃薯种植。屏山县粮食种植以水稻、玉米为主；经济作物中油菜、蔬菜、烟叶、茶叶种植广泛。美姑县粮食种植以玉米、薯类为主。到了2014年，以第一产业为主的县没有变动，同样为以上4县，但比重略有变化，由高至低分别是美姑县、昭觉县、屏山县、普格县。其中，除了美姑县的第一产业比重仍持续上升外，其他县已呈现下降趋势。

以第二产业为主的县。2010年，以第二产业为主的县有9个，按比重高低排序分别是古蔺县、雷波县、沐川县、金阳县、布拖县、叙永县、马边彝族自治县、喜德县与越西县。除了喜德县与越西县外，其他县的第二产业在三产中的比重大多占到了40%以上，包括原煤、水泥、采矿、冶金、化工、洗精煤、机制纸及纸板、硫酸、酿酒、焦化煤、魔芋微粉、瓷质砖等。重点行业主要有烟草加工制造业、重金属加工业、矿石加工制造业、造纸及纸制品制造业等。到了2014年，以第二产业为主的县与2010年相同，排序有所变动，但变动不大，按比重高低排序分别是雷波县、古蔺县、金阳县、沐川县、布拖县、叙永县、马边彝族自治县、越西县与喜德县，但第二产业在三产中的比重有所提高。

2. 生产总值变化：人均GDP上涨、差距小幅扩大

总结“十一五”期间的经济表现，各贫困县中生产总值最高的3个县分别是古蔺县、叙永县、沐川县，古蔺县的生产总值是数值最低的美姑县的5倍多。沐川县、雷波县、金阳县的人均GDP在各县中排名前三位，沐川县的人均GDP远低于四川省的人均GDP，是数值最低的昭觉县的3倍左右，这也表明其他县的人均GDP更低于四川省的平均水平。昭觉县的生产总值在贫困县中排名倒数第3位，人均GDP排名最后一位，是四川省乌蒙山片区中最为贫困的县（见表4－11）。

**表4－11　2010年四川省乌蒙山片区各县生产总值分配表**

| 地区 | 生产总值（亿元） | 第一产业总值（亿元） | 第二产业总值（亿元） | 第三产业总值（亿元） | 第一产业比重 | 第二产业比重 | 第三产业比重 | 人均GDP（元/人） |
|---|---|---|---|---|---|---|---|---|
| 四川省 | 17185.48 | 8672.18 | 6030.41 | 2482.89 | 50.46% | 35.09% | 14.45% | 21369.66 |
| 叙永县 | 54.18 | 22.89 | 17.32 | 13.97 | 42.25% | 31.97% | 25.78% | 9273.15 |
| 古蔺县 | 69.81 | 39.89 | 16.98 | 12.94 | 57.14% | 24.32% | 18.54% | 9790.11 |

续表

| 地区 | 生产总值（亿元） | 第一产业总值（亿元） | 第二产业总值（亿元） | 第三产业总值（亿元） | 第一产业比重 | 第二产业比重 | 第三产业比重 | 人均GDP（元/人） |
|---|---|---|---|---|---|---|---|---|
| 沐川县 | 32.99 | 16.81 | 7.96 | 8.22 | 50.95% | 24.13% | 24.92% | 15222.57 |
| 马边彝族自治县 | 18.43 | 7.68 | 5.54 | 5.21 | 41.67% | 30.06% | 28.27% | 10441.98 |
| 普格县 | 14.66 | 4.70 | 4.85 | 5.10 | 32.06% | 33.08% | 34.79% | 9414.00 |
| 布拖县 | 14.75 | 6.72 | 3.62 | 4.41 | 45.56% | 24.54% | 29.90% | 9205.87 |
| 金阳县 | 17.43 | 8.38 | 4.33 | 4.72 | 48.08% | 24.84% | 27.08% | 10557.42 |
| 昭觉县 | 14.31 | 3.30 | 5.10 | 5.91 | 23.06% | 35.64% | 41.30% | 5683.08 |
| 喜德县 | 13.75 | 5.14 | 4.36 | 4.25 | 37.38% | 31.71% | 30.91% | 8288.13 |
| 越西县 | 22.93 | 8.47 | 7.09 | 7.38 | 36.94% | 30.92% | 32.18% | 8496.89 |
| 美姑县 | 13.10 | 3.82 | 4.23 | 5.04 | 29.16% | 32.29% | 38.47% | 5915.08 |
| 雷波县 | 28.60 | 14.91 | 6.75 | 6.94 | 52.13% | 23.60% | 24.27% | 12773.87 |
| 屏山县 | 20.69 | 6.23 | 6.03 | 8.43 | 30.11% | 29.14% | 40.74% | 8283.23 |

数据来源：中华人民共和国统计局《四川统计年鉴2011》。

“十二五”期间的经济表现，生产总值最高的三个县略有变化，分别是古蔺县、叙永县、雷波县。古蔺县的生产总值与数据最低的美姑县的差距有扩大的趋势，两者倍数增长为6.5倍多。人均GDP最高的县也略有变化，最高的前3名分别是雷波县、沐川县、古蔺县。其中雷波县的人均GDP与四川省的人均GDP的差距有逐渐扩大的趋势，与数据最低的美姑县差距保持在3倍左右，变化不大。美姑县的生产总值和人均GDP均排名最后一位，是四川省乌蒙山片区中最为贫困的县（见表4－12）。

**表4－12　2014年四川省乌蒙山片区各县生产总值分配表**

| 地区 | 生产总值（亿元） | 第一产业总值（亿元） | 第二产业总值（亿元） | 第三产业总值（亿元） | 第一产业比重 | 第二产业比重 | 第三产业比重 | 人均GDP（元/人） |
|---|---|---|---|---|---|---|---|---|
| 四川省 | 28536.66 | 3531.05 | 13962.41 | 11043.20 | 12.37% | 48.93% | 38.70% | 35056.46 |
| 叙永县 | 92.36 | 19.41 | 43.07 | 29.88 | 21.02% | 46.63% | 32.35% | 15963.01 |
| 古蔺县 | 125.39 | 19.30 | 76.91 | 29.18 | 15.39% | 61.34% | 23.27% | 17733.15 |

续表

| 地区 | 生产总值（亿元） | 第一产业总值（亿元） | 第二产业总值（亿元） | 第三产业总值（亿元） | 第一产业比重 | 第二产业比重 | 第三产业比重 | 人均 GDP（元/人） |
|---|---|---|---|---|---|---|---|---|
| 沐川县 | 50. 13 | 11. 46 | 25. 80 | 12. 87 | 22. 86% | 51. 47% | 25. 67% | 23634. 84 |
| 马边彝族自治县 | 29. 87 | 6. 95 | 13. 44 | 9. 48 | 23. 27% | 44. 99% | 31. 74% | 16513. 05 |
| 普格县 | 21. 84 | 7. 36 | 7. 13 | 7. 35 | 33. 70% | 32. 65% | 33. 65% | 13733. 40 |
| 布拖县 | 23. 78 | 6. 34 | 11. 84 | 5. 59 | 26. 66% | 49. 79% | 23. 51% | 14498. 35 |
| 金阳县 | 28. 06 | 5. 88 | 16. 15 | 6. 04 | 20. 96% | 57. 56% | 21. 53% | 16705. 24 |
| 昭觉县 | 23. 37 | 9. 16 | 6. 40 | 7. 81 | 39. 20% | 27. 39% | 33. 42% | 9347. 84 |
| 喜德县 | 19. 15 | 6. 03 | 6. 74 | 6. 37 | 31. 49% | 35. 20% | 33. 26% | 11464. 55 |
| 越西县 | 33. 38 | 10. 75 | 12. 10 | 10. 54 | 32. 20% | 36. 25% | 31. 58% | 12272. 24 |
| 美姑县 | 18. 72 | 7. 72 | 5. 00 | 6. 00 | 41. 24% | 26. 71% | 32. 05% | 8549. 95 |
| 雷波县 | 54. 54 | 10. 01 | 34. 53 | 9. 99 | 18. 35% | 63. 31% | 18. 32% | 24238. 40 |
| 屏山县 | 37. 70 | 14. 30 | 13. 45 | 9. 94 | 37. 93% | 35. 68% | 26. 37% | 14794. 07 |

数据来源：中华人民共和国统计局《四川统计年鉴 2015》。

3. 2010 到 2014 年的产业发展变化特征总结

特征 1：生产总值排名基本稳定。各县的生产总值排名变动不大，雷波县、屏山县、昭觉县进步 1 名，沐川县、越西县、普格县倒退 1 名（见表 4 - 13 和表 4 - 14）。

特征 2：人均 GDP 排名变动大。92% 的县的排名均发生变化，但排名变动幅度小。排名进步最大的是屏山县，进步 4 个名次，退步最大的是普格县，退步 3 个名次；2010 年，人均 GDP 最高的县是沐川县，到了 2014 年，人均 GDP 最高的县由雷波县取代，人均 GDP 最低的县由昭觉县变为美姑县。

特征 3：三产结构变化大。多数县的三次产业比重均发生变化。第一产业比重增长幅度最大的县是昭觉县，古蔺县则降幅最大；第二产业比重增长幅度最大的县是雷波县，昭觉县则降幅最大；第三产业比重增长幅度最大的县是叙永县，降幅最大的是屏山县。

特征 4：个别县的农业比重持续增加。在三次产业发展规律中，通常不会出现第一产业大幅度回增的情况，但仍有 4 个县的第一产业比重持续增长，其中有2个县的第一产业比重增幅较大，分别是美姑县与昭觉县，说明这2个县仍处于第一产业主导阶段。

特征5：高生产总值增长主要来源于第一、二产业增长。以四川省的生产总值增长率为标准，仅有4个县的生产总值增长率高于四川省平均水平，它们依序分别是雷波县、屏山县、古蔺县、叙永县。其中，除了叙永县外，其他3个县的一次产业的增长幅度均高于云南省平均水平；而4个县的二次产业的增长幅度均高于云南省平均水平。总体来看，14个县中，一产增长率和二产增长率各有8个县高于四川省平均水平。

特征6：低生产总值增长主要受到第三产业增长幅度偏低的影响。以四川省的生产总值增长率为标准，有9个县的生产总值增长率低于四川省，其中以喜德县的增长率最低，仅约39%。生产总值增长率低的原因，主要是第三产业增长幅度偏低，各县三产增长率全部低于四川省平均水平。

**表4-13 2010年与2014年四川省乌蒙山片区各县产业发展排名与变动**

| 地区 | 生产总值排名变化 | 人均GDP排名变化 | 第一产业比重增幅 | 第二产业比重增幅 | 第三产业比重增幅 |
|---|---|---|---|---|---|
| 四川省 | 0 | 0 | -38% | 14% | 24% |
| 叙永县 | 0 | 1 | -21% | 15% | 7% |
| 古蔺县 | 0 | 2 | -42% | 37% | 5% |
| 沐川县 | -1 | -1 | -28% | 27% | 1% |
| 马边彝族自治县 | 0 | -1 | -18% | 15% | 3% |
| 普格县 | -1 | -3 | 2% | 0% | -1% |
| 布拖县 | 0 | 0 | -19% | 25% | -6% |
| 金阳县 | 0 | -1 | -27% | 33% | -6% |
| 昭觉县 | 1 | 1 | 16% | -8% | -8% |
| 喜德县 | 0 | -1 | -6% | 3% | 2% |
| 越西县 | -1 | -1 | -5% | 5% | -1% |
| 美姑县 | 0 | -1 | 12% | -6% | -6% |
| 雷波县 | 1 | 1 | -34% | 40% | -6% |
| 屏山县 | 1 | 4 | 8% | 7% | -14% |

表 4-14　2010 年与 2014 年四川省乌蒙山片区产业发展增速比较　（%）

| 地区 | 生产总值增幅 | 第一产业增幅 | 第二产业增幅 | 第三产业增幅 | 第一产业比重增幅 | 第二产业比重增幅 | 第三产业比重增幅 | 人均GDP增幅 |
|---|---|---|---|---|---|---|---|---|
| 四川省 | 66.05 | 42.22 | 61.00 | 83.13 | -14.35 | -3.04 | 10.28 | 64.05 |
| 叙永县 | 70.46 | 38.92 | 88.18 | 72.49 | -18.50 | 10.39 | 1.19 | 72.14 |
| 古蔺县 | 79.61 | 49.11 | 92.80 | 71.87 | -16.98 | 7.34 | -4.31 | 81.13 |
| 沐川县 | 51.97 | 39.29 | 53.50 | 61.83 | -8.34 | 1.01 | 6.49 | 55.26 |
| 马边彝族自治县 | 62.08 | 33.52 | 74.99 | 71.03 | -17.62 | 7.96 | 5.52 | 58.14 |
| 普格县 | 48.97 | 44.32 | 51.55 | 51.36 | -3.12 | 1.73 | 1.60 | 45.88 |
| 布拖县 | 61.23 | 44.02 | 76.19 | 54.39 | -10.67 | 9.28 | -4.24 | 57.49 |
| 金阳县 | 61.01 | 24.45 | 92.79 | 39.42 | -22.71 | 19.74 | -13.41 | 58.23 |
| 昭觉县 | 63.33 | 55.01 | 94.15 | 53.05 | -5.09 | 18.87 | -6.29 | 64.49 |
| 喜德县 | 39.29 | 42.09 | 31.12 | 46.18 | 2.01 | -5.86 | 4.95 | 38.32 |
| 越西县 | 45.56 | 45.61 | 42.89 | 48.68 | 0.04 | -1.83 | 2.15 | 44.43 |
| 美姑县 | 42.91 | 53.14 | 30.81 | 41.66 | 7.16 | -8.47 | -0.87 | 44.55 |
| 雷波县 | 90.68 | 44.40 | 131.56 | 47.96 | -24.27 | 21.44 | -22.41 | 89.75 |
| 屏山县 | 82.18 | 69.64 | 116.08 | 64.72 | -6.88 | 18.61 | -9.58 | 78.60 |
| 各县平均值 | 61.48 | 44.89 | 75.12 | 55.74 | -9.61 | 7.71 | -3.02 | 67.53 |

数据来源：中华人民共和国统计局，《四川统计年鉴 2011》《四川统计年鉴 2015》。

### 4.3.2　按支柱产业分类的各个县的产业结构分析

在四川省乌蒙山片区的 13 个县中，以第一产业为支柱产业的县有 4 个，以第二产业为支柱产业的县有 9 个，各个县的产业结构现状分析如下。

1. 以第一产业为支柱产业的县

按人均 GDP 由高至低排序，分别是屏山县、普格县、昭觉县与美姑县。

屏山县以粮食种植为主，以制造业为辅，2014 年人均全社会消费品零售总额为 5859.50 元。在第一产业方面，粮食种植以水稻、玉米为主；经济作物中油菜、蔬菜、烟叶、茶叶种植广泛。第二产业方面，以白酒、精制茶、人造纤维板、碳化钙、页岩砖、日用玻璃制品、石墨及碳素制品和铸钢件为主。[1]

普格县以种植业和畜牧业为主，以味精、工业硅生产为辅，2014 年人均全社会消费品零售总额为 4484. 28 元。第一产业方面，粮食种植以水稻、玉米养殖为主；经济作物以洋芋、烤烟、蚕桑、马铃薯为主；林产品以花椒、核桃、板栗为主；畜牧业以猪、牛、羊养殖为主。第二产业方面，以味精、工业硅生产为主。第三产业方面，着力发展旅游服务业，螺髻山、火把节、彝历年等品牌文化知名度逐年提高。[2]

昭觉县以栽种粮食、经济作物及畜牧养殖业为主，以矿业加工为辅，2014 年人均全社会消费品零售总额反映出其偏低的人均 GDP，仅为 2396. 00 元。第一产业方面，加快推进农业产业化进程，使粮食生产再创新高，经济作物增产增效，畜牧业持续发展，渔业生产稳步增长；年末全县森林覆盖率达 40. 85%。第二产业方面，全部工业实现增加值 3. 08 亿元，以铜金属、水泥生产为主；建筑业稳步增长，全社会建筑业实现增加值 3. 33 亿元。第三产业方面，商品流通与商品流通服务业发展较好，全年社会消费品零售总额 5. 99 亿元，人均社会消费品零售总额偏低。[3]

美姑县以栽种粮食作物为主，工业生产为辅，2014 年人均全社会消费品零售总额反映出其偏低的人均 GDP，仅为 1990. 87 元。第一产业方面，全年粮食种植面积 30. 40 万亩，以玉米、薯类为主。第二产业方面，全年实现规模以上工业总产值 7. 01 亿元。第三产业方面，物流业、现代金融业逐渐发展，但人均 GDP 仍不高，为 8549. 95 元，人均全社会消费品零售总额偏低，现代金融业刚起步。[1]

2. 以第二产业为支柱产业的县

按人均 GDP 由高至低排序，分别是雷波县、沐川县、古蔺县、金阳县、马边彝族自治县、叙永县、布拖县、越西县、喜德县。

雷波县以重金属加工制造业为主，以栽种经济作物为辅，基于其当前的人均 GDP 水平，2014 年人均全社会消费品零售总额偏低，为

---

[1] 资料来源：《屏山县 2015 年国民经济和社会发展统计公报》。

[2] 资料来源：《普格县 2014 年国民经济和社会发展统计公报》。

[3] 资料来源：《昭觉县 2014 年国民经济和社会发展统计公报》。

[1] 资料来源：《美姑县 2014 年国民经济和社会发展统计公报》。

4551.11 元。第一产业方面，农业经济稳步增长，新建脐橙、核桃基地；"大凉山"品牌建设成效显著，如大凉山雷波脐橙、马湖莼菜。第二产业方面，以磷铵、铅金属、锌金属加工为主。第三产业方面，全年实现社会消费品零售总额 10.24 亿元，在旅游业的带动下雷波县第三产业迅猛发展，特别是商业、餐饮、住宿和居民服务业发展更为迅速。❶

沐川县以采矿业、食品加工制造业为主，以特色农业种植为辅，2014 年人均全社会消费品零售总额为 7949.08 元。第一产业方面，粮食生产以小春粮和大春粮为主；经济作物以油菜、茶叶、魔芋种植为主，特色农业基地不断壮大，建设茶园、猕猴桃园、魔芋基地；林业进一步发展，森林覆盖率保持在 77.34% 左右；畜牧业稳步发展，以猪、山羊、肉兔养殖为主。第二产业方面，以石英砂、焦化煤、魔芋微粉生产为主。第三产业中旅游产业成为县域经济新的增长点，全年累计接待游客 95.2 万人次，旅游综合收入 5.8 亿元。❷

古蔺县以煤、酒为两大支柱产业，经济作物产业化进程加快，2014 年人均全社会消费品零售总额为 6444.63 元。第一产业方面，农业产业化进程加快，粮食作物以高粱为主且高粱核心示范片基本建成；经济作物以茶叶、中药材等为主；建成各类畜禽养殖场。第二产业方面，工业经济逆势上扬，以煤、酒为两大经济支柱产业，酒、煤产业增加值占全县工业增加值的 90.5%。第三产业快速发展，积极推动经济发展方式转变，旅游产业加快突破，黄荆、太平旅游基础设施不断完善，服务业增加值占地区生产总值的比重较去年提高 0.5 个百分点。❸

金阳县以传统制造业为主，以畜牧业为辅，基于其当前的人均 GDP 水平，2014 年人均全社会消费品零售总额偏低，为 3398.81 元。第一产业方面，畜牧业生产占农林牧渔业总产值的比重达 40.1%，成为整个农村经济的重要支柱，以猪、牛、羊、禽蛋、蚕茧为主。第二产业方面，主要是食品加工、矿冶、水电。第三产业方面，旅游业呈现较快发展。❹

---

❶ 资料来源：《雷波县 2014 年国民经济和社会发展统计公报》。

❷ 资料来源：《沐川县 2014 年国民经济和社会 发展计划执行情况及 2015 年国民经济和社会发展计划（草案）的报告》。

❸ 资料来源：《古蔺县 2014 年国民经济和社会发展计划执行情况及 2015 年国民经济和社会发展计划（草案）的报告》。

❹ 资料来源：《金阳县 2014 年国民经济和社会发展统计公报》。

马边彝族自治县以采矿业为主，以栽种粮食、经济作物及畜牧业为辅，2014年人均全社会消费品零售总额5174.13元。第一产业方面，粮食种植以稻谷和玉米为主；经济作物以油料、糖料、茶叶为主；水果、蔬菜种植也占较大比重；畜牧业以猪、羊、牛、肉兔为主；森林覆盖率53.6%。第二产业方面，以磷矿石、黄磷、瓷质砖为主。第三产业方面，全年社会消费品零售总额已有一定水平，居第6位。

叙永县以采矿业、建筑建材业为主，以粮食生产、栽种经济作物为辅，2014年人均全社会消费品零售总额7706.53元。第一产业生产形势较好，农业、林业、牧业、渔业及农林牧渔服务业均衡发展。粮食以大春粮和小春粮为主；经济作物以油料、甘蔗、烤烟、茶叶为主；畜牧业以猪、牛为主；全县森林覆盖率达54.6%。第二产业方面，工业明显回升，全社会工业增加值39.29亿元，规模以上工业增加值12.91亿元，主要以原煤、硫精砂、水泥、洗精煤、机制纸及纸板、硫酸和白酒生产为主；建筑业快速增长。第三产业消费需求平稳增长，人均全社会消费品零售总额合理；旅游业稳步发展，全年旅游接待总人数200.48万人次，实现旅游总收入13.78亿元。[1]

布拖县以传统制造业和建筑业为主，以林业产品为辅，基于其当前的人均GDP水平，2014年人均全社会消费品零售总额较低，仅2329.27元。第一产业方面，林业产品以核桃、花椒为主。第二产业方面，规模以上工业总产值较低。第三产业方面，全年社会消费品零售总额偏低，但是值得一提的是，“彝族口弦”“彝族银饰手工技艺”被文化部确定为国家级非物质文化遗产。[2]

越西县以现代物流、房地产开发为主，以电冶、水能、水泥、食品加工为辅，2014年人均全社会消费品零售总额为4808.82元。第一产业方面，目前仍以粮食作物为主；以烤烟、优质水果、油菜、马铃薯、玫瑰花为主的优势种植业不断壮大。第二产业方面，形成了以电冶、水能、水泥、食品加工四大支柱为主体的工业架构体系。第三产业方面，积极发展现代物流，促进房地产发展的同时拉动建筑材料、装修材料、

---

[1] 资料来源：《叙永县2014年国民经济和社会发展统计公报》。

[2] 资料来源：《布拖县2014年国民经济和社会发展统计公报》。

批发零售、餐饮住宿等行业增长。[1]

喜德县以旅游产业为主，以矿石、食品等加工制造业为辅，2014 年人均全社会消费品零售总额为 3658.68 元。第一产业方面，粮食生产、经济作物总体发展稳定，主要粮食作物以水稻、小麦、玉米为主；经济作物以马铃薯、烤烟为主；林产品以花椒、核桃和板栗为主；畜牧业稳步发展，以鸡、羊、猪为主。第二产业方面，以铁矿石原矿、水泥、生铁、铁合金、饮料酒生产为主。第三产业方面，以阳光温泉大酒店为龙头，带动了第三产业发展，全年接待游客 60 万人次，旅游业总产值 1.5 亿元；金融业稳步发展；保险业快速发展，受惠群体不断扩大。[2]

表 4－15 全面地展示了 2014 年各县人均消费情况。人均 GDP 与人均消费品零售总额呈显著正相关，相关系数为 0.850，说明人均 GDP 越高，人均消费品零售额也会越高。各县的人均消费品零售总额均远低于四川省 14331.10 元/人的平均水平，排在前三位的是沐川县、叙永县、古蔺县，均高于 6000 元/人，排在后三位的是昭觉县、布拖县和美姑县，人均消费品零售总额仅为 1900～2400 元/人。这说明贫困县整体消费水平较低，拉动经济增长的能力较弱。

**表 4－15　2014 年四川省乌蒙山片区全社会消费品零售总额及人均水平**

| 地区 | 人均 GDP（元/人） | 人口（万人） | 全社会消费品零售总额（亿元） | 人均消费品零售总额（元/人） |
|---|---|---|---|---|
| 四川省 | 35056.46 | 8140.20 | 11665.80 | 14331.10 |
| 古蔺县 | 17733.15 | 70.71 | 45.57 | 6444.63 |
| 叙永县 | 15963.01 | 57.86 | 44.59 | 7706.53 |
| 雷波县 | 24238.40 | 22.50 | 10.24 | 4551.11 |
| 沐川县 | 23634.84 | 21.21 | 16.86 | 7949.08 |
| 屏山县 | 14794.07 | 25.48 | 14.93 | 5859.50 |
| 越西县 | 12272.24 | 27.20 | 13.08 | 4808.82 |
| 马边彝族自治县 | 16513.05 | 18.09 | 9.36 | 5174.13 |
| 金阳县 | 16705.24 | 16.80 | 5.71 | 3398.81 |

[1] 资料来源：《越西县 2014 年国民经济和社会发展统计公报》。

[2] 资料来源：《喜德县 2014 年国民经济和社会发展统计公报》。

续表

| 地区 | 人均 GDP（元/人） | 人口（万人） | 全社会消费品零售总额（亿元） | 人均消费品零售总额（元/人） |
|---|---|---|---|---|
| 布拖县 | 14498.35 | 16.40 | 3.82 | 2329.27 |
| 昭觉县 | 9347.84 | 25.00 | 5.99 | 2396.00 |
| 普格县 | 13733.40 | 15.90 | 7.13 | 4484.28 |
| 喜德县 | 11464.55 | 16.70 | 6.11 | 3658.68 |
| 美姑县 | 8549.95 | 21.90 | 4.36 | 1990.87 |

数据来源：各县 2014 年国民经济与社会发展统计公报。

注：人均 GDP 与人均消费品零售总额的相关系数为 0.870，在显著水平为 0.01 时显著。

### 4.3.3 产业技术水平分析

表4－16是四川省乌蒙山片区各贫困县的地均产值变化情况，土地生产效率会受到生产技术的影响，产业技术高，就能够提高地均产值。

特征1：各个县的地均产值均呈现正增长趋势。比较2010年与2014年各个县的地均产值，均为正增长趋势；增长最多的是雷波县，高达90%以上；增长最少的是喜德县，也接近40%，达到39.29%。进一步比较雷波县与喜德县，两地区的生产总值相差较大，2014年雷波县的生产总值是喜德县的2.85倍。在三产结构上也有较大差异，雷波县第二产业占比最高，达到63.31%，第一、二产业占比较低，分别是18.36%和18.32%。相比之下，喜德县第一、二、三产业占比较为均匀，都在30%左右。因此，喜德县第二、三产业发展不足严重制约其地均产值增长。

特征2：以第二产业为主的县，其地均产值平均值最高。进一步分析三产结构与地均产值的关系也会发现发展第二产业对提高地均产值的重要性：以第一产业为主的县，2014年平均地均产值分别为130.05万元/平方公里，以第二产业为主的县，2014年平均地均产值分别为213.74万元/平方公里。

特征3：以第二产业为主的县，其地均产值平均增长率最高。以第二产业为主的县，其平均地均产值增长率为62.43%，以第一产业为主的县，其平均地均产值增长率为59.36%，由此也说明四川发展第二产业有助于提升地均产值。

特征4：所有的县都还未进入后工业化阶段。根据配第定律、丹尼尔·贝尔（Daniel Bell）的后工业化定义，计算机技术和数据通信网络应成为产业改革的重要原动力，地均产值不断提升。而从目前各县的第三产业比重均未超过第一或第二产业来看，四川省乌蒙山片区各县仍处于农业到工业的发展阶段，第三产业有一定的发展，但是尚未进入后工业化时代。

**表4-16　2010年和2014年四川省乌蒙山片区各贫困县地均产值**

| 主导产业 | 地区 | 面积（万平方公里） | 2010年生产总值（亿元） | 2010年地均产值（万元/平方公里） | 2014年生产总值（亿元） | 2014年地均产值（万元/平方公里） | 地均产值增长率（%） |
|---|---|---|---|---|---|---|---|
| 第一产业 | 屏山县 | 0.15 | 20.69 | 137.93 | 37.7 | 251.33 | 82.21 |
| | 普格县 | 0.19 | 14.66 | 77.16 | 21.84 | 114.95 | 48.98 |
| | 美姑县 | 0.26 | 13.10 | 50.38 | 18.72 | 72.00 | 42.90 |
| | 昭觉县 | 0.27 | 14.31 | 53.00 | 23.37 | 86.56 | 63.31 |
| 平均 | | 0.22 | 15.69 | 79.62 | 25.41 | 131.21 | 59.35 |
| 第二产业 | 古蔺县 | 0.32 | 69.81 | 218.16 | 125.39 | 391.84 | 79.62 |
| | 沐川县 | 0.14 | 32.99 | 235.64 | 50.13 | 358.07 | 51.96 |
| | 叙永县 | 0.30 | 54.18 | 180.60 | 92.36 | 307.87 | 70.47 |
| | 雷波县 | 0.29 | 28.60 | 98.62 | 54.54 | 188.07 | 90.70 |
| | 金阳县 | 0.16 | 17.43 | 108.94 | 28.06 | 175.38 | 60.99 |
| | 布拖县 | 0.17 | 14.75 | 86.76 | 23.78 | 139.88 | 61.22 |
| | 马边彝族自治县 | 0.24 | 18.43 | 76.79 | 29.87 | 124.46 | 62.07 |
| | 越西县 | 0.23 | 22.93 | 99.70 | 33.38 | 145.13 | 45.57 |
| | 喜德县 | 0.22 | 13.75 | 62.50 | 19.15 | 87.05 | 39.27 |
| 平均 | | 0.23 | 30.32 | 129.75 | 50.74 | 213.08 | 62.43 |

数据来源：中华人民共和国统计局《四川统计年鉴2011》《四川统计年鉴2015》。

### 4.3.4　三次产业比重对提高地均产值的作用

1. 三次产业之间的关系

根据配第定律，第一产业比重越小，第二与第三产业比重越大，产业发展越进步。然而，第三产业比重超第二产业，可能是第二产业发展不足所致，第三产业仍是以传统的批发业、零售业、居民服务业等为主要行业。

由于第一产业、第二产业与第三产业依序推进，若某一地区第三产业推进对第一产业比重减少的作用不大，说明该地区所发展的第三产业仍以传统的批发业、零售业、居民服务业为主，其生产力不足以取代第一产业，第三产业也仍依赖于第一产业的生产。

表4-17是四川省乌蒙山片区2014年三次产业比重之间的相关系数。可以看出，第三产业比重越大，第二产业比重越小；第二产业比重越大，第一产业比重越小，此一递延关系符合配第定律所指出的产业由第一产业推进到第三产业的说法。但表中第三产业比重越大，第一产业比重也越大，又违反了配第定律，这说明第三产业的增加无法取代第一产业，表明第三产业仍以传统的服务业为主，而第三产业比重增加导致第二产业比重下降，是第二产业发展不足所致，而并非因为第二产业发展拉动第三产业进入后工业化阶段。

实证结果表明，四川省乌蒙山片区各个县的产业发展仍处于以第二产业为主导的阶段，部分县的第三产业比重增加，是第二产业发展不足所致。因此，四川省乌蒙山片区在推进产业发展的策略上，应致力于在提高第二产业比重、降低第一产业比重的同时积极发展现代化农业、稳步推进第三产业等服务业的增长。大力发展第二产业仍然是四川省乌蒙山片区各个县产业发展的重要任务。

**表4-17　四川省乌蒙山片区2014年三次产业比重之间的相关系数**

| 三次产业比重 | 第一产业比重 | 第二产业比重 | 第三产业比重 |
| --- | --- | --- | --- |
| 第一产业比重 | 1 | -0.941 ** | 0.613 * |
| 第二产业比重 | -0.941 ** | 1 | -0.840 ** |
| 第三产业比重 | 0.613 * | -0.840 ** | 1 |

注：** 表示在显著水平为0.01时（双尾），相关显著；* 表示在显著水平为0.05时（双尾），相关显著。

2. 三次产业发展与人均产值、地均产值与总产值的关系

表4-18是四川省乌蒙山片区2014年三次产业与人均产值、地均产值、地均产值增长率、生产总值的关系。表中显示，第一、二、三产业比重均与人均GDP存在相关性，第一、二产业比重均与生产总值排名存

在相关性，呈现以下特征：

第二产业比重越大，人均 GDP 越大，第一、三产业比重越大，人均 GDP 越低。第二产业比重越大，生产总值排名越靠前，第一产业比重越大，生产总值排名越靠后。

总结来说，提高第二产业比重，能够提升人均 GDP、生产总值排名；提高第一产业比重，人均 GDP、生产总值排名则会下降。因此，当前的第三产业还未步入现代服务业之列，附加价值仍较低，产品现代化仍不足，无法有效提高生产总值；整个片区仍处于工业化发展阶段。故未来产业发展仍应着力提升制造业现代化水平，以工养农，以工带商，以朝向现代服务业阶段前进。

**表 4－18　四川省乌蒙山片区 2014 年三次产业比重与经济发展的相关系数**

| 经济发展指标 | 第一产业比重 | 第二产业比重 | 第三产业比重 |
| --- | --- | --- | --- |
| 人均 GDP | －0.941** | 0.613* | －0.701** |
| 地均产值排名 | 0.502 | －0.298 | －0.064 |
| 地均产值增长率排名 | 0.461 | －0.518 | 0.531 |
| 生产总值排名 | 0.748** | －0.749* | 0.584 |

注：** 表示在显著水平为 0.01 时（双尾），相关显著；* 表示在显著水平为 0.05 时（双尾），相关显著。

## 4.4　贵州省及乌蒙山相关县域产业分析

### 4.4.1　各县产业发展分析

1. 主导产业与行业类型：整体由第三产业转向以第二产业为主导

贵州省乌蒙山片区各个县的产业发展成熟度虽然不同，但均未达到后工业化阶段。主要表现为部分县由第二产业转向以第三产业为主导，但其产业结构以零售业为主，现代服务业发展不足，未占据主导地位。各个县依其三次产业比重的不同，可分为三类产业县。

虽以第三产业为主，但第一产业占比超过 30% 的县。2010 年，赫章县和威宁彝族回族苗族自治县（含钟山区大湾镇）（以下简称“威宁县”）以第三产业为主，但其第一产业在三产中的比重均超过 35%，其中赫章县的第一产业以核桃、烤烟、中药材、蔬菜、马铃薯、茶叶、水果种植为主，威宁县（含钟山区大湾镇）以粮食、烤烟、蔬菜、水果种植为主。到了2014年，这两个县第一产业的比重仍然很大，超过了30%，但与2010年相比已有所下降。

以第二产业为主的县。2010年，有纳雍县、黔西县、大方县、赤水市，第二产业在三产中的比重大多占到了40%以上，纳雍县更超过了50%。第二产业中，煤硫化工、制造业、原煤、洗煤、商品混凝土、水泥等重化工业占主导地位。到了2014年，除了纳雍县、赤水市、大方县、黔西县以外，再加上桐梓县与习水县，均以第二产业为主，工业支撑能力持续增强，纳雍县以原煤、水泥等生产为主，赤水市在化工产业、特色食品加工业、电力等方面发展迅速，习水县积极推进煤矿整合和技改扩能，并积极打造美酒之乡。此外，各县的绿色能源发展持续推进，以风电、水电、太阳能为主的绿色能源有较大开发潜力。

以第三产业为主的县。2010年，有七星关区、桐梓县、织金县、习水县，第三产业的比重均超过40%，以旅游业和商品零售业为主导行业。“十二五”期间，第三产业的发展保持了强劲的势头。到了2014年，桐梓县与习水县转向以第二产业为主导，以第三产业为主的县为七星关区、织金县，第三产业在各个产业中的比重同样在40%以上，各县服务业加快发展，星级宾馆建设加快，富有地方特色的农家乐蓬勃发展，加快和完善了旅游景区基础设施建设，促进了现代物流、金融保险、商务会展、住宿餐饮、文化娱乐等服务业的发展，旅游产业快速发展。

2. 生产总值变化：人均GDP大幅上升、生产总值稳中有升

总结“十一五”期间的经济表现，生产总值最高的三个县分别是七星关区、大方县和黔西县，七星关区的生产总值是数值最低的赤水县的4倍左右。人均GDP最高的则是赤水市、七星关区和黔西县，且赤水市已超过了贵州省的人均GDP。其中威宁县人均GDP排名位于全省末位，不到赤水市人均GDP的1/3，是贵州省乌蒙山片区最为贫困的县（见表4－19）。

“十二五”期间的经济表现，生产总值最高的三个县有所变动，排名前三位的分别是七星关区、黔西县、威宁县，排名首位的七星关区的

生产总值是排名末位的赤水市的 4.34 倍，差距进一步拉大。人均 GDP 前三位的县由高至低依序分别为赤水市、黔西县、七星关区，但相较于 2010 年，赤水市的人均 GDP 反而低于贵州省人均 GDP。而人均 GDP 排名末位的是威宁县，赤水市的人均 GDP 是其 2.06 倍，但是与 2010 年相比，2014 年威宁县的人均 GDP 增长了近 2 倍，贫困程度有所改善（见表 4 – 20）。

**表 4 – 19　2010 年贵州省乌蒙山片区各县生产总值分配表**

| 地区 | 生产总值（亿元） | 第一产业总值（亿元） | 第二产业总值（亿元） | 第三产业总值（亿元） | 第一产业比重（%） | 第二产业比重（%） | 第三产业比重（%） | 人均 GDP（元/人） |
|---|---|---|---|---|---|---|---|---|
| 贵州省 | 4602.16 | 625.03 | 1800.06 | 2177.07 | 13.58 | 39.11 | 47.31 | 13095.55 |
| 桐梓县 | 50.25 | 11.72 | 17.01 | 21.52 | 23.32 | 33.85 | 42.83 | 9634.06 |
| 习水县 | 51.50 | 10.10 | 20.56 | 20.84 | 19.61 | 39.92 | 40.47 | 7177.25 |
| 赤水市 | 33.56 | 6.30 | 14.40 | 12.86 | 18.77 | 42.91 | 38.32 | 14148.40 |
| 七星关区 | 128.33 | 23.54 | 48.68 | 56.27 | 18.34 | 37.93 | 43.85 | 11287.39 |
| 大方县 | 72.46 | 15.09 | 30.25 | 27.12 | 20.83 | 41.75 | 37.43 | 9335.12 |
| 黔西县 | 72.39 | 14.12 | 29.37 | 28.89 | 19.51 | 40.57 | 39.91 | 10402.36 |
| 织金县 | 61.75 | 13.79 | 22.67 | 25.29 | 22.33 | 36.71 | 40.96 | 7875.27 |
| 纳雍县 | 71.35 | 10.91 | 38.12 | 22.31 | 15.29 | 53.43 | 31.27 | 10644.49 |
| 威宁县 | 61.29 | 21.59 | 16.65 | 23.05 | 35.23 | 27.17 | 37.61 | 4850.81 |
| 赫章县 | 37.04 | 13.22 | 8.36 | 15.47 | 35.69 | 22.57 | 41.77 | 5703.73 |

数据来源：中华人民共和国统计局《贵州统计年鉴 2011》。

**表 4 – 20　2014 年贵州省乌蒙山片区各县生产总值分配表**

| 地区 | 生产总值（亿元） | 第一产业总值（亿元） | 第二产业总值（亿元） | 第三产业总值（亿元） | 第一产业比重（%） | 第二产业比重（%） | 第三产业比重（%） | 人均 GDP（元/人） |
|---|---|---|---|---|---|---|---|---|
| 贵州省 | 9266.39 | 1280.45 | 3857.44 | 4128.50 | 13.82 | 41.63 | 44.55 | 26370.88 |
| 桐梓县 | 90.41 | 17.10 | 37.63 | 35.68 | 18.91 | 41.62 | 39.46 | 17260.40 |
| 习水县 | 91.01 | 15.27 | 41.07 | 34.67 | 16.78 | 45.13 | 38.09 | 12594.80 |
| 赤水市 | 59.66 | 9.33 | 27.83 | 22.50 | 15.64 | 46.65 | 37.71 | 24765.46 |
| 七星关区 | 258.90 | 47.87 | 97.37 | 113.66 | 18.49 | 37.61 | 43.90 | 22814.00 |
| 大方县 | 147.90 | 27.88 | 60.96 | 59.09 | 18.85 | 41.22 | 39.95 | 20372.00 |
| 黔西县 | 158.64 | 26.99 | 68.02 | 63.63 | 17.01 | 42.88 | 40.11 | 24216.15 |

续表

| 地区 | 生产总值（亿元） | 第一产业总值（亿元） | 第二产业总值（亿元） | 第三产业总值（亿元） | 第一产业比重（%） | 第二产业比重（%） | 第三产业比重（%） | 人均GDP（元/人） |
|---|---|---|---|---|---|---|---|---|
| 织金县 | 136.35 | 27.06 | 54.22 | 55.07 | 19.85 | 39.77 | 40.39 | 17369.43 |
| 纳雍县 | 148.69 | 21.98 | 79.25 | 47.46 | 14.78 | 53.30 | 31.92 | 22090.33 |
| 威宁县 | 152.03 | 47.46 | 43.12 | 61.45 | 31.22 | 28.36 | 40.42 | 11980.30 |
| 赫章县 | 91.07 | 27.89 | 21.31 | 41.87 | 30.62 | 23.40 | 45.98 | 13940.00 |

数据来源：中华人民共和国统计局《贵州统计年鉴2015》。

3. 2010—2014年的产业发展变化特征总结

特征1：生产总值排名有所变动，但变动幅度较小。各县的生产总值排名变动不大，排名进步最大的是威宁县，进步3个名次，退步最大的是大方县，退步3个名次；其次是赫章县进步2个名次，织金县、习水县、桐梓县各退步1名。

特征2：人均GDP排名变动大。8个县的排名均发生变化。赤水市一直保持在第一名，排名进步最大的是桐梓县，进步2个名次，退步最大的是黔西县，退步2个名次，赫章县、织金县、大方县各退步1名。

特征3：三产结构变化大。多数县的三次产业比重均发生变化。第一产业比重仍呈现增长的县是七星关区，其他各县第一产业比重都在减小，大方县则降幅最大；第二产业比重增长幅度最大的县是桐梓县，大方县则降幅最大；第三产业比重增长幅度最大的县是赫章县，桐梓县降幅最大。

特征4：虽有个别县的农业比重持续增加，但在三产中所占比重仍较低，对产业结构影响小。在三次产业发展规律中，通常不会出现第一产业大幅度回增的情况，在贵州省乌蒙山片区中，仅有七星关区的第一产业比重持续增长，但是七星关区主要以第二、三产业主导，第一产业比重增加，对于七星关区的影响不大。

特征5：高生产总值增长主要来源于第二或第三产业的增长。以贵州省的生产总值增长率为标准，有7个县的生产总值增长率高于贵州省，它们依序分别是威宁县、赫章县、织金县、黔西县、纳雍县、大方县和七星关区。其中，除了威宁县与赫章县，三次产业的增长幅度均高于贵州省外，其他几个县主要是第二或第三产业的增长幅度高于贵州省。

特征6：低生产总值增长主要受到三次产业增长幅度偏低的影响。以贵州省的生产总值增长率为标准，有3个县的生产总值增长率低于贵州省，分别是习水县、桐梓县、赤水市，其中以赤水市及习水县的增长率最低，仅约77%左右。生产总值增长率低的原因，主要是三次产业增长幅度均偏低（见表4－21、表4－22）。

**表4－21　2010年与2014年贵州省乌蒙山片区各县产业发展排名与变动**

| 省县 | 生产总值排名变化 | 人均GDP排名变化 | 第一产业比重增幅 | 第二产业比重增幅 | 第三产业比重增幅 |
|---|---|---|---|---|---|
| 贵州省 | 0 | 1 | 1.77% | 6.44% | －5.83% |
| 桐梓县 | －1 | －2 | －18.91% | 22.95% | －7.87% |
| 习水县 | －1 | －1 | －14.43% | 13.05% | －5.88% |
| 赤水市 | 0 | －1 | －16.68% | 8.72% | －1.59% |
| 七星关区 | 0 | －1 | 0.82% | －0.84% | 0.11% |
| 大方县 | －3 | 1 | －9.51% | －1.27% | 6.73% |
| 黔西县 | 1 | 2 | －12.81% | 5.69% | 0.50% |
| 织金县 | －1 | 1 | －11.11% | 8.34% | －1.39% |
| 纳雍县 | 0 | －1 | －3.34% | －0.24% | 2.08% |
| 威宁县 | 3 | 0 | －11.38% | 4.38% | 7.47% |
| 赫章县 | 2 | 1 | －14.21% | 3.68% | 10.08% |

**表4－22　2010年与2014年贵州省乌蒙山片区产业发展增速比较**　（%）

| 地区 | 生产总值增幅 | 第一产业总值增幅 | 第二产业总值增幅 | 第三产业总值增幅 | 人均GDP增幅 |
|---|---|---|---|---|---|
| 贵州省 | 101.35 | 104.86 | 114.30 | 89.64 | 101.37 |
| 桐梓县 | 79.92 | 45.90 | 121.22 | 65.80 | 79.16 |
| 习水县 | 76.72 | 51.19 | 99.76 | 66.36 | 75.48 |
| 赤水市 | 77.77 | 48.10 | 93.26 | 74.96 | 75.04 |
| 七星关区 | 101.75 | 103.36 | 100.02 | 101.99 | 102.12 |
| 大方县 | 104.11 | 84.76 | 101.52 | 117.88 | 118.23 |
| 黔西县 | 119.15 | 91.15 | 131.60 | 120.25 | 132.79 |
| 织金县 | 120.81 | 96.23 | 139.17 | 117.75 | 120.56 |
| 纳雍县 | 108.40 | 101.47 | 107.90 | 112.73 | 107.53 |

续表

| 地区 | 生产总值增幅 | 第一产业总值增幅 | 第二产业总值增幅 | 第三产业总值增幅 | 人均 GDP 增幅 |
|---|---|---|---|---|---|
| 威宁县 | 148.05 | 119.82 | 158.98 | 166.59 | 146.98 |
| 赫章县 | 145.87 | 110.97 | 154.90 | 170.65 | 144.40 |

数据来源：中华人民共和国统计局《云南统计年鉴2011》《云南统计年鉴2015》。

### 4.4.2 按支柱产业分类的县产业结构分析

在贵州省乌蒙山片区的10个县中，以第三产业为支柱产业但第一产业占比较高的县有2个，以第二产业为支柱产业的县有6个，以第三产业为支柱产业的县有2个，各个县的产业结构现状分析如下。

1. 以第三产业为支柱产业，但农业占比达30%以上的县

按人均GDP由高至低排序，分别是赫章县和威宁彝族回族苗族自治县。

赫章县服务业比重大但缺乏支柱产业，以粮食和经济作物为辅，2014年人均全社会消费品零售总额仅2904.07元。第一产业中以核桃、烤烟、中药材、蔬菜、马铃薯、茶叶、水果种植为主。第二产业中大力实施工业强县战略，以煤炭、铁矿石、铸件、铅、锌生产为主。第三产业以金融业、旅游业为主，但由于第二产业发展不足，人均GDP仅为13940元，说明金融业仍处于初期发展阶段。❶

威宁彝族回族苗族自治县（含钟山区大湾镇）服务业比重大但缺乏支柱产业，以粮食、蔬菜种植为辅，2014年人均全社会消费品零售总额仅1719.46元。第一产业中粮食、烤烟、蔬菜、水果种植广泛。第二产业中绿色能源开发迅猛，以风电、水电、太阳能为主的绿色能源已形成47万千瓦·时的发电能力，在建68万千瓦·时。第三产业以金融业、房地产业、旅游业为主，但人均全社会消费品零售总额以及人均GDP比赫章县更低，金融业仍处于初期发展阶段。

2. 以第二产业为支柱产业的县

在以第二产业为主的县中，人均GDP从高到低排序为赤水市、黔西

---

❶ 资料来源：《赫章县2013年国民经济和社会发展计划执行情况及2014年国民经济和社会发展计划（草案）报告》。

县、纳雍县、大方县、桐梓县与习水县。

赤水市以天然气资源开发利用为主，以旅游业为辅，2014 年人均全社会消费品零售总额为 8655.04 元。第一产业的种植业以石斛种植为特色，1998 年赤水市建起了我国唯一的国家级金钗石斛生产基地，畜牧业以乌骨鸡养殖为特色，林业以竹林为主导和特色经济类型。第二产业方面，化工产业依托天然气资源的勘探开采与利用，已有赤天化（已于 2019 年彻底拆除）天然气化肥产业，中石化南方公司进行油气资源钻探开采；另外，竹笋、虫茶、赤水腊肉、竹荪、蕨类野菜、赤水腌菜等特色食品加工，白酒、晒醋的传统酿造，以及以竹工艺品加工为主的旅游商品的加工也具备良好的基础。第三产业方面，目前赤水旅游主要依托自然奇景、古镇风情和革命历史遗址，形成了以瀑布、丹霞、原始森林、桫椤、竹海、乡村聚落和红色文化主题为要素的旅游观光体验。❶

黔西县第二产业比重略高于第三产业，第二产业以矿业与水力发电为主，以批发零售业为辅，2014 年人均全社会消费品零售总额仅 3884.90 元，低于其人均 GDP 应有水平。第一产业中粮食作物种植以小麦、稻谷、洋芋、玉米为主；油菜籽、蔬菜、烤烟、茶叶、水果种植也较多。第二产业中，原煤、洗煤、商品混凝土和水力发电等主要工业产品增长较快。第三产业主要是批发零售业和住宿餐饮业。❷

纳雍县以化工原料生产为主，以传统服务业等为辅，2014 年人均全社会消费品零售总额仅 2387.26 元，低于其人均 GDP 应有水平。第一产业中农业稳步发展，以小麦、水稻种植为主；烤烟、蔬菜、水果、茶叶种植面积广泛。第二产业中工业加快发展，以原煤、水泥等生产为主。❸

大方县第二产业比重略高于第三产业，第二产业以煤炭、发电为主，以传统服务业等为辅，2014 年人均全社会消费品零售总额仅 3590.93 元，低于其人均 GDP 应有水平。农业发展中种植业主要以蔬菜、食用菌、皱椒、烤烟的种植为主；养殖业发展了林下养禽、特色养殖、林下养蜂等；中药材主要是天麻、半夏、苦参、白术 4 类。第二产

❶ 资料来源：《2015 年赤水市国民经济和社会发展统计公报》。

❷ 资料来源：《2014 年黔西县国民经济和社会发展统计公报》。

❸ 资料来源：《纳雍县 2014 年国民经济和社会发展计划执行情况及 2015 年国民经济和社会发展计划草案的报告》。

业方面，煤炭、电力、煤硫化工是该县的主要产业。第三产业主要是商品零售和餐饮业。❶

桐梓县第二产业比重略高于第三产业，第二产业以电石、发电为主，以传统服务业等为辅，2014 年人均全社会消费品零售总额为 4280.26 元，低于其人均 GDP 应有水平。第一产业以粮食种植、蔬菜种植、油料作物和烤烟为主。第二产业方面，主要依托资源、交通等优势，引进了伟明电解铝厂、抚天电石厂、爱东电石厂、泥塘电站、湾塘电站，实施煤炭关井压产，提高煤炭产能。第三产业主要是批发、零售、住宿和餐饮业。❷

习水县以煤矿业、酒业发展为主，以传统服务业与初级金融服务业为辅，2014 年人均全社会消费品零售总额为 4148.65 元，低于其人均 GDP 应有水平。农业中的特色产业为红粮、蔬菜、水果、料竹、中药材等。第二产业方面，工业支撑能力持续增强，该县积极推进煤矿整合和技改扩能，大矿建设、双回路建设进展良好，习水县是著名的美酒之乡，全县有一定生产规模的酒厂 60 余家，白酒生产能力达 3 万吨以上，产品达 130 余种，其中 30 余种曾获省部级、国家级乃至国际性大奖；习酒、习水大曲、贵习酒等系列产品享誉国内外，产品已销售到国内外市场。第三产业主要是金融业，但由于现代制造业发展不足，人均 GDP 仅为 12594 元，说明金融业仍处于初期发展阶段。❸

3. 以第三产业为支柱产业的县

在以第三产业为主的县中，人均 GDP 从高到低排序为七星关区、织金县。

七星关区以零售业为主，以煤电煤化工产业为辅，2014 年人均全社会消费品零售总额为 8430.34 元。第一产业主要是粮食、肉类、林木业。第二产业方面，初步形成了以煤电煤化工为支撑，机械制造、食品药品、新型建材等产业多元发展的格局。第三产业主要是批发、零售、住宿和餐饮业，其中零售业、餐饮业占主导地位。❶

---

❶ 资料来源：《大方县 2014 年国民经济和社会发展计划执行情况与 2015 年国民经济和社会发展计划的报告》。

❷ 资料来源：《桐梓县 2014 年国民经济和社会发展统计公报》。

❸ 资料来源：《习水县 2014 年政府工作报告》。

❶ 资料来源：《毕节市 2014 年国民经济和社会发展统计公报》。

织金县第二、三产业发展相当，以零售业为主，以煤磷化工为辅，2014年人均全社会消费品零售总额仅3102.19元，低于其人均GDP应有水平。第一产业以粮食、油菜、烤烟、茶叶等种植为主，并积极引导竹荪、金银花、核桃等特色农产品及头花蓼、续断、金银花、苦参等中药材区域化发展。第二产业中以煤化工、磷化工、原煤等为主。第三产业以金融业、旅游业和零售业为主。[1]

表4－23全面地展示了2014年各县人均消费情况。从相关性分析来看，人均GDP与人均消费品零售总额呈显著正相关，相关系数为0.349，说明人均GDP越高，人均消费品零售总额也会越高。各县的人均消费品零售总额排名前三位的是赤水市、七星关区和桐梓县，均高于4000元/人，排名后三位的是赫章县、纳雍县和威宁县，人均消费品零售总额仅在1700～3000元/人之间。这说明贫困县整体消费水平较低，拉动经济增长的能力较弱。

**表4－23　2014年贵州省乌蒙山片区全社会消费品零售总额及人均水平**

| 地区 | 人均GDP（元/人） | 人口（万人） | 全社会消费品零售总额（亿元） | 人均消费品零售总额（元/人） |
|---|---|---|---|---|
| 贵州省 | 26370.88 | 3508.04 | 2579.53 | 7353.19 |
| 赤水市 | 24765.46 | 24.09 | 20.85 | 8655.04 |
| 黔西县 | 24216.15 | 65.51 | 25.45 | 3884.90 |
| 七星关区 | 22814.00 | 113.48 | 95.67 | 8430.34 |
| 纳雍县 | 22090.33 | 67.31 | 18.74 | 2387.26 |
| 大方县 | 20372.00 | 72.60 | 26.07 | 3590.93 |
| 织金县 | 17369.43 | 78.50 | 24.35 | 3102.19 |
| 桐梓县 | 17260.40 | 52.38 | 22.42 | 4280.26 |
| 赫章县 | 13940.00 | 65.33 | 18.97 | 2904.07 |
| 习水县 | 12594.80 | 72.26 | 21.49 | 2973.98 |
| 威宁县 | 11980.30 | 126.90 | 21.82 | 1719.46 |

数据来源：各县2014年国民经济与社会发展统计公报。

注：人均GDP与人均消费品零售额的相关系数为0.349，在显著水平为0.01时显著。

[1] 资料来源：《织金县2013年国民经济和社会发展计划执行情况与2014年国民经济和社会发展计划草案报告》。

### 4.4.3 产业技术水平分析

地均产值是土地生产效率的表现。土地生产效率会受到生产技术的影响，当产业技术提高时，就能够在相同的土地投入下获得更高的产出，从而提高地均产值。表4－24是2010年和2014年贵州省乌蒙山片区各贫困县的地均产值变化情况，表现出以下4个特征。

特征1：各个县的地均产值均呈现正增长趋势。比较2010年与2014年各个县的地均产值，均呈正增长趋势；增长最多的是威宁县，达到148%，增长最少的是习水县，但仍有76%的增长率。探讨其原因，发现了与云南及四川的情况较为不同，增长最多的威宁县，第二产业比重反而较低，第一与第三产业比重较高；增长最少的是习水县，第二产业比重反而较高，这可能是因为贵州省乌蒙山片区各县的第二产业技术发展阶段相对于云南及四川而言较为初级，还未能拉动地均产值增长。

特征2：以第二产业为主的县，其地均产值平均值较高。进一步分析三产结构与地均产值的关系则会发现，以第二产业为主的县，其平均地均产值仍然较高，2014年为435.25万元/平方公里，以第三产业为主的县，2014年其平均地均产值为273.26万元/平方公里。

特征3：以第三产业为主的县，其地均产值平均增长率最高。再观察地均产值平均增长率，以第三产业为主的县，其平均地均产值增长率为129.12%，以第二产业为主的县，其平均地均产值增长率为94.35%。由此也说明贵州省乌蒙山片区各县的第二产业技术发展阶段还未能够拉动地均产值增长。

特征4：所有以第三产业为主的县都还未进入后工业化阶段。后工业化阶段是以第三产业为主导、第二产业技术成熟的产业阶段，计算机技术和数据通信网络成为产业改革的重要原动力，有助于提升整体地均产值。虽然目前贵州省乌蒙山片区以第三产业为主的县，其地均产值增长率最高，但地均产值相对较低，尤其赫章县与威宁县的第一产业占比也达30%，其第三产业发展更多是依托第一产业，而非第二产业，贵州省乌蒙山片区各县仍处于农业到工业的发展阶段，第三产业有一定的发展，但是尚未进入后工业化时代。

表 4－24　2010 年和 2014 年贵州省乌蒙山片区各贫困县地均产值

| 主导产业 | 地区 | 面积（万平方公里） | 2010 年生产总值（亿元） | 2010 年地均产值（万元平方公里） | 2014 年生产总值（亿元） | 2014 年地均产值（万元/平方公里） | 地均产值增长率（%） |
|---|---|---|---|---|---|---|---|
| 第二产业 | 赤水市 | 0.18 | 33.56 | 186.44 | 59.66 | 331.44 | 77.77 |
| | 黔西县 | 0.24 | 72.39 | 301.63 | 158.64 | 661.00 | 119.15 |
| | 纳雍县 | 0.25 | 71.35 | 285.40 | 148.69 | 594.76 | 108.40 |
| | 习水县 | 0.31 | 51.50 | 166.13 | 91.01 | 293.58 | 76.72 |
| | 桐梓县 | 0.32 | 50.25 | 157.03 | 90.41 | 282.53 | 79.92 |
| | 大方县 | 0.34 | 72.46 | 213.12 | 147.90 | 435.00 | 104.11 |
| 平均 | | 0.27 | 58.59 | 218.29 | 116.05 | 433.05 | 94.35 |
| 第三产业 | 七星关区 | 2.69 | 128.33 | 47.71 | 258.90 | 96.25 | 101.75 |
| | 织金县 | 0.29 | 61.75 | 212.93 | 136.35 | 470.17 | 120.81 |
| | 赫章县 | 0.33 | 37.04 | 112.24 | 91.07 | 275.97 | 145.87 |
| | 威宁县 | 0.63 | 61.29 | 97.29 | 152.03 | 241.32 | 148.05 |
| 平均 | | 0.99 | 72.10 | 117.54 | 159.59 | 270.93 | 129.12 |

数据来源：中华人民共和国统计局《贵州统计年鉴 2011》《贵州统计年鉴 2015》。

### 4.4.4　三次产业比重对提高地均产值的作用

1. 三次产业之间的关系

根据配第定律，第一产业比重越小，第二与第三产业比重越大，产业发展越进步。然而，第三产业比重超第二产业，可能是第二产业发展不足所致，若某一地区第三产业推进对第一产业比重减少的作用不大，说明其生产力不足以取代第一产业，且依赖于第一产业的生产。

表 4－25 是贵州省乌蒙山片区各个县的三次产业之间的关系，由表可以看出，第二产业比重越大，第一产业比重越小；第三产业比重越大，第二产业比重越小，此一递延关系符合配第定律所指出产业由第一产业推进到第三产业的说法；但表中第三产业与第一产业不存在相关性，则说明第三产业增加无法取代第一产业，表明第三产业仍以传统的服务业为主。因此，要适当控制第二产业的发展，积极发展现代化农业，实现第一产业的转型，与此同时积极发展第三产业，实现产业结构

升级。

实证结果表明，贵州省乌蒙山片区部分县以第三产业为主导，主要是第二产业发展不足所致。因此，贵州省乌蒙山片区在推进产业发展的策略上，应致力于提高第二产业，以降低第一产业比重，通过第二产业的现代化，推动第三产业的发展。

**表 4－25　贵州省乌蒙山片区 2014 年三次产业比重之间的相关系数**

| 三次产业比重 | 第一产业比重 | 第二产业比重 | 第三产业比重 |
|---|---|---|---|
| 第一产业比重 | 1 | －0.944 ** | 0.584 |
| 第二产业比重 | －0.944 ** | 1 | －0.818 ** |
| 第三产业比重 | 0.584 | －0.818 ** | 1 |

注：** 表示在显著水平为 0.01 时（双尾），相关显著；* 表示在显著水平为 0.05 时（双尾），相关显著。

2. 三次产业发展与人均产值、地均产值与总产值的关系

表 4－26 是贵州省各县三次产业与人均产值、地均产值、地均产值增长率、生产总值的关系。表中显示，第一产业、第三产业的产业比重与人均 GDP 存在相关性，这就表明，当某一县的第一产业比重越大时，则该县的人均 GDP 越小，当某一县的第三产业比重越大时，则该县的人均 GDP 越小。第二产业则与人均 GDP 没有明显的相关关系，这也说明第二产业的发展仍较不足，无法全面提升人均 GDP。但由于提高第二产业的比重能够降低第一、第三产业的比重，因此，可以通过提高第二产业的比重降低第一、第三产业比重来提升人均 GDP。

贵州省乌蒙山片区各县的三次产业比重，与生产总值排名不存在相关性，两者之间缺乏一定的规律，这表明各个县的第二产业发展阶段不同，第三产业仍以传统服务业为主，导致附加价值仍较低，产品现代化仍不足，产业发展与生产总值提升脱钩。

但地均产值排名与第二产业比重相关，结果显示，第二产业比重越大，地均产值排名越靠前；地均产值增长率排名则与第一产业比重相关，结果显示，第一产业比重越大，地均产值增长率排名越靠前。这也说明贵州省乌蒙山片区各县的地均产值排名依靠第二产业，第二产业有一定的技术水平，但地均产值增长排名仍依靠第一产业，第一产业的技术提升能力超越第二产业。

**表 4-26 贵州省乌蒙山片区 2014 年三次产业比重与经济发展的相关系数**

| 经济发展指标 | 第一产业比重 | 第二产业比重 | 第三产业比重 |
|---|---|---|---|
| 人均 GDP | -0.944** | 0.584 | -0.697* |
| 地均产值排名 | 0.502 | -0.636* | 0.445 |
| 地均产值增长率排名 | -0.636* | 0.624 | -0.552 |
| 生产总值排名 | -0.055 | 0.297 | -0.433 |

注：** 表示在显著水平为 0.01 时（双尾），相关显著；* 表示在显著水平为 0.05 时（双尾），相关显著。

## 4.5 乌蒙山片区 38 个贫困县三次产业比重对生产总值与地均产值的作用

### 4.5.1 三次产业之间的关系

表 4-27 是乌蒙山片区 38 个贫困县的三次产业之间的关系，可以看出，第二产业比重越大，第一产业比重越小；第三产业比重越大，第二产业比重越小，此一递延关系符合配第定律所指出的产业由第一产业推进到第三产业的说法；但表中第三产业与第一产业不存在相关性，则说明第三产业的增加无法取代第一产业，表明第三产业仍以传统的服务业为主。

实证结果表明，乌蒙山片区 38 个贫困县主要处在第一产业主导转向第二产业主导的阶段。因此，乌蒙山片区在推进产业发展的策略上，应致力于提高第二产业比重，以降低第一产业比重，并积极发展农业现代化，实现第一产业转型，同时只有通过第二产业现代化，才能提高对现代服务业的需求，拉动第三产业实现现代化，产业结构实现升级。

**表 4-27 乌蒙山片区 38 个贫困县 2014 年三次产业比重之间的相关系数**

| 三次产业比重 | 第一产业比重 | 第二产业比重 | 第三产业比重 |
|---|---|---|---|
| 第一产业比重 | 1 | -0.721** | -0.057 |
| 第二产业比重 | -0.721** | 1 | -0.646** |
| 第三产业比重 | -0.057 | -0.646** | 1 |

注：** 表示在显著水平为 0.01 时（双尾），相关显著；* 表示在显著水平为 0.05 时（双尾），相关显著。

### 4.5.2 三次产业发展与人均 GDP、地均产值与生产总值的关系

表4-28 是乌蒙山 38 个贫困县三次产业与人均 GDP、地均产值、地均产值增长率、生产总值的关系。表中显示，第一产业、第三产业的产业比重与人均 GDP 存在相关性，这就表明，当某一县的第一产业比重越大时，则该县的人均 GDP 越小，当某一县的第三产业比重越大时，则该县的人均 GDP 也越小。第二产业与人均 GDP 没有明显的相关关系，说明乌蒙山片区各县的第二产业技术水平不一，创造人均 GDP 的能力也不同。而由于提高第二产业比重能够降低第一产业比重，因此，提高第二产业比重将有助于降低第一产业比重，并提升人均 GDP。

乌蒙山片区各贫困县的第一、第二产业比重，与地均产值排名、生产总值排名存在相关关系，第一产业比重越大，地均产值排名、生产总值排名越靠后；第二产业比重越大，地均产值排名越靠前；提高第二产业比重对地均产值排名的影响力较大，应大力发展第二产业，提高其比重，以提升地均产值。乌蒙山片区各贫困县的三次产业比重与地均产值增长率不存在相关性，两者之间缺乏一定的规律。第三产业比重与地均产值、地均产值增长率、生产总值均不存在相关关系，这说明各贫困县第三产业的产业价值没有完全发挥出来，还需要进一步的结构升级。

**表4-28 乌蒙山片区 38 个贫困县 2014 年三次产业比重与经济发展的相关系数**

| 经济发展指标 | 第一产业比重 | 第二产业比重 | 第三产业比重 |
|---|---|---|---|
| 人均 GDP | -0.721 ** | -0.057 | -0.378 * |
| 地均产值排名 | 0.608 ** | -0.481 ** | -0.058 |
| 地均产值增长率排名 | 0.126 | -0.171 | 0.103 |
| 生产总值排名 | 0.375 * | -0.320 | 0.051 |

注：** 表示在显著水平为 0.01 时（双尾），相关显著；* 表示在显著水平为 0.05 时（双尾），相关显著。

# 第5章 乌蒙山片区各区县产业集中度和专业化程度评价

## 5.1 产业集中度分析——赫芬达尔指数

赫芬达尔－赫希曼指数（Herfindahl－Hirschman Index，HHI），简称赫芬达尔指数，是一种测量产业集中度的综合指数。它是指一个行业中各市场竞争主体所占行业总收入或总资产百分比的平方和，用来计量市场份额的变化，即市场中厂商规模的离散度。赫芬达尔指数是产业市场集中度测量指标中较好的一个，是经济学界和政府部门使用较多的指标。该指数能区别公司市场占有率为基础的市场结构，其计算方法如下：

$$HHI = \sum_{i=1}^{n} (X_i/X)^2 = \sum_{i=1}^{n} S_i^2$$

当以县为单位来解释时，其中：$X$ 表示三次产业生产总值；$X_i$ 表示第 $i$ 个产业的生产总值；$S_i = X_i/X$ 表示第 $i$ 个产业在三次产业中的比重；$n$ 表示产业数。当市场由一个产业垄断时，该指数等于1；当所有产业规模相同时，该指数等于 $1/n$。因此该指标在［$1/n$，1］之间变动。显然，HHI 的值越大，说明某一个产业的比重高于另外两个产业，产业集中程度高，有助于产业集聚发展。

本节通过赫芬达尔指数公式，测算乌蒙山片区各个县的三次产业集中度，并分析三次产业集中度与生产总值、地均产值、地均产值增长率排名以及人均 GDP 之间的规律性。

### 5.1.1 云南省及乌蒙山片区县域产业集中度分析

1. 产业集中度分析

由表5－1可见云南省乌蒙山片区贫困县2010年和2014年的赫芬达

尔指数，由此可反映各贫困县的产业集中程度，HHI 值越大则产业集中在三次产业中某一产业的程度越高。从表中可以看出以下 4 个特征。

特征 1：云南省的产业集中度较低。2010 年云南省的 HHI 值为 0.383，产业集中度较低，2014 年云南省的平均 HHI 值为 0.381，较 2010 年有所下滑，产业集中度更低。

特征 2：贫困县的产业集中度高于云南省平均水平的较少。2010 年仅有昭阳区和会泽县的产业集中度高于云南省平均水平。2014 年仅有昭阳区和永善县的产业集中度高于云南省平均水平。

特征 3：2010 年到 2014 年产业集中度最高与最低的县均有变动，最高的县均为第二产业集中。2010 年产业集中度最高的是昭阳区，HHI 值为 0.422，主要集中在第二产业，产业集中度最低的贫困县为武定县，HHI 值仅为 0.335。2014 年产业集中度最高的是永善县，HHI 值为 0.413，也是主要集中在第二产业，产业集中度最低的贫困县为禄劝县，HHI 值仅为 0.313。

特征 4：2010 年到 2014 年的产业集中度没有明显的增长。总体来说，HHI 指数没有明显的增长，基本保持稳定，有部分县还出现了下滑的情况，只有宣威市、巧家县、绥江县、永善县、镇雄县和武定县保持了稳定的增长。

**表 5-1 云南省乌蒙山片区贫困县 HHI 数值**

| 地区 | 2010 年 HHI 值 | 比重最大的产业 | 2014 年 HHI 值 | 比重最大的产业 | HHI 增长率 |
|---|---|---|---|---|---|
| 云南省 | 0.383 | 第二产业 | 0.381 | 第三产业 | -0.52% |
| 禄劝县 | 0.343 | 第三产业 | 0.313 | 第三产业 | -8.75% |
| 寻甸县 | 0.342 | 第三产业 | 0.339 | 第三产业 | -0.88% |
| 会泽县 | 0.414 | 第二产业 | 0.378 | 第二产业 | -8.70% |
| 宣威市 | 0.360 | 第二产业 | 0.369 | 第三产业 | 2.50% |
| 昭阳区 | 0.422 | 第二产业 | 0.412 | 第二产业 | -2.37% |
| 鲁甸县 | 0.374 | 第二产业 | 0.347 | 第二产业 | -7.22% |
| 巧家县 | 0.340 | 第一产业 | 0.355 | 第一产业 | 4.41% |
| 盐津县 | 0.350 | 第二产业 | 0.346 | 第二产业 | -1.14% |
| 大关县 | 0.339 | 第三产业 | 0.349 | 第三产业 | 2.95% |
| 永善县 | 0.347 | 第二产业 | 0.413 | 第二产业 | 19.02% |
| 绥江县 | 0.365 | 第三产业 | 0.377 | 第三产业 | 3.29% |

续表

| 地区 | 2010 年 HHI 值 | 比重最大的产业 | 2014 年 HHI 值 | 比重最大的产业 | HHI 增长率 |
|---|---|---|---|---|---|
| 镇雄县 | 0.338 | 第二产业 | 0.341 | 第三产业 | 0.89% |
| 彝良县 | 0.359 | 第二产业 | 0.345 | 第一产业 | -3.90% |
| 威信县 | 0.362 | 第二产业 | 0.354 | 第三产业 | -2.21% |
| 武定县 | 0.335 | 第一产业 | 0.343 | 第三产业 | 2.39% |

数据来源：2010 年和 2014 年的《云南省统计年鉴》。

2. 产业集中度对提高生产总值与地均产值的作用

表 5-2 说明 2014 年云南省乌蒙山片区产业集中度与生产总值、地均产值与地均产值增长率的相关关系。从表中可以看出，产业集中度与生产总值排名和地均产值增长率排名并没有明显的相关关系，但是，产业集中度与地均产值排名相关性较强，在 0.05 的水平下显著负相关，因此，产业集中度越高，名次越靠前，地均产值越高。总体来说，产业集中度越高，会对县域经济带来有利影响，地均产值会逐渐提高。

**表 5-2　2014 年云南省乌蒙山片区产业集中度与经济发展的关系**

| 经济发展指标 | HHI |
|---|---|
| 生产总值排名 | -0.097 |
| 地均产值排名 | -0.530 * |
| 地均产值增长率排名 | 0.161 |
| 人均 GDP | 0.440 |

注：* 表示在显著水平为 0.05 时（双尾），相关显著。

### 5.1.2　四川省及乌蒙山片区县域产业集中度分析

1. 产业集中度分析

由表 5-3 可见四川省乌蒙山片区贫困县 2010 年和 2014 年的赫芬达尔指数，由此可反映各贫困县的产业集中程度，HHI 值越大则产业集中程度越高。从表中可以看出以下 4 个特征。

特征 1：四川省的产业集中度较低。2010 年，四川省的 HHI 值为 0.399，产业集中程度较低。2014 年四川省 HHI 值仅为 0.404，产业集中程度稍有提高，但仍然水平较低。

特征 2：贫困县的产业集中度高于四川省平均水平的较少。2010 年只有古蔺县的产业集中度高于四川省平均水平；2014 年则有 3 个县的产业集中度高于四川省平均水平。

特征 3：2010 年和 2014 年产业集中度最低的县均为普格县，产业集中度最高的县主要是第二产业集中。2010 年产业集中度最高的是古蔺县，其 HHI 值为 0. 420，主要集中在第二产业，产业集中度最低的贫困县为普格县，仅为 0. 334。2014 年产业集中度最高的是雷波县，HHI 值为 0. 468，仍然主要集中在第二产业，产业集中度最低的贫困县依然是普格县，HHI 值仅为 0. 333。

特征 4：2010 年到 2014 年，多数贫困县的产业集中度有不同幅度的增长，少数有略微下降。总体来说，13 个贫困县中除普格县、喜德县、昭觉县、屏山县有极为微小的下降之外，其余 9 个贫困县的产业集中程度都有不同幅度的提高。

**表 5 –3 四川省乌蒙山片区贫困县 HHI 数值**

| 地区 | 2010 年 HHI 值 | 比重最大的产业 | 2014 年 HHI 值 | 比重最大的产业 | HHI 增长率 |
| --- | --- | --- | --- | --- | --- |
| 四川省 | 0. 399 | 第二产业 | 0. 404 | 第二产业 | 1. 25% |
| 叙永县 | 0. 347 | 第二产业 | 0. 366 | 第二产业 | 5. 48% |
| 古蔺县 | 0. 420 | 第二产业 | 0. 454 | 第二产业 | 8. 10% |
| 沐川县 | 0. 380 | 第二产业 | 0. 383 | 第二产业 | 0. 79% |
| 马边彝族自治县 | 0. 344 | 第二产业 | 0. 357 | 第二产业 | 3. 78% |
| 普格县 | 0. 334 | 第一产业 | 0. 333 | 第一产业 | –0. 30% |
| 布拖县 | 0. 357 | 第二产业 | 0. 375 | 第二产业 | 5. 04% |
| 金阳县 | 0. 366 | 第一产业 | 0. 421 | 第二产业 | 15. 03% |
| 昭觉县 | 0. 351 | 第一产业 | 0. 340 | 第一产业 | –3. 13% |
| 喜德县 | 0. 336 | 第二产业 | 0. 334 | 第二产业 | –0. 60% |
| 越西县 | 0. 335 | 第二产业 | 0. 335 | 第二产业 | 0 |
| 美姑县 | 0. 338 | 第一产业 | 0. 344 | 第一产业 | 1. 78% |
| 雷波县 | 0. 386 | 第二产业 | 0. 468 | 第二产业 | 21. 24% |
| 屏山县 | 0. 342 | 第一产业 | 0. 341 | 第一产业 | –0. 29% |

数据来源：2010 年和 2014 年的《四川省统计年鉴》。

2. 产业集中度对提高生产总值与地均产值的作用

表 5 –4 说明，2014 年四川省乌蒙山片区产业集中度对生产总值、

地均产值与地均产值增长率的相关关系。由表可以看出，产业集中度与地均产值排名并没有明显的相关关系，与人均 GDP 有显著正相关关系。产业集中度与生产总值排名和地均产值增长率排名在 0.05 的水平下显著负相关。因此，产业集中度越高，该县的生产总值排名和地均产值增长率排名越靠前，人均 GDP 越高。

总结来说，产业集中度越高，越会对县域经济带来有利影响，生产总值排名、地均产值增长率排名越靠前，人均 GDP 会逐渐提高。

**表 5-4　2014 年四川省乌蒙山片区产业集中度与经济发展的关系**

| 经济发展名次与人均 GDP | HHI |
|---|---|
| 生产总值排名 | -0.682* |
| 地均产值排名 | -0.271 |
| 地均产值增长率排名 | -0.584* |
| 人均 GDP | 0.591* |

注：*表示在显著水平为 0.05 时（双尾），相关显著。

### 5.1.3　贵州省及乌蒙山片区县域产业集中度分析

1. 产业集中度分析

由表 5-5 可见贵州省乌蒙山片区贫困县 2010 年和 2014 年的赫芬达尔指数，由此可反映各贫困县的产业集中程度，HHI 值越大则产业集中在三次产业中某一产业的程度越高。从表中可以看出以下 4 个特征。

特征 1：贵州省的产业集中度较低。2010 年贵州省的平均 HHI 值为 0.395，产业集中度较低，2014 年贵州省的平均 HHI 值为 0.391，较 2010 年有所下滑，产业集中度更低。

特征 2：贫困县中产业集中度高于贵州省平均水平的较少。2010 年仅有纳雍县的产业集中度高于贵州省平均水平。2014 年仍然只有纳雍县的产业集中度高于贵州省平均水平。

特征 3：2010 年和 2014 年产业集中度最高的县为同一县，产业集中度最低的县也是同一县。2010 年产业集中度最高的是纳雍县，为 0.407，主要集中在第二产业，产业集中度最低的县为威宁县，仅为 0.339。2014 年产业集中度最高的仍是纳雍县，为 0.408，仍然主要集中在第二产业，产业集中度最低的县依然是威宁县，集中度有小幅上涨，但仍仅为 0. 341。

特征 4：2010 年到 2014 年的产业集中度有明显的增长。总体来说，HHI 指数稳中有小幅的增长，基本保持上升势头，只有七星关区出现了下滑的情况。

**表 5 -5　贵州省乌蒙山片区贫困县 HHI 数值**

| 地区 | 2010 年 HHI 值 | 比重最大的产业 | 2014 年 HHI 值 | 比重最大的产业 | HHI 增长率 |
|---|---|---|---|---|---|
| 贵州省 | 0. 395 | 第三产业 | 0. 391 | 第三产业 | -1. 09% |
| 桐梓县 | 0. 352 | 第三产业 | 0. 365 | 第二产业 | 3. 51% |
| 习水县 | 0. 362 | 第三产业 | 0. 377 | 第二产业 | 4. 24% |
| 赤水市 | 0. 366 | 第二产业 | 0. 384 | 第二产业 | 4. 94% |
| 七星关区 | 0. 370 | 第三产业 | 0. 368 | 第三产业 | -0. 39% |
| 大方县 | 0. 358 | 第二产业 | 0. 365 | 第二产业 | 2. 04% |
| 黔西县 | 0. 362 | 第二产业 | 0. 374 | 第二产业 | 3. 24% |
| 织金县 | 0. 352 | 第三产业 | 0. 361 | 第三产业 | 2. 34% |
| 纳雍县 | 0. 407 | 第二产业 | 0. 408 | 第二产业 | 0. 30% |
| 威宁县 | 0. 339 | 第三产业 | 0. 341 | 第三产业 | 0. 57% |
| 赫章县 | 0. 353 | 第三产业 | 0. 360 | 第三产业 | 2. 03% |

资料数据：2010 年和 2014 年的《贵州省统计年鉴》。

2. 产业集中度对提高生产总值与地均产值的作用

表 5 -6 说明 2014 年贵州省乌蒙山片区产业集中度对生产总值、地均产值与地均产值增长率的相关关系。从表中可以看出，仅地均产值增长率排名与产业集中度存在相关关系。这表明，贵州省乌蒙山片区各贫困县之间产业发展程度差异大，相同的三次产业在不同的县所创造出的生产总值、地均产值以及人均 GDP 均不相同，导致产业集中度与生产总值、地均产值与人均 GDP 不存在相关性。而地均产值增长率排名与产业集中度存在负相关关系，表明产业集中度越高，地均产值增长率排名反而越靠后，这可能与贵州省有半数贫困县集中在第三产业，且其中有 2 个县的第一产业达到 30% 以上有关。

**表 5 -6　2014 年贵州省乌蒙山片区产业集中度与经济发展的关系**

| 经济发展指数 | HHI |
|---|---|
| 生产总值排名 | 0. 245 |
| 地均产值排名 | -0. 397 |

续表

| 经济发展指数 | HHI |
|---|---|
| 地均产值增长率排名 | 0.755 * |
| 人均 GDP | 0.545 |

注：* 表示在显著水平为 0.05 时（双尾），相关显著。

### 5.1.4 乌蒙山片区 38 个贫困县产业集中度对生产总值与地均产值的作用

表 5－7 说明 2014 年乌蒙山片区 38 个贫困县产业集中度与生产总值排名、地均产值排名以及地均产值增长率排名的关系。生产总值排名、地均产值排名与产业的集中度在 0.1 以及 0.05 的显著性水平上相关显著，产业集中度和生产总值排名、地均产值排名呈现明显的负相关，说明产业集中度越高，生产总值与地均产值排名越靠前，生产总值与地均产值越高。产业集中度与地均产值增长率排名和人均 GDP 没有明显的相关关系。

综合来说，经济发展水平尤其是生产总值、地均产值排名与产业的集中度有着密不可分的关系，38 个贫困县应当努力提高产业的集中化程度，以提升自身的生产总值与地均产值排名。

**表 5－7　2014 年乌蒙山片区 38 个贫困县产业集中度与经济发展的关系**

| 经济发展指标 | HHI |
|---|---|
| 生产总值排名 | －0.352 * |
| 地均产值排名 | －0.511 ** |
| 地均产值增长率排名 | －0.100 |
| 人均 GDP | 0.281 |

注：** 表示在显著水平为 0.05 时（双尾），相关显著；* 表示在显著水平为 0.01 时（双尾），相关显著。

## 5.2 专业化程度分析——区位熵

区位熵法又称专门化率。所谓熵，就是比率的比率。它由哈盖特（P. Haggett）首先提出并运用于区位分析中。区位熵（又称区域专业化率）是指一个区域特定产业的产值占该区域总产值的比重与全省或全国该特定产业产值占全省或全国总产值的比重之间的比值。区位熵在衡量某一区域产业要素的空间分布情况，反映某一产业部门的专业化程度，以及某一区域在全省或全国的产业层次地位和作用方面发挥着巨大作用。在产业结构研究中，运用区位熵指标主要是为了分析区域主导专业化部门的状况。本书所介绍的区位熵指该县该产业占该县总产业比重与该省该产业占该省总产业比重的比值，其计算公式为：

$$R_{ij} = \frac{E_{ij}/E_j}{E_i/E}$$

$R_{ij}$——$j$ 县 $i$ 产业的区位熵；

$E_{ij}$——$j$ 县 $i$ 产业的产值；

$E_j$——$j$ 县所有产业总产值；

$E_i$——全省 $i$ 产业的产值；

$E$——全省生产总值。

当 $R_{ij}>1$ 时，说明 $j$ 县 $i$ 产业专业化程度相对较高，有一部分是为区外服务的，表示 $j$ 县 $i$ 产业有明显的区域优势，在一定程度上显示出该产业在省内的竞争力较强，$R_{ij}$ 越大，则表明区域优势越明显，专业化程度越高；当 $R_{ij}=1$ 时，则说明 $j$ 县 $i$ 产业居于均势，或说县优势在区域内还不明显；当 $R_{ij}<1$ 时，则表明 $j$ 县 $i$ 产业处于劣势，或说 $j$ 县的比较优势较小。

### 5.2.1　云南省乌蒙山片区县域产业专业化程度分析

1. 产业专业化分析

云南省乌蒙山片区 15 个贫困县的区位熵见表 5－8，并得出以下几点结论：

（1）以平均来看，目前仅第一产业的区位熵平均值大于 1。整体来看，2010 年和 2014 年第一产业区位熵平均值分别为 1.68 和 1.65，15 个贫困县的农业专业化程度较云南省整体较高。

（2）2014 年的第二、第三产业的区位熵较 2010 年有所增加。整体来看，第二产业区位熵平均值从 0.88 增加到 0.89；第三产业区位熵平均值从 0.87 增加到 0.91，但增幅并不大。

（3）2014 年第一产业区位熵大于 1 的县与 2010 年总数相同。这两个年度，仅昭阳区的第一产业区位熵低于 1。

（4）2014 年第二产业区位熵大于 1 的县较 2010 年有所减少。2010 年第二产业区位熵大于 1 的县有 5 个，到了 2014 年只剩下 3 个。

（5）2014 年第三产业区位熵大于 1 的县较 2010 年有所减少。2010 年第三产业区位熵大于 1 的县有 4 个，到了 2014 年只剩下 3 个。其中除了绥江县保持不变之外，其他都发生了变动。但绥江县人均 GDP 较低，区位熵大于 1 仅仅是其第三产业比重大，经济表现仍不佳。

（6）巧家县、武定县、禄劝县的第一产业专业化程度高。它们的区位熵在 2010 年以及 2014 年均在 1 以上，其中巧家县仍保持增长趋势，第一产业持续发展。

（7）昭阳区、会泽县的第二产业专业化程度高，永善县工业进步幅度明显。昭阳区和会泽县的区位熵在 2010 年以及 2014 年均在 1 以上，其中昭阳区仍保持增长趋势，第二产业持续发展。2014 年新增的永善县，其地均产值增长幅度大，工业进步程度明显。

（8）宣威市与武定县第三产业专业化程度高，禄劝县产业发展动能不足。2014 年新增加的第三产业区位熵达到 1 以上的宣威市与武定县，它们的人均 GDP 普遍相对 2010 年的其他县较高，表现在区位熵大及人均 GDP 较高。禄劝县人均 GDP 在各县中排第 4 名，但第三产业区位熵在 2014 年下降到 1 以下，第二产业区位熵也未达到 1，产业发展动能不足。

**表 5－8　云南省乌蒙山片区贫困县区位熵**

| 地区 | 2010 年一产区位熵 | 2010 年二产区位熵 | 2010 年三产区位熵 | 2014 年一产区位熵 | 2014 年二产区位熵 | 2014 年三产区位熵 |
|---|---|---|---|---|---|---|
| 禄劝县 | 2.16 | 0.59 | 1.01 | 1.86 | 0.71 | 0.92 |
| 寻甸县 | 1.97 | 0.65 | 1.02 | 1.77 | 0.84 | 0.92 |
| 会泽县 | 1.36 | 1.27 | 0.56 | 1.43 | 1.22 | 0.67 |
| 宣威市 | 1.43 | 1.01 | 0.83 | 1.58 | 0.65 | 1.18 |
| 昭阳区 | 0.67 | 1.16 | 0.95 | 0.79 | 1.26 | 0.87 |
| 鲁甸县 | 1.51 | 1.11 | 0.68 | 1.52 | 0.93 | 0.92 |
| 巧家县 | 2.53 | 0.62 | 0.84 | 2.68 | 0.53 | 0.89 |
| 盐津县 | 1.56 | 0.94 | 0.85 | 1.56 | 0.92 | 0.92 |

续表

| 地区 | 2010 年一产区位熵 | 2010 年二产区位熵 | 2010 年三产区位熵 | 2014 年一产区位熵 | 2014 年二产区位熵 | 2014 年三产区位熵 |
|---|---|---|---|---|---|---|
| 大关县 | 2.07 | 0.66 | 0.98 | 1.49 | 0.93 | 0.93 |
| 永善县 | 1.55 | 0.89 | 0.92 | 1.21 | 1.36 | 0.61 |
| 绥江县 | 1.24 | 0.88 | 1.05 | 1.20 | 0.81 | 1.17 |
| 镇雄县 | 1.83 | 0.83 | 0.87 | 1.72 | 0.83 | 0.95 |
| 彝良县 | 1.72 | 1.04 | 0.68 | 2.69 | 0.75 | 0.66 |
| 威信县 | 1.28 | 0.91 | 1.00 | 1.40 | 0.92 | 0.98 |
| 武定县 | 2.37 | 0.69 | 0.82 | 1.89 | 0.71 | 1.00 |
| 平均值 | 1.68 | 0.88 | 0.87 | 1.65 | 0.89 | 0.91 |

2. 产业专业化对提高生产总值与地均产值的作用

表5-9说明了2014年云南省乌蒙山片区产业专业化程度与生产总值、地均产值与地均产值增长率、人均GDP的相关关系。从表中可以看出，三次产业的专业化程度与生产总值和地均产值增长率排名并没有明显的相关关系，但是，第一产业专业化程度与地均产值排名以及人均GDP相关性较强；第一产业专业化程度与地均产值排名在0.05的水平下显著正相关，说明第一产业专业化程度越高，名次越靠后，地均产值越低；第一产业专业化程度与人均GDP在0.1的水平下显著负相关，说明第一产业专业化程度越高，人均GDP越低。

总的来说，第一产业专业化程度越高，越会给县域经济带来不利影响，一方面会使地均产值下降，另一方面人均GDP也会越低。

**表5-9 2014年云南乌蒙山片区产业专业化程度与经济发展的关系**

| 经济发展指标 | 区位熵 | | |
|---|---|---|---|
| | 第一产业 | 第二产业 | 第三产业 |
| 生产总值排名 | -0.096 | 0.018 | 0.191 |
| 地均产值排名 | 0.704 ** | -0.435 | -0.162 |
| 地均产值增长率排名 | -0.064 | -0.229 | 0.319 |
| 人均GDP | -0.481 * | 0.427 | -0.077 |

注：** 表示在显著水平为0.05时（双尾），相关显著，* 表示在显著水平为0.1时（双尾），相关显著。

### 5.2.2 四川省乌蒙山片区县域产业专业化程度分析

1. 产业专业化分析

四川省乌蒙山片区13个贫困县的区位熵见表5－10。由表5－10可得出以下几点结论：

（1）以平均来看，目前仅第一产业的区位熵平均值大于1。整体来看，2010年和2014年第一产业区位熵平均值分别为2.26和2.12，13个贫困县的农业专业化程度较四川省整体较高。

（2）2014年，第二产业区位熵小幅下降，第三产业区位熵较2010年小幅增加。整体来看，第二产业区位熵平均值从0.89降为0.80；第三产业区位熵平均值从0.73增为0.82。

（3）各贫困县第一产业区位熵在2010年和2014年都大于1。这两个年度13个县第一产业区位熵都远大于1，说明各贫困县的第一产业对四川全省而言专业化程度较高，具有相对的优势。

（4）2014年第二产业区位熵大于1的县较2010年有所减少。2010年第二产业区位熵大于1的县有5个，到了2014年只剩下3个。

（5）2014年第三产业区位熵大于1的县较2010年仅增加了1个。2010年第三产业区位熵全部都小于1，到了2014年有1个县区位熵大于1。第三产业区位熵的值虽然仍旧整体小于1，但相比2010年各县的区位熵都有小幅的提升，第三产业的专业化水平在稳步提高。

（6）美姑县、昭觉县、屏山县的第一产业专业化程度高。它们的区位熵在2010年以及2014年均在2.5以上，2014年总体有所下降但仍保持远高于1的水平。

（7）雷波县、古蔺县的第二产业专业化程度高，到2014年有小幅下降但仍保持大于1的水平。它们的区位熵在2010年以及2014年均在1以上，其中雷波县和古蔺县都呈现小幅下降。

（8）昭觉县第三产业专业化程度高，第二产业发展动能不足。2014年新增加的第三产业区位熵达到1以上的昭觉县，它的人均GDP在2010年却排在最后一名，在2014年排在倒数第二名，其区位熵大于1仅表示其第三产业比重大，经济表现上仍不佳。昭觉县第二产业区位熵2010年为0.56，2014年下降到0.46，说明该县第二产业发展动能不足。

表 5-10 四川省乌蒙山片区贫困县区位熵

| 地区 | 2010 年一产区位熵 | 2010 年二产区位熵 | 2010 年三产区位熵 | 2014 年一产区位熵 | 2014 年二产区位熵 | 2014 年三产区位熵 |
| --- | --- | --- | --- | --- | --- | --- |
| 叙永县 | 1.70 | 0.95 | 0.84 | 1.78 | 0.84 | 0.91 |
| 古蔺县 | 1.24 | 1.25 | 0.60 | 1.28 | 1.13 | 0.69 |
| 沐川县 | 1.85 | 1.05 | 0.66 | 1.73 | 1.01 | 0.69 |
| 马边彝族自治县 | 1.88 | 0.92 | 0.82 | 1.96 | 0.83 | 0.86 |
| 普格县 | 2.72 | 0.67 | 0.87 | 2.41 | 0.64 | 0.94 |
| 布拖县 | 2.16 | 1.02 | 0.61 | 2.07 | 0.90 | 0.70 |
| 金阳县 | 1.69 | 1.18 | 0.56 | 1.88 | 0.95 | 0.71 |
| 昭觉县 | 3.17 | 0.56 | 0.86 | 2.86 | 0.46 | 1.02 |
| 喜德县 | 2.55 | 0.72 | 0.86 | 2.14 | 0.74 | 0.90 |
| 越西县 | 2.60 | 0.74 | 0.82 | 2.23 | 0.73 | 0.88 |
| 美姑县 | 3.33 | 0.55 | 0.83 | 2.66 | 0.58 | 0.92 |
| 雷波县 | 1.48 | 1.29 | 0.47 | 1.68 | 1.03 | 0.67 |
| 屏山县 | 3.07 | 0.73 | 0.68 | 2.82 | 0.60 | 0.83 |
| 平均值 | 2.26 | 0.89 | 0.73 | 2.12 | 0.80 | 0.82 |

2. 产业专业化对提高生产总值与地均产值的作用

表 5-11 说明 2014 年四川省乌蒙山片区各贫困县三次产业的专业化程度与地均产值排名、地均产值增长率排名并没有明显的相关关系，但与生产总值排名、人均 GDP 相关性较强。

在生产总值排名方面，第二产业专业化程度越高，生产总值排名越靠前，第一产业与第三产业专业化程度越高，生产总值排名越靠后；在人均 GDP 方面，第二产业专业化程度越高，人均 GDP 越高，但第一产业、第三产业专业化程度越高，人均 GDP 越低。

总体来说，第一产业与第三产业专业化程度越高，会对县域经济带来不利影响，一方面会使得生产总值排名受到限制，另一方面人均 GDP 也会越低。反之，第二产业专业化程度越高，会给县域经济带来有利影响，提高生产总值排名，带来人均 GDP 的增长。而三次产业的技术水平均不足，导致与地均产值的提升缺乏相关性。

表 5-11　2014 年四川乌蒙山片区产业专业化程度与经济发展的关系

| 经济发展指标 | 区位熵 | | |
|---|---|---|---|
| | 第一产业 | 第二产业 | 第三产业 |
| 生产总值排名 | 0.703** | -0.665* | 0.630* |
| 地均产值排名 | 0.527 | -0.445 | 0.047 |
| 地均产值增长率排名 | 0.330 | -0.341 | 0.429 |
| 人均 GDP | -0.655* | 0.747** | -0.741** |

注：** 表示在显著水平为 0.05 时（双尾），相关显著；* 表示在显著水平为 0.1 时（双尾），相关显著。

### 5.2.3　贵州省乌蒙山片区县域产业专业化程度分析

1. 产业专业化分析

贵州省乌蒙山片区 10 个贫困县的区位熵见表 5-12。由表中可得出以下几点结论：

（1）以平均来看，目前仅第一产业的区位熵平均值大于 1。整体来看，2010 年和 2014 年第一产业区位熵平均值分别为 1.69 及 1.46，10 个贫困县的农业专业化程度较贵州省整体水平高。

（2）2014 年第三产业的区位熵较 2010 年有所增加，第二产业的区位熵保持不变。整体来看，第三产业区位熵从 0.83 增加到 0.89，增幅不大；第二产业区位熵维持在 0.96。

（3）2014 年第一产业区位熵大于 1 的县与 2010 年总数相同。也可以说，所有贫困县的第一产业区位熵均大于 1。

（4）2014 年第二产业区位熵大于 1 的县的数量与 2010 年持平，均为 5 个。

（5）2014 年第三产业区位熵大于 1 的县较 2010 年有所增加。2010 年第三产业区位熵大于 1 的县为 0，到了 2014 年赫章县的第三产业区位熵增加到 1.03。但是赫章县的生产总值仍处于全省末位，第一产业占比达到 30% 以上，第二产业比重较小，故其第三产业发展仍然是依托于第一产业，其区位熵增加到 1.03 仅仅是其第三产业比重大，经济表现上仍不佳。

（6）威宁县、赫章县的第一产业专业化程度高。它们的区位熵在 2010 年以及 2014 年超过了 2。尽管其他县的第一产业专业化程度也不低，但2010—2014年之间，10个县的第一产业专业化程度都呈现下降趋势。

（7）习水县、赤水市、黔西县和纳雍县的第二产业专业化程度高。它们的区位熵在2010年以及2014年均在1以上。

（8）赫章县第三产业专业化程度虽高，但人均GDP仍较低。2014年新增加的第三产业区位熵达到1以上的赫章县，尽管它的人均GDP增幅普遍相对2010年的其他县较高，但实际的人均GDP仍较低，因此其区位熵增加到1.03仅仅是其第三产业比重大，经济表现上仍不佳。

**表5－12　贵州省乌蒙山片区贫困县区位熵**

| 地区 | 2010年一产区位熵 | 2010年二产区位熵 | 2010年三产区位熵 | 2014年一产区位熵 | 2014年二产区位熵 | 2014年三产区位熵 |
|---|---|---|---|---|---|---|
| 桐梓县 | 1.72 | 0.87 | 0.91 | 1.37 | 1.00 | 0.89 |
| 习水县 | 1.44 | 1.02 | 0.86 | 1.21 | 1.08 | 0.86 |
| 赤水市 | 1.38 | 1.10 | 0.81 | 1.13 | 1.12 | 0.85 |
| 七星关区 | 1.35 | 0.97 | 0.93 | 1.34 | 0.90 | 0.99 |
| 大方县 | 1.53 | 1.07 | 0.79 | 1.36 | 0.99 | 0.90 |
| 黔西县 | 1.44 | 1.04 | 0.84 | 1.23 | 1.03 | 0.90 |
| 织金县 | 1.64 | 0.94 | 0.87 | 1.44 | 0.96 | 0.91 |
| 纳雍县 | 1.13 | 1.37 | 0.66 | 1.07 | 1.28 | 0.72 |
| 威宁县 | 2.59 | 0.69 | 0.80 | 2.26 | 0.68 | 0.91 |
| 赫章县 | 2.63 | 0.58 | 0.88 | 2.22 | 0.56 | 1.03 |
| 平均值 | 1.69 | 0.96 | 0.83 | 1.46 | 0.96 | 0.89 |

2. 产业专业化对提高生产总值与地均产值的作用

表5－13说明2014年贵州省乌蒙山片区产业专业化程度与生产总值排名并没有明显的相关关系；第一产业与地均产值增长率相关性较强，呈负相关，说明第一产业专业化程度越高，地均产值增长率越高。同样的，第一产业专业化程度与人均GDP在0.1的水平下显著负相关，说明第一产业专业化程度越高，人均GDP却越低。第二产业与地均产值增长率相关性也较强，呈负相关，说明第二产业专业化程度越高，地均产值增长率也越高。

总体来说，贵州省乌蒙山片区的地均产值增长率仍旧是由第一产业专业化所带动，但该增长却无助于人均GDP的增长。第二产业虽然能够提升地均产值排名，但却无助于推升地均产值增长率，说明第二产业的技术水平在2010年到2014年之间的进步不足。

**表5-13　2014年贵州乌蒙山片区产业专业化程度与经济发展的关系**

| 经济发展指标 | 区位熵 | | |
|---|---|---|---|
| | 第一产业 | 第二产业 | 第三产业 |
| 生产总值排名 | -0.091 | 0.297 | -0.409 |
| 地均产值排名 | 0.491 | -0.636* | 0.524 |
| 地均产值增长率排名 | -0.661* | 0.624 | -0.604 |
| 人均GDP | -0.676* | 0.563 | -0.241 |

注：*表示在显著水平为0.1时（双尾），相关显著。

## 5.2.4　乌蒙山片区38个贫困县产业专业化对生产总值与地均产值的作用

从表5-14可以看出，2014年乌蒙山片区38个贫困县生产总值排名、地均产值增长率排名与三个产业的专业化程度没有明显的相关性。地均产值排名则与第一产业、第二产业的专业化在0.05的显著性水平上显著，其中第一产业的专业化和地均产值排名呈现明显的正相关，说明第一产业的专业化水平越高，地均产值排名越靠后，地均产值越低。同理，第二产业的产业专业化程度越高，地均产值排名越靠前，地均产值越高。此外，第一产业的专业化水平越高，人均GDP越低，第二产业的专业化水平越高，人均GDP越高。

综合来看，地均产值与第二产业的专业化水平有着密不可分的关系，乌蒙山片区的38个贫困县应当努力提高第二产业的专业化程度，逐步降低第一产业的比重，以提升总体的地均产值与人均GDP。

**表5-14　乌蒙山片区38个贫困县2014年产业专业化程度与经济发展的关系**

| 经济发展指标 | 区位熵 | | |
|---|---|---|---|
| | 第一产业 | 第二产业 | 第三产业 |
| 生产总值排名 | 0.226 | -0.279 | 0.228 |
| 地均产值排名 | 0.564** | -0.507** | 0.089 |
| 地均产值增长率排名 | -0.019 | -0.097 | 0.138 |
| 人均GDP | -0.441** | 0.418** | -0.125 |

注：***表示在显著水平为0.01时（双尾），相关显著；**表示在显著水平为0.05时（双尾），相关显著；*表示在显著水平为0.1时（双尾），相关显著。

# 第6章　乌蒙山片区各区县产业承接效应与政策导向



产业的优劣受到技术成熟程度的影响，一个地区的产业技术能力越强，说明其越具备培育该产业技术的生产环境，能够吸纳更多的企业及高技术人才，承接转移的产业。因此，产业承接转移可以从两个方面来观察，一个是实际上总量的转移，包括劳动生产力及生产总值转移；另一个是技术效率的转移。基于此，本书分别从产业绝对份额方法以及生产前沿分析方法分析产业承接转移效应，并据此提出产业发展政策导向。

## 6.1　基于产业绝对份额方法的产业承接转移效应分析

产业绝对份额是指产业实际总量，从产业承接转移的视角，包括劳动生产力及生产总值。劳动生产力是指一产、二产及三产的每单位劳动力可以产出的生产总值，劳动生产力越高，说明该产业中的高技术劳动力越多，可以承接更大量的该产业转移；生产总值是指一产、二产及三产分别的生产总值，某一县的该产业生产总值占全区域该产业总生产总值的比重越大，说明该县该产业的重要性越高，一旦该县该产业出现衰退，将会对区域经济产生重大影响。因此，生产总值占比又可视为产业重要性。基于产业绝对份额，产业承接转移可以分为劳动生产力提升动能转移以及产业重要性转移。

### 6.1.1　云南省产业承接转移分析

1. 劳动生产力提升动能转移

根据表6－1中2010年和2014年的数据，可以归纳出几个特征。

（1）第一产业的特征。①武定县是高级农林渔牧业劳动力聚集中心：武定县是目前劳动生产力最高的县，2014 年人均第一产业总值为 5329. 02 元。②昭阳区通过人口流入带动劳动生产力提升：昭阳区属于人口流入型的动能提升，大量人口流向昭阳区，拉动其第一产业劳动生产力提升 67. 85%。③彝良县既有劳动生产力提升：彝良县属于既有劳动力型的动能提升，其第一产业劳动生产力提升幅度最大，达 116. 21%，且主要不是依靠人口流入，而是既有劳动生产力的进步。

（2）第二产业。①昭阳区是高级制造业劳动力聚集中心：昭阳区是目前劳动生产力最高的区县，人均第二产业总值为 12763. 43 元。②昭阳区通过人口流入带动劳动生产力提升：昭阳区属于人口流入型的动能提升，大量人口流向昭阳区，拉动其第二产业劳动生产力提升 116. 33%。③永善县及绥江县既有劳动生产力提升：永善县及绥江县属于既有劳动力型的动能提升，其第二产业劳动生产力提升幅度最大，分别达到 277. 85% 和 201. 00%，且主要不是依靠人口流入，而是既有劳动生产力的进步。

（3）第三产业。①昭阳区是高级服务业劳动力聚集中心：昭阳区是目前劳动生产力最高的县，人均第三产业总值为 8839. 80 元。②镇雄县通过人口流入带动劳动生产力提升：镇雄县属于人口流入型的动能提升，大量人口流向镇雄县，拉动其第三产业劳动生产力提升 353. 42%。③会泽县及彝良县既有劳动生产力提升：会泽县及彝良县属于既有劳动力型的动能提升，其第三产业劳动生产力提升幅度最大，分别达到 216. 93% 和 222. 86%，且主要不是依靠人口流入，而是既有劳动生产力的进步。

**表 6-1　云南省乌蒙山片区劳动生产力提升动能转移汇总**

| 地区 | 2010 年 | | | 2014 年 | | | 增长率 | | | 人口总量流动（人） |
|---|---|---|---|---|---|---|---|---|---|---|
| | 人均第一产业总值（元） | 人均第二产业总值（元） | 人均第三产业总值（元） | 人均第一产业总值（元） | 人均第二产业总值（元） | 人均第三产业总值（元） | 人均第一产业总值增长率（%） | 人均第二产业总值增长率（%） | 人均第三产业总值增长率（%） | |
| 云南省 | 2408. 68 | 7005. 15 | 6285. 44 | 4221. 71 | 11478. 23 | 12045. 16 | 75. 27 | 63. 85 | 91. 64 | 1123001 |
| 宣威市 | 2490. 22 | 5110. 01 | 3761. 40 | 3823. 26 | 4175. 54 | 7582. 82 | 53. 53 | -18. 29 | 101. 60 | 29898 |
| 昭阳区 | 1608. 91 | 8068. 66 | 5952. 60 | 3036. 35 | 12763. 43 | 8839. 80 | 88. 72 | 58. 19 | 48. 50 | 28369 |
| 会泽县 | 2187. 35 | 5900. 03 | 2362. 21 | 3820. 25 | 8634. 71 | 4714. 71 | 74. 65 | 46. 35 | 99. 59 | 23082 |

续表

| 地区 | 2010年 | | | 2014年 | | | 增长率 | | | 人口总量流动（人） |
|---|---|---|---|---|---|---|---|---|---|---|
| | 人均第一产业总值（元） | 人均第二产业总值（元） | 人均第三产业总值（元） | 人均第一产业总值（元） | 人均第二产业总值（元） | 人均第三产业总值（元） | 人均第一产业总值增长率（%） | 人均第二产业总值增长率（%） | 人均第三产业总值增长率（%） | |
| 镇雄县 | 1124.16 | 1485.10 | 1397.87 | 1645.54 | 2096.44 | 2422.06 | 46.38 | 41.16 | 73.27 | 42924 |
| 寻甸县 | 2534.93 | 2430.04 | 3428.71 | 4254.82 | 5342.61 | 5912.21 | 67.75 | 119.86 | 72.43 | 9394 |
| 禄劝县 | 2727.14 | 2175.16 | 3319.45 | 4838.24 | 4931.37 | 6338.24 | 77.41 | 126.71 | 90.94 | 11247 |
| 彝良县 | 1422.03 | 2495.73 | 1460.31 | 3511.21 | 2610.71 | 4120.39 | 146.92 | 4.61 | 182.16 | 17207 |
| 巧家县 | 2029.41 | 1435.49 | 1768.24 | 3646.31 | 1896.68 | 7486.52 | 79.67 | 32.13 | 323.39 | 13502 |
| 永善县 | 1623.96 | 2690.55 | 2498.01 | 3078.62 | 9181.82 | 3216.44 | 89.57 | 241.26 | 28.76 | 12285 |
| 鲁甸县 | 1485.38 | 3185.51 | 1748.71 | 2586.21 | 4187.19 | 2284.60 | 74.11 | 31.44 | 30.64 | 14853 |
| 武定县 | 3216.67 | 2706.26 | 2922.91 | 5329.02 | 5303.85 | 4150.25 | 65.67 | 95.98 | 41.99 | 5768 |
| 盐津县 | 1374.24 | 2419.09 | 1957.41 | 2238.22 | 3526.18 | 3502.62 | 62.87 | 45.76 | 78.94 | 11613 |
| 威信县 | 1032.80 | 2127.73 | 2107.02 | 1600.10 | 2773.17 | 2971.62 | 54.93 | 30.33 | 41.03 | 11773 |
| 大关县 | 1514.39 | 1396.73 | 1863.57 | 2348.18 | 3912.40 | 3901.36 | 55.06 | 180.11 | 109.35 | 8227 |
| 绥江县 | 1499.76 | 3097.32 | 3312.51 | 2352.57 | 4204.18 | 6100.19 | 56.86 | 35.74 | 84.16 | 4342 |

2. 产业重要性转移

根据表6－2中2010年和2014年的数据，可以归纳出几个特征：

（1）第一产业的特征。①宣威市是第一产业重要性最高的县市：其第一产业总值占乌蒙山片区的比重达到18.56%。②产业重要性正由宣威市往彝良县转移：宣威市第一产业生产总值占比大幅下降2.17%，彝良县的第一产业生产总值占比则大幅提升2.15%。

（2）第二产业的特征。①昭阳区是第二产业重要性最高的区县：其第二产业总值占乌蒙山片区的比重达到23.21%。特征2，产业重要性正由昭阳区往永善县转移：昭阳区第二产业生产总值占比只提升1.99%，永善县的第二产生产总值占比则大幅提升4.78%。

（3）第三产业的特征。①宣威市是第三产业重要性最高的县：其第三产业总值占乌蒙山片区的比重达到23.35%。②宣威市持续保持其产业重要性：其第三产业生产总值占比提升2.18%，居各县之首。

**表6－2　云南省乌蒙山片区产业重要性转移汇总**

| 地区 | 2010年 | | | 2014年 | | | 占比增长（%） | | |
|---|---|---|---|---|---|---|---|---|---|
| | 第一产业总值占乌蒙山片区比重（%） | 第二产业总值占乌蒙山片区比重（%） | 第三产业总值占乌蒙山片区比重（%） | 第一产业总值占乌蒙山片区比重（%） | 第二产业总值占乌蒙山片区比重（%） | 第三产业总值占乌蒙山片区比重（%） | 第一产业 | 第二产业 | 第三产业 |
| 宣威市 | 20.73 | 22.22 | 21.17 | 18.56 | 12.40 | 23.35 | －10.47 | －44.19 | 10.30 |
| 昭阳区 | 8.10 | 21.22 | 20.26 | 9.03 | 23.21 | 16.67 | 11.48 | 9.38 | －17.72 |
| 会泽县 | 12.69 | 17.89 | 9.27 | 12.96 | 17.91 | 10.14 | 2.13 | 0.11 | 9.39 |
| 镇雄县 | 9.54 | 6.58 | 8.02 | 8.22 | 6.40 | 7.67 | －13.84 | －2.74 | －4.36 |
| 寻甸县 | 7.40 | 3.71 | 6.77 | 7.23 | 5.55 | 6.37 | －2.30 | 49.60 | －5.91 |
| 禄劝县 | 6.90 | 2.88 | 5.68 | 7.18 | 4.48 | 5.97 | 4.06 | 55.56 | 5.11 |
| 彝良县 | 4.74 | 4.35 | 3.29 | 6.90 | 3.14 | 2.85 | 45.57 | －27.82 | －13.37 |
| 巧家县 | 6.69 | 2.47 | 3.94 | 7.04 | 2.24 | 3.94 | 5.23 | －9.31 | 0.00 |
| 永善县 | 4.09 | 3.54 | 4.25 | 4.56 | 8.32 | 3.87 | 11.49 | 135.03 | －8.94 |
| 鲁甸县 | 3.71 | 4.15 | 2.95 | 3.82 | 3.78 | 3.89 | 2.96 | －8.92 | 31.86 |
| 武定县 | 5.59 | 2.46 | 3.43 | 5.39 | 3.28 | 4.80 | －3.58 | 33.33 | 39.94 |
| 盐津县 | 3.25 | 2.99 | 3.13 | 3.11 | 3.00 | 3.09 | －4.31 | 0.33 | －1.28 |
| 威信县 | 2.55 | 2.74 | 3.51 | 2.32 | 2.46 | 2.73 | －9.02 | －10.22 | －22.22 |
| 大关县 | 2.55 | 1.23 | 2.12 | 2.32 | 2.37 | 2.45 | －9.02 | 92.68 | 15.57 |
| 绥江县 | 1.47 | 1.58 | 2.19 | 1.35 | 1.48 | 2.22 | －8.16 | －6.33 | 1.37 |

3. 云南省乌蒙山片区各县域产业发展特征（见表6－3）

（1）第一产业。武定县是高级农业劳动力聚集的中心，宣威市是产值集聚中心，但两县的优势正在移转中。劳动力优势部分，既有劳动力的提升动能移转至彝良县；昭阳区则通过人口流入持续提升动能。产业重要性也正移转至彝良县，使得彝良县的第一产业生产总值大幅提高，但比重仍较低。

（2）第二产业。昭阳区是高级制造业劳动力聚集中心以及产值集聚中心，其劳动力的提升动能持续增加，依靠人口流入持续带动劳动生产力提升。当前劳动力优势也部分出现转移现象，既有劳动力的提升动能则正移转至永善县及绥江县。产业重要性优势也正移转至永善县，使得永善县的第二产业生产总值大幅提高，但比重仍较低。

(3) 第三产业。昭阳区也是高级服务业劳动力聚集中心，宣威市则是产值集聚中心，且持续保持其产业重要性：其第三产业生产总值提升2.18%，居各县之首。昭阳区劳动力优势则出现转移现象，镇雄县通过人口流入带动劳动生产力提升，会泽县及彝良县的既有劳动生产力也不断提升。

**表6-3 云南省乌蒙山片区产业承接转移特征汇整：基于产业绝对份额方法**

| 产业承接转移特征 | 市区县 |
|---|---|
| 第一产业 | |
| 高级农业劳动力聚集中心 | 武定县 |
| 产值集聚中心 | 宣威市 |
| 承接既有劳动生产力的提升动能移转 | 彝良县 |
| 承接人口流入推动劳动生产力提升动能移转 | 昭阳区 |
| 承接产业重要性移转 | 彝良县 |
| 第二产业 | |
| 高级制造业劳动力聚集中心 | 昭阳区 |
| 产值集聚中心 | 昭阳区 |
| 承接既有劳动生产力的提升动能移转 | 永善县、绥江县 |
| 承接人口流入推动劳动生产力提升动能移转 | 昭阳区 |
| 承接产业重要性移转 | 永善县 |
| 第三产业 | |
| 高级服务业劳动力聚集中心 | 昭阳区 |
| 产值集聚中心 | 宣威市 |
| 承接既有劳动生产力的提升动能移转 | 会泽县、彝良县 |
| 承接人口流入推动劳动生产力提升动能移转 | 镇雄县 |
| 承接产业重要性移转 | 宣威市 |

### 6.1.2 四川省产业承接转移分析

1. 劳动生产力提升动能转移

根据表6-4中2010年和2014年的数据，可以归纳出几个特征：

(1) 第一产业。①屏山县是高级农林渔牧业劳动力聚集中心：屏山县是劳动生产力最高的县，人均第一产业总值为5611.54元。②昭觉县既有劳动生产力提升：昭觉县属于既有劳动力型的动能提升，其第一产业劳动生产力提升幅度最大，达 179.57%，且主要不是依靠人口流入，而是既有劳动生产力的进步。

（2）第二产业。①雷波县是高级制造业劳动力聚集中心：雷波县是目前劳动生产力最高的县，人均第二产业总值为 15345.65 元。②雷波县、古蔺县既有劳动生产力提升：雷波县、古蔺县属于既有劳动力型的动能提升，其第二产业劳动生产力提升幅度最大，分别达到 409.01%、356.77%，且主要不是依靠人口流入，而是既有劳动生产力的进步。

（3）第三产业。①沐川县是高级服务业劳动力聚集中心：沐川县是目前劳动生产力最高的县，人均第三产业总值为 6067.83 元。②沐川县既有劳动生产力提升：沐川县属于既有劳动力型的动能提升，其第三产业劳动生产力提升幅度最大，达到 127.41%，且主要不是依靠人口流入，而是既有劳的生产力的进步。

**表 6-4　四川省乌蒙山片区劳动生产力提升动能转移汇总**

| 地区 | 2010 年 | | | 2014 年 | | | 增长率 | | | 人口总量流动（人） |
|---|---|---|---|---|---|---|---|---|---|---|
| | 人均第一产业总值（元） | 人均第二产业总值（元） | 人均第三产业总值（元） | 人均第一产业总值（元） | 人均第二产业总值（元） | 人均第三产业总值（元） | 人均第一产业总值增长率（%） | 人均第二产业总值增长率（%） | 人均第三产业总值增长率（%） | |
| 四川省 | 10783.61 | 7498.64 | 3087.40 | 4337.79 | 17361.86 | 13731.91 | -59.77 | 131.53 | 344.77 | 982004 |
| 叙永县 | 3917.73 | 2964.40 | 2391.03 | 3354.72 | 7443.99 | 5164.30 | -14.37 | 151.11 | 115.99 | -5680 |
| 古蔺县 | 5594.15 | 2381.26 | 1814.70 | 2729.48 | 10876.92 | 4126.75 | -51.21 | 356.77 | 127.41 | -5973 |
| 沐川县 | 7756.64 | 3672.98 | 3792.95 | 5403.06 | 12163.95 | 6067.83 | -30.34 | 231.17 | 59.98 | -4616 |
| 马边彝族自治县 | 4351.30 | 3138.83 | 2951.86 | 3842.17 | 7430.04 | 5240.83 | -11.70 | 136.71 | 77.54 | 4388 |
| 普格县 | 3018.13 | 3114.45 | 3274.99 | 4628.11 | 4483.48 | 4621.82 | 53.34 | 43.96 | 41.12 | 3303 |
| 布拖县 | 4194.13 | 2259.34 | 2752.40 | 3865.41 | 7218.69 | 3408.15 | -7.84 | 219.50 | 23.82 | 3795 |
| 金阳县 | 5075.80 | 2622.70 | 2858.92 | 3500.60 | 9614.74 | 3595.85 | -31.03 | 266.60 | 25.78 | 2874 |
| 昭觉县 | 1310.56 | 2025.42 | 2347.10 | 3663.94 | 2559.96 | 3123.95 | 179.57 | 26.39 | 33.10 | -1796 |
| 喜德县 | 3098.25 | 2628.09 | 2561.78 | 3609.99 | 4035.04 | 3813.53 | 16.52 | 53.54 | 48.86 | 1137 |
| 越西县 | 3138.62 | 2627.25 | 2734.72 | 3952.26 | 4448.60 | 3875.06 | 25.92 | 69.32 | 41.70 | 2133 |
| 美姑县 | 1724.86 | 1909.98 | 2275.73 | 3525.94 | 2283.64 | 2740.37 | 104.42 | 19.56 | 20.42 | -2519 |
| 雷波县 | 6659.38 | 3014.81 | 3099.67 | 4448.60 | 15345.65 | 4439.71 | -33.20 | 409.01 | 43.23 | 1120 |
| 屏山县 | 2494.18 | 2414.11 | 3374.95 | 5611.54 | 5277.99 | 3900.61 | 124.99 | 118.63 | 15.58 | 5050 |

2. 产业重要性转移

根据表 6 - 5 中 2010 年和 2014 年的数据，可以归纳出几个特征：

（1）第一产业。①古蔺县是第一产业重要性最高的县市，其第一产业总值占乌蒙山片区比重达到 22.46%。②古蔺县持续保持其产业重要性，其第一产业生产总值占比提升 1.66%，居各县之首。

（2）第二产业。①叙永县、古蔺县是第二产业重要性最高的县，其第二产业总值占乌蒙山片区比重分别达到 14.41%、14.33%。②产业重要性正由叙永县、古蔺县往屏山县转移，叙永县、古蔺县第二产业生产总值占比分别下降 0.96%、12.45%，屏山县的第二产生产总值则大幅提升 6.44%。

第三产业。①古蔺县是第三产业重要性最高的县，其第三产业总值占乌蒙山片区比重达到 28.22%。②古蔺县持续保持其产业重要性，其第三产业生产总值占比提升 10.18%，居各县之首。

**表 6 - 5　四川省乌蒙山片区产业重要性转移汇总**

| 地区 | 2010 年 | | | 2014 年 | | | 占比增长（%） | | |
|---|---|---|---|---|---|---|---|---|---|
| | 第一产业总值占乌蒙山片区比重（%） | 第二产业总值占乌蒙山片区比重（%） | 第三产业总值占乌蒙山片区比重（%） | 第一产业总值占乌蒙山片区比重（%） | 第二产业总值占乌蒙山片区比重（%） | 第三产业总值占乌蒙山片区比重（%） | 第一产业 | 第二产业 | 第三产业 |
| 叙永县 | 16.14 | 15.37 | 18.39 | 16.54 | 14.41 | 15.80 | 0.40 | -0.96 | -2.59 |
| 古蔺县 | 20.80 | 26.78 | 18.03 | 22.46 | 14.33 | 28.22 | 1.66 | -12.45 | 10.18 |
| 沐川县 | 9.83 | 11.29 | 8.45 | 8.98 | 8.51 | 9.47 | -0.85 | -2.78 | 1.01 |
| 马边彝族自治县 | 5.49 | 5.16 | 5.88 | 5.35 | 5.16 | 4.93 | -0.14 | 0.00 | -0.95 |
| 普格县 | 4.37 | 3.16 | 5.15 | 3.91 | 5.47 | 2.62 | -0.46 | 2.31 | -2.53 |
| 布拖县 | 4.39 | 4.51 | 3.84 | 4.26 | 4.71 | 4.34 | -0.14 | 0.20 | 0.50 |
| 金阳县 | 5.19 | 5.63 | 4.60 | 5.03 | 4.37 | 5.93 | -0.17 | -1.26 | 1.33 |
| 昭觉县 | 4.26 | 2.22 | 5.42 | 4.19 | 6.80 | 2.35 | -0.08 | 4.59 | -3.07 |
| 喜德县 | 4.10 | 3.45 | 4.63 | 3.43 | 4.48 | 2.47 | -0.67 | 1.03 | -2.16 |
| 越西县 | 6.83 | 5.69 | 7.53 | 5.98 | 7.98 | 4.44 | -0.85 | 2.30 | -3.09 |

续表

| 地区 | 2010年 | | | 2014年 | | | 占比增长（%） | | |
|---|---|---|---|---|---|---|---|---|---|
| | 第一产业总值占乌蒙山片区比重（%） | 第二产业总值占乌蒙山片区比重（%） | 第三产业总值占乌蒙山片区比重（%） | 第一产业总值占乌蒙山片区比重（%） | 第二产业总值占乌蒙山片区比重（%） | 第三产业总值占乌蒙山片区比重（%） | 第一产业 | 第二产业 | 第三产业 |
| 美姑县 | 3.90 | 2.56 | 4.49 | 3.35 | 5.73 | 1.83 | -0.55 | 3.17 | -2.66 |
| 雷波县 | 8.52 | 10.01 | 7.17 | 9.77 | 7.43 | 12.67 | 1.25 | -2.58 | 5.50 |
| 屏山县 | 6.16 | 4.18 | 6.40 | 6.75 | 10.62 | 4.93 | 0.59 | 6.44 | -1.47 |

3. 四川省乌蒙山片区各县域产业发展特征（见表6-6）

（1）第一产业。屏山县是高级农业劳动力聚集的中心，但劳动力优势出现转移现象，昭觉县的既有劳动生产力不断提升。古蔺县是产值集聚中心，且持续保持其产业重要性。

（2）第二产业。雷波县是高级制造业劳动力聚集中心，其与古蔺县的既有劳动力的提升动能持续增加。叙永县、古蔺县是产值集聚中心，但产业重要性优势也正移转至屏山县，使屏山县的第二产业生产总值占比大幅提高到10.62%，与叙永县、古蔺县差距已渐缩小。

（3）第三产业。沐川县是高级服务业劳动力聚集中心，其既有劳动力的提升动能持续增加。古蔺县则是产值集聚中心，且持续保持其产业重要性，其第三产业生产总值占比提升至10.18%，居各县之首（见表6-6）。

**表6-6　四川省乌蒙山片区产业承接转移特征汇总：基于产业绝对份额方法**

| 产业承接转移特征 | 市区县 |
|---|---|
| 第一产业 | |
| 高级农业劳动力聚集中心 | 屏山县 |
| 产值集聚中心 | 古蔺县 |
| 承接既有劳动生产力的提升动能移转 | 昭觉县 |
| 承接产业重要性移转 | 古蔺县 |
| 第二产业 | |
| 高级制造业劳动力聚集中心 | 雷波县 |

续表

| 产业承接转移特征 | 市区县 |
|---|---|
| 产值集聚中心 | 叙永县、古蔺县 |
| 承接既有劳动生产力的提升动能移转 | 雷波县、古蔺县 |
| 承接产业重要性移转 | 屏山县 |
| 第三产业 | |
| 高级服务业劳动力聚集中心 | 沐川县 |
| 产值集聚中心 | 古蔺县 |
| 承接既有劳动生产力的提升动能移转 | 沐川县 |
| 承接产业重要性移转 | 古蔺县 |

### 6.1.3 贵州省产业承接转移分析

1. 劳动生产力提升动能转移

根据表6－7中2010年和2014年的数据，可以归纳出几个特征：

（1）第一产业。①赫章县、七星关区、黔西县是高级农林渔牧业劳动力聚集中心：三个县是劳动生产力排名前三位的县，人均第一产业总值差异小，分别为4269.10元、4218.25元、4119.98元。②七星关区、黔西县既有劳动生产力提升：七星关区、黔西县属于既有劳动力型的动能提升，其第一产业劳动生产力提升幅度大，分别达到103.73%和103.05%，且主要不是依靠人口流入，而是既有劳动生产力的进步。③赫章县、威宁县、纳雍县三县通过人口流入带动劳动生产力提升：赫章县、威宁县、纳雍县属于人口流入型的动能提升，有少量人口流向三县，拉动其第一产业劳动生产力分别提升109.71%、118.87%和100.63%。

（2）第二产业。①纳雍县、赤水市、黔西县是高级制造业劳动力聚集中心：三县是目前劳动生产力排名前三位的县，人均第二产业总值分别为11773.88元、11552.51元、10383.15元。②黔西县既有劳动生产力提升：黔西县属于既有劳动力型的动能提升，其第二产业劳动生产力提升幅度大，达到146.02%，且主要不是依靠人口流入，而是既有劳动力的生产力进步。威宁县、赫章县、织金县属于人口流入型的动能提升，有少量人口流向三县，拉动其第二产业劳动生产力分别提升

157.86%、153.38%、138.90%。

（3）第三产业。①七星关区、黔西县是高级服务业劳动力聚集中心：七星关区、黔西县是目前劳动生产力排名前两位的县，人均第三产业总值分别为10015.60元、9713.02元。②赫章县、威宁县通过人口流入带动劳动生产力提升：属于人口流入型的动能提升，有少量人口流向两县，拉动其第三产业劳动生产力分别提升169.04%、165.44%。

**表6－7　贵州省乌蒙山片区劳动生产力提升动能转移汇整**

| 地区 | 2010年 | | | 2014年 | | | 增长率 | | | 人口总量流动（人） |
|---|---|---|---|---|---|---|---|---|---|---|
| | 人均第一产业总值（元） | 人均第二产业总值（元） | 人均第三产业总值（元） | 人均第一产业总值（元） | 人均第二产业总值（元） | 人均第三产业总值（元） | 人均第一产业总值增长率（%） | 人均第二产业总值增长率（%） | 人均第三产业总值增长率（%） | |
| 贵州省 | 1778.54 | 5122.11 | 6194.90 | 3643.99 | 10976.43 | 11747.74 | 104.89 | 114.30 | 89.64 | －4209 |
| 桐梓县 | 2246.99 | 3261.20 | 4125.87 | 3264.60 | 7184.04 | 6811.76 | 45.29 | 120.29 | 65.10 | 2213 |
| 习水县 | 1407.58 | 2865.33 | 2904.35 | 2113.20 | 5683.64 | 4797.95 | 50.13 | 98.36 | 65.20 | 5055 |
| 赤水市 | 2655.99 | 6070.83 | 5421.59 | 3872.98 | 11552.5 | 9339.98 | 45.82 | 90.30 | 72.27 | 3700 |
| 七星关区 | 2070.48 | 4281.70 | 4949.28 | 4218.25 | 8580.14 | 10015.6 | 103.73 | 100.39 | 102.36 | －2103 |
| 大方县 | 1944.07 | 3897.15 | 3493.91 | 3840.24 | 8396.74 | 8139.16 | 97.54 | 115.46 | 132.95 | －50212 |
| 黔西县 | 2029.03 | 4220.44 | 4151.46 | 4119.98 | 10383.2 | 9713.02 | 103.05 | 146.02 | 133.97 | －40800 |
| 织金县 | 1758.70 | 2891.21 | 3225.35 | 3447.13 | 6907.01 | 7015.29 | 96.00 | 138.90 | 117.50 | 900 |
| 纳雍县 | 1627.63 | 5687.01 | 3328.36 | 3265.49 | 11773.9 | 7050.96 | 100.63 | 107.03 | 111.84 | 2800 |
| 威宁县 | 1708.75 | 1317.77 | 1824.30 | 3739.95 | 3397.95 | 4842.40 | 118.87 | 157.86 | 165.44 | 5500 |
| 赫章县 | 2035.73 | 1287.34 | 2382.20 | 4269.10 | 3261.90 | 6409.00 | 109.71 | 153.38 | 169.04 | 3900 |

2. 产业重要性转移

根据表6－8中2010年和2014年的数据，可以归纳出几个特征：

（1）第一产业。①七星关区是第一产业重要性最高的区县：2014其第一产业总值占乌蒙山片区比重达到19.40%。②产业重要性正由七星关区往威宁县转移：七星关区第一产业生产总值占比下降0.66%，威宁县的第一产业生产总值则大幅提升1.81%。

（2）第二产业。①七星关区、威宁县是第二产业重要性最高的区县：2014年其第二产业总值占乌蒙山片区比重分别达到17.81%、17.65%。②七星关区、威宁县持续保持其产业重要性：其第二产业生产总值占比分别提升 1.04%、2.27%。

（3）第三产业。①七星关区是第三产业重要性最高的区县：其第三产业总值占乌蒙山片区比重达到 18.34%。②产业重要性正由七星关区往威宁县转移：七星关区第三产业生产总值占比下降 1.44%，威宁县的第三产业生产总值占比则大幅提升 1.36%。

**表 6-8 贵州省乌蒙山片区产业重要性转移汇整**

| 地区 | 2010 年 | | | 2014 年 | | | 占比增长（%） | | |
|---|---|---|---|---|---|---|---|---|---|
| | 第一产业总值占乌蒙山片区比重（%） | 第二产业总值占乌蒙山片区比重（%） | 第三产业总值占乌蒙山片区比重（%） | 第一产业总值占乌蒙山片区比重（%） | 第二产业总值占乌蒙山片区比重（%） | 第三产业总值占乌蒙山片区比重（%） | 第一产业 | 第二产业 | 第三产业 |
| 桐梓县 | 7.85 | 8.35 | 6.91 | 6.77 | 6.36 | 7.09 | -1.08 | -1.99 | 0.18 |
| 习水县 | 8.05 | 7.19 | 8.36 | 6.82 | 5.68 | 7.74 | -1.23 | -1.51 | -0.62 |
| 赤水市 | 5.24 | 4.49 | 5.85 | 4.47 | 3.47 | 5.24 | -0.77 | -1.02 | -0.61 |
| 七星关区 | 20.05 | 16.77 | 19.78 | 19.40 | 17.81 | 18.34 | -0.66 | 1.04 | -1.44 |
| 大方县 | 11.32 | 10.75 | 12.29 | 11.08 | 10.37 | 11.48 | -0.24 | -0.38 | -0.81 |
| 黔西县 | 11.31 | 10.06 | 11.94 | 11.89 | 10.04 | 12.82 | 0.57 | -0.02 | 0.88 |
| 织金县 | 9.65 | 9.82 | 9.21 | 10.22 | 10.07 | 10.22 | 0.57 | 0.24 | 1.00 |
| 纳雍县 | 11.15 | 7.77 | 15.49 | 11.14 | 8.18 | 14.93 | -0.01 | 0.40 | -0.56 |
| 威宁县 | 9.58 | 15.38 | 6.77 | 11.39 | 17.65 | 8.12 | 1.81 | 2.27 | 1.36 |
| 赫章县 | 5.79 | 9.42 | 3.40 | 6.82 | 10.37 | 4.01 | 1.04 | 0.96 | 0.62 |

3. 贵州省乌蒙山片区各县域产业发展特征（见表 6-9）

（1）第一产业。赫章县、七星关区、黔西县是高级农业劳动力聚集的中心，七星关区、黔西县既有劳动生产力不断提升，赫章县通过人口流入带动劳动生产力提升；劳动力优势也出现转移现象，威宁县、纳雍县通过人口流入带动劳动生产力提升。七星关区是产值集聚中心，但产业重要性优势也正移转至威宁县，使得威宁县的第一产业生产总值占比大幅提高到 11.39%，与七星关区差距已逐渐缩小。

（2）第二产业。纳雍县、赤水市、黔西县是高级制造业劳动力聚集中心，黔西县既有劳动生产力不断提升；劳动力优势也出现转移现象，威宁县、赫章县、织金县属通过人口流入带动劳动生产力提升。七星关区、威宁县是产值集聚中心，且持续保持其产业重要性，其第二产业生产总值占比分别提升1.04%、2.27%，居各县之首。

（3）第三产业。七星关区、黔西县是高级服务业劳动力聚集中心，但劳动力优势出现转移现象，赫章县、威宁县通过人口流入带动劳动生产力提升。七星关区也是产值集聚中心，但产业重要性优势也正移转至威宁县，使威宁县的第三产业生产总值占比大幅提高到8.12%，但与七星关区还有一定差距。

表6-9 贵州省乌蒙山片区产业承接转移特征汇整：基于产业绝对份额方法

| 产业承接转移特征 | 市区县 |
| --- | --- |
| 第一产业 | |
| 高级农业劳动力聚集中心 | 赫章县、七星关区、黔西县 |
| 产值集聚中心 | 七星关区 |
| 承接既有劳动生产力的提升动能移转 | 七星关区、黔西县 |
| 承接人口流入推动劳动生产力提升动能移转 | 赫章县、威宁县、纳雍县 |
| 承接产业重要性移转 | 威宁县 |
| 第二产业 | |
| 高级制造业劳动力聚集中心 | 纳雍县、赤水市、黔西县 |
| 产值集聚中心 | 七星关区、威宁县 |
| 承接既有劳动生产力的提升动能移转 | 黔西县 |
| 承接人口流入推动劳动生产力提升动能移转 | 威宁县、赫章县、织金县 |
| 第三产业 | |
| 高级服务业劳动力聚集中心 | 七星关区、黔西县 |
| 产值集聚中心 | 七星关区 |
| 承接人口流入推动劳动生产力提升动能移转 | 赫章县、威宁县 |
| 承接产业重要性移转 | 威宁县 |

## 6.2 基于生产前沿分析方法的产业承接转移效应分析

### 6.2.1 方法选择、变量选取与数据处理

1. 方法选择

在经济学中，技术效率是指在既定的投入下可增加产出的能力或在

既定的产出下投入可减少的能力。生产前沿分析方法是常用的度量方法，包括随机前沿分析法（Stochastic Frontier Analysis，SFA）以及数据包络分析法（Data Envelope Analysis，DEA）。

SFA 与 DEA 都是在通过构造生产前沿的基础上度量技术效率。它们所度量的技术效率是相对效率，其效率值在样本内部具可比性，但在不同样本间没有可比性。两个方法各有其优缺点，SFA 最大的优点是考虑了随机因素对产出的影响，但在实际应用中会遇到三个问题：

（1）SFA 生产函数通常选择柯布－道格拉斯函数（简称 C－D 函数）或超越对数生产函数（简称 Translog 函数），两者仅考虑资本（$K$）和劳动（$L$）两种投入，这直接导致模型很难做进一步扩展。

（2）技术无效率项对于产出的影响设为 $\mu$，但没有理论证明 $\mu$ 应服从哪种分布，对结果可能存在潜在影响。

（3）$\varepsilon_{it}=v_{it}-\mu_{it}$为合成误差项，其中 $v_{it}$为随机扰动项，但 $\varepsilon$ 存在偏度问题，根据模型的假设，$\varepsilon$ 的偏度应是负值，但很多实际数据会出现正值的情况，最终导致各个决策单元的技术效率值都非常接近 1。出现该情况有四种原因：一是各个决策单元技术非常有效率；二是该数据并不适合该模型，投入产出的选择不相适应，表现为参数估计的结果为负，且 $t$ 值低；三是 $\mu_i$的方差很小；四是 $\varepsilon$ 的实际概率分布偏度为负值。当遇到上述情况时，通常只能选用其他模型，如 DEA。

数据包络分析是由著名运筹学家查恩斯（Charnes）、库珀（Cooper）和罗兹（Rhodes）于 1978 年提出的，它以相对效率概念为基础，以凸分析和线性规划为工具，计算和比较具有相同类型的决策单元（Decision Making Unit，DMU）之间的相对效率，依此对评价对象做出评价。下面将进一步比较 SFA 与 DEA 法。

（1）DEA 不需要考虑生产前沿的具体形式，仅需要投入产出数据，模型形式易于扩展，目前已有数十种 DEA 模型。SFA 的模型假设则较为复杂，因此对投入产出的数据要求更高，若投入产出数据不符合模型基本假设，易出现偏度问题而最终导致计算失败。

（2）虽然 DEA 将实际产出小于前沿产出的原因归结于技术效率，而忽略了随机因素，但 DEA 的一个优点是能直接处理多产出情况。

（3）SFA 通过极大似然法估计出各个参数值，其结果一般不会有效率值为1的决策单元，而DEA是通过线性规划计算效率值，其结果至少有一个效率值为1的决策单元，分析结果的可应用性高。

尽管DEA具备上述优点，但相较于SFA，仍有缺点，包括相对不适合大样本计算，计算结果的稳定性较差，容易受异常点的影响，以及无法求得投入的产出弹性。不过由于本章的目的重点在观察技术效率转移，决策单元DMU最多为云南省的75个，且均为贫困县，不易出现异常点，不易产生上述缺点。综合各方法的优缺点，本书选择以DEA法检验技术效率。

2. 变量选取与数据处理

技术能力越强，能够吸纳越多的企业及高技术人才，承接转移的产业。本书定义的高技术效率，是指一个产业可以在较少的相关行业各项资源、劳动力及土地投入下，创造相对高的生产总值，此即经济学生产要素所指的土地、劳动力及资本，也隐含了帕累托最适的观念，即当一个产业提升其产出时，不会导致其他产业产出下降。因此，在变量选取上，本文分别以各个产业的生产总值为产出项，以其他产业的生产总值、土地面积（平方公里）、年末从业人口（万人）为投入项，由于云南省以及贵州省的年末从业人口数据选取的问题，改以年末总人口代替。最后对云南省、四川省、贵州省乌蒙山片区各贫困县第一产业、第二产业和第三产业2010年到2014年的生产效率进行分析。

2010—2014年的基础数据来自《云南省统计年鉴》《四川省统计年鉴》《贵州省统计年鉴》，保证了研究口径的一致。另外，为了方便计算，所有的数值都取对数进行处理。

### 6.2.2 云南省乌蒙山片区各县域产业发展特征

通过DEA方法对云南省乌蒙山片区各个贫困县的数据进行分析（见表6－10），产业生产效率承接转移特征汇总结果列于表6－11。

1. 农林渔牧业

特征1：农林渔牧业技术不断进步，生产效率达到最高时均在2014年。

特征2：2014年产业中高生产效率扩散转移至巧家县、宣威市、武定县、昭阳区、彝良县等5个县。

特征3：由2010—2014年的平均生产效率来看，巧家县、武定县是最高生产效率核心区。

特征4：由2010—2014年的平均生产效率来看，盐津县、威信县是生产效率边缘区。

2. 制造业

特征1：昭阳区是最高生产效率核心区，从2010—2014年均保持最高。

特征2：产业生产效率逐渐扩散转移至永善县，并于2014年达到效率最高。

特征3：会泽县产业生产效率从2010年开始逐渐移出，连年下降。

特征4：由2010—2014年的平均生产效率来看，昭阳区是最高生产效率核心区。

特征5：由2010—2014年的平均生产效率来看，巧家县是生产效率边缘区。

3. 服务业

特征1：昭阳区是最高生产效率核心区，从2010—2014年均保持最高。

特征2：产业生产效率逐渐扩散转移至宣威市、绥江县，并于2014年达到效率最高。

特征3：由2010—2014年的平均生产效率来看，昭阳区是最高生产效率核心区。

特征4：由2010—2014年的平均生产效率来看，彝良县、会泽县是生产效率边缘区。

**表6－10　云南省乌蒙山片区贫困县2010—2014年产业相对效率值**

| 贫困县 | 年份 | 第一产业 | | 第二产业 | | 第三产业 | |
|---|---|---|---|---|---|---|---|
| | | 生产效率 | 平均值 | 生产效率 | 平均值 | 生产效率 | 平均值 |
| 禄劝县 | 2010 | 0.73 | 0.85 | 0.28 | 0.35 | 0.84 | 0.84 |
| | 2011 | 0.79 | | 0.30 | | 0.83 | |
| | 2012 | 0.85 | | 0.34 | | 0.81 | |
| | 2013 | 0.90 | | 0.38 | | 0.80 | |
| | 2014 | 0.97 | | 0.43 | | 0.91 | |

续表

| 贫困县 | 年份 | 第一产业 | | 第二产业 | | 第三产业 | |
|---|---|---|---|---|---|---|---|
| | | 生产效率 | 平均值 | 生产效率 | 平均值 | 生产效率 | 平均值 |
| 寻甸县 | 2010 | 0.67 | 0.81 | 0.32 | 0.40 | 0.78 | 0.73 |
| | 2011 | 0.72 | | 0.34 | | 0.73 | |
| | 2012 | 0.78 | | 0.38 | | 0.69 | |
| | 2013 | 0.87 | | 0.44 | | 0.68 | |
| | 2014 | 0.98 | | 0.51 | | 0.76 | |
| 会泽县 | 2010 | 0.62 | 0.77 | 1.00 | 0.94 | 0.38 | 0.46 |
| | 2011 | 0.68 | | 0.97 | | 0.41 | |
| | 2012 | 0.75 | | 0.93 | | 0.45 | |
| | 2013 | 0.85 | | 0.90 | | 0.50 | |
| | 2014 | 0.97 | | 0.90 | | 0.57 | |
| 宣威市 | 2010 | 0.73 | 0.86 | 0.68 | 0.50 | 0.58 | 0.78 |
| | 2011 | 0.79 | | 0.58 | | 0.67 | |
| | 2012 | 0.86 | | 0.49 | | 0.77 | |
| | 2013 | 0.93 | | 0.41 | | 0.88 | |
| | 2014 | 1.00 | | 0.35 | | 1.00 | |
| 昭阳区 | 2010 | 0.60 | 0.79 | 1.00 | 1.00 | 1.00 | 1.00 |
| | 2011 | 0.68 | | 1.00 | | 1.00 | |
| | 2012 | 0.77 | | 1.00 | | 1.00 | |
| | 2013 | 0.87 | | 1.00 | | 1.00 | |
| | 2014 | 1.00 | | 1.00 | | 1.00 | |
| 鲁甸县 | 2010 | 0.57 | 0.70 | 0.77 | 0.65 | 0.43 | 0.54 |
| | 2011 | 0.65 | | 0.70 | | 0.48 | |
| | 2012 | 0.73 | | 0.65 | | 0.53 | |
| | 2013 | 0.81 | | 0.61 | | 0.61 | |
| | 2014 | 0.76 | | 0.53 | | 0.66 | |
| 巧家县 | 2010 | 0.89 | 0.94 | 0.33 | 0.29 | 0.68 | 0.80 |
| | 2011 | 0.91 | | 0.30 | | 0.73 | |
| | 2012 | 0.94 | | 0.28 | | 0.80 | |
| | 2013 | 0.97 | | 0.27 | | 0.86 | |
| | 2014 | 1.00 | | 0.26 | | 0.93 | |

续表

| 贫困县 | 年份 | 第一产业 | | 第二产业 | | 第三产业 | |
|---|---|---|---|---|---|---|---|
| | | 生产效率 | 平均值 | 生产效率 | 平均值 | 生产效率 | 平均值 |
| 盐津县 | 2010 | 0.46 | 0.51 | 0.58 | 0.54 | 0.55 | 0.60 |
| | 2011 | 0.45 | | 0.55 | | 0.58 | |
| | 2012 | 0.49 | | 0.53 | | 0.60 | |
| | 2013 | 0.54 | | 0.51 | | 0.62 | |
| | 2014 | 0.61 | | 0.50 | | 0.65 | |
| 大关县 | 2010 | 0.65 | 0.58 | 0.32 | 0.41 | 0.74 | 0.69 |
| | 2011 | 0.58 | | 0.36 | | 0.68 | |
| | 2012 | 0.53 | | 0.40 | | 0.68 | |
| | 2013 | 0.55 | | 0.46 | | 0.67 | |
| | 2014 | 0.60 | | 0.51 | | 0.67 | |
| 永善县 | 2010 | 0.60 | 0.66 | 0.53 | 0.69 | 0.62 | 0.55 |
| | 2011 | 0.61 | | 0.55 | | 0.58 | |
| | 2012 | 0.68 | | 0.55 | | 0.52 | |
| | 2013 | 0.66 | | 0.85 | | 0.52 | |
| | 2014 | 0.77 | | 1.00 | | 0.51 | |
| 绥江县 | 2010 | 0.42 | 0.52 | 0.55 | 0.50 | 0.82 | 0.91 |
| | 2011 | 0.46 | | 0.52 | | 0.86 | |
| | 2012 | 0.51 | | 0.49 | | 0.91 | |
| | 2013 | 0.57 | | 0.47 | | 0.95 | |
| | 2014 | 0.63 | | 0.44 | | 1.00 | |
| 镇雄县 | 2010 | 0.59 | 0.70 | 0.46 | 0.45 | 0.57 | 0.63 |
| | 2011 | 0.64 | | 0.45 | | 0.60 | |
| | 2012 | 0.70 | | 0.45 | | 0.63 | |
| | 2013 | 0.76 | | 0.45 | | 0.66 | |
| | 2014 | 0.82 | | 0.45 | | 0.69 | |
| 彝良县 | 2010 | 0.63 | 0.81 | 0.68 | 0.57 | 0.40 | 0.42 |
| | 2011 | 0.71 | | 0.62 | | 0.40 | |
| | 2012 | 0.80 | | 0.56 | | 0.40 | |
| | 2013 | 0.89 | | 0.52 | | 0.44 | |
| | 2014 | 1.00 | | 0.48 | | 0.48 | |

续表

| 贫困县 | 年份 | 第一产业 | | 第二产业 | | 第三产业 | |
|---|---|---|---|---|---|---|---|
| | | 生产效率 | 平均值 | 生产效率 | 平均值 | 生产效率 | 平均值 |
| 威信县 | 2010 | 0.41 | 0.51 | 0.57 | 0.54 | 0.76 | 0.74 |
| | 2011 | 0.45 | | 0.56 | | 0.75 | |
| | 2012 | 0.50 | | 0.54 | | 0.74 | |
| | 2013 | 0.56 | | 0.52 | | 0.73 | |
| | 2014 | 0.62 | | 0.51 | | 0.73 | |
| 武定县 | 2010 | 0.87 | 0.94 | 0.39 | 0.41 | 0.59 | 0.73 |
| | 2011 | 0.91 | | 0.38 | | 0.64 | |
| | 2012 | 0.95 | | 0.39 | | 0.68 | |
| | 2013 | 0.98 | | 0.42 | | 0.77 | |
| | 2014 | 1.00 | | 0.45 | | 0.97 | |

注：1.00 表示相对生产效率达到最高。

**表 6－11　云南省乌蒙山片区产业生产效率承接转移特征：基于 DEA 法**

| 产业承接转移特征 | 市区县 |
|---|---|
| 第一产业 | |
| 承接产业生产效率扩散转移 | 巧家县、宣威市、武定县、昭阳区、彝良县 |
| 2010—2014 年最高生产效率核心区 | 巧家县、武定县 |
| 2010—2014 年生产效率边缘区 | 盐津县、威信县 |
| 第二产业 | |
| 最高生产效率核心区 | 昭阳区 |
| 承接产业生产效率扩散转移 | 永善县 |
| 产业生产效率移出 | 会泽县 |
| 2010—2014 年最高生产效率核心区 | 昭阳区 |
| 2010—2014 年生产效率边缘区 | 巧家县 |
| 第三产业 | |
| 最高生产效率核心区 | 昭阳区 |
| 承接产业生产效率扩散转移 | 宣威市、绥江县 |
| 2010—2014 年最高生产效率核心区 | 昭阳区 |
| 2010—2014 年生产效率边缘区 | 彝良县、会泽县 |

### 6.2.3 四川省乌蒙山片区各县域产业发展特征

通过 DEA 方法对四川省乌蒙山片区各个贫困县的数据进行分析（见表6－12），产业生产效率承接转移特征汇总结果列于表6－13。

1. 农林渔牧业

特征1：农林渔牧业技术不断进步，以屏山县、昭觉县为中心，2010—2014 年间多次达到效率最高。

特征2：2014 年产业生产效率扩散转移至美姑县，生产效率在 2014 年达到最高。

特征3：由 2010—2014 年的平均生产效率来看，屏山县、昭觉县、美姑县是最高生产效率核心区。

特征4：由 2010—2014 年的平均生产效率来看，古蔺县、叙永县是生产效率边缘区。

2. 制造业

特征1：以古蔺县为最高生产效率核心区，从 2012—2014 年均保持最高。

特征2：产业生产效率逐渐扩散转移至雷波县，并于 2014 年达到效率最高。

特征3：由 2010—2014 年的平均生产效率来看，古蔺县是最高生产效率核心区。

特征4：由 2010—2014 年的平均生产效率来看，昭觉县、美姑县是生产效率边缘区。

3. 服务业

特征1：产业生产效率由昭觉县、沐川县扩散转移至普格县，昭觉县在 2010 年、2012 年生产效率达到最高；沐川县在 2010 年生产效率达到最高，普格县在 2014 年生产效率达到最高。

特征2：由 2010—2014 年的平均生产效率来看，普格县是最高生产效率核心区。

特征3：由 2010—2014 年的平均生产效率来看，布拖县是生产效率边缘区。

**表 6－12　四川省乌蒙山片区贫困县 2010—2014 年产业相对效率值**

| 贫困县 | 年份 | 第一产业 | | 第二产业 | | 第三产业 | |
|---|---|---|---|---|---|---|---|
| | | 生产效率 | 平均值 | 生产效率 | 平均值 | 生产效率 | 平均值 |
| 叙永县 | 2010 | 0.54 | 0.62 | 0.44 | 0.54 | 0.78 | 0.77 |
| | 2011 | 0.57 | | 0.53 | | 0.69 | |
| | 2012 | 0.62 | | 0.56 | | 0.69 | |
| | 2013 | 0.67 | | 0.55 | | 0.80 | |
| | 2014 | 0.70 | | 0.60 | | 0.91 | |
| 古蔺县 | 2010 | 0.49 | 0.59 | 0.82 | 0.95 | 0.69 | 0.72 |
| | 2011 | 0.55 | | 0.94 | | 0.67 | |
| | 2012 | 0.60 | | 1.00 | | 0.68 | |
| | 2013 | 0.64 | | 1.00 | | 0.73 | |
| | 2014 | 0.66 | | 1.00 | | 0.83 | |
| 沐川县 | 2010 | 0.68 | 0.84 | 0.53 | 0.75 | 1.00 | 0.78 |
| | 2011 | 0.78 | | 0.79 | | 0.60 | |
| | 2012 | 0.86 | | 0.82 | | 0.69 | |
| | 2013 | 0.93 | | 0.80 | | 0.78 | |
| | 2014 | 0.96 | | 0.82 | | 0.84 | |
| 马边彝族自治县 | 2010 | 0.64 | 0.74 | 0.40 | 0.50 | 0.81 | 0.75 |
| | 2011 | 0.73 | | 0.47 | | 0.68 | |
| | 2012 | 0.76 | | 0.52 | | 0.69 | |
| | 2013 | 0.77 | | 0.55 | | 0.73 | |
| | 2014 | 0.78 | | 0.57 | | 0.82 | |
| 普格县 | 2010 | 0.85 | 0.91 | 0.28 | 0.34 | 0.91 | 0.93 |
| | 2011 | 0.87 | | 0.31 | | 0.94 | |
| | 2012 | 0.91 | | 0.34 | | 0.94 | |
| | 2013 | 0.93 | | 0.40 | | 0.86 | |
| | 2014 | 0.98 | | 0.36 | | 1.00 | |
| 布拖县 | 2010 | 0.79 | 0.77 | 0.54 | 0.66 | 0.54 | 0.50 |
| | 2011 | 0.76 | | 0.69 | | 0.45 | |
| | 2012 | 0.77 | | 0.74 | | 0.46 | |
| | 2013 | 0.77 | | 0.72 | | 0.50 | |
| | 2014 | 0.77 | | 0.61 | | 0.52 | |

续表

| 贫困县 | 年份 | 第一产业 | | 第二产业 | | 第三产业 | |
|---|---|---|---|---|---|---|---|
| | | 生产效率 | 平均值 | 生产效率 | 平均值 | 生产效率 | 平均值 |
| 金阳县 | 2010 | 0.71 | 0.74 | 0.56 | 0.69 | 0.54 | 0.56 |
| | 2011 | 0.68 | | 0.67 | | 0.51 | |
| | 2012 | 0.79 | | 0.73 | | 0.56 | |
| | 2013 | 0.75 | | 0.68 | | 0.58 | |
| | 2014 | 0.76 | | 0.80 | | 0.61 | |
| 昭觉县 | 2010 | 1.00 | 0.98 | 0.19 | 0.22 | 1.00 | 0.98 |
| | 2011 | 0.95 | | 0.21 | | 0.98 | |
| | 2012 | 1.00 | | 0.20 | | 1.00 | |
| | 2013 | 0.95 | | 0.24 | | 0.95 | |
| | 2014 | 0.99 | | 0.24 | | 0.98 | |
| 喜德县 | 2010 | 0.67 | 0.68 | 0.35 | 0.38 | 0.78 | 0.76 |
| | 2011 | 0.62 | | 0.43 | | 0.69 | |
| | 2012 | 0.66 | | 0.39 | | 0.74 | |
| | 2013 | 0.68 | | 0.42 | | 0.71 | |
| | 2014 | 0.77 | | 0.32 | | 0.89 | |
| 越西县 | 2010 | 0.71 | 0.72 | 0.35 | 0.42 | 0.76 | 0.72 |
| | 2011 | 0.65 | | 0.43 | | 0.67 | |
| | 2012 | 0.70 | | 0.47 | | 0.64 | |
| | 2013 | 0.71 | | 0.47 | | 0.67 | |
| | 2014 | 0.80 | | 0.36 | | 0.85 | |
| 美姑县 | 2010 | 0.90 | 0.92 | 0.26 | 0.27 | 0.84 | 0.87 |
| | 2011 | 0.88 | | 0.26 | | 0.87 | |
| | 2012 | 0.91 | | 0.29 | | 0.82 | |
| | 2013 | 0.92 | | 0.27 | | 0.86 | |
| | 2014 | 1.00 | | 0.24 | | 0.93 | |
| 雷波县 | 2010 | 0.67 | 0.69 | 0.64 | 0.82 | 0.51 | 0.55 |
| | 2011 | 0.63 | | 0.79 | | 0.55 | |
| | 2012 | 0.67 | | 0.84 | | 0.55 | |
| | 2013 | 0.71 | | 0.81 | | 0.57 | |
| | 2014 | 0.76 | | 1.00 | | 0.59 | |

续表

| 贫困县 | 年份 | 第一产业 | | 第二产业 | | 第三产业 | |
|---|---|---|---|---|---|---|---|
| | | 生产效率 | 平均值 | 生产效率 | 平均值 | 生产效率 | 平均值 |
| 屏山县 | 2010 | 1.00 | 0.98 | 0.31 | 0.43 | 0.89 | 0.76 |
| | 2011 | 0.95 | | 0.45 | | 0.70 | |
| | 2012 | 0.94 | | 0.49 | | 0.68 | |
| | 2013 | 1.00 | | 0.46 | | 0.74 | |
| | 2014 | 1.00 | | 0.46 | | 0.77 | |

注：1.00 表示相对生产效率值达到最高。

**表 6－13　四川省乌蒙山片区产业生产效率承接转移特征：基于 DEA 法**

| 产业承接转移特征 | 市区县 |
|---|---|
| 第一产业 | |
| 最高生产效率核心区 | 屏山县、昭觉县 |
| 承接产业生产效率扩散转移 | 美姑县 |
| 2010—2014 年最高生产效率核心区 | 屏山县、昭觉县、美姑县 |
| 2010—2014 年生产效率边缘区 | 古蔺县、叙永县 |
| 第二产业 | |
| 最高生产效率核心区 | 古蔺县 |
| 承接产业生产效率扩散转移 | 雷波县 |
| 2010—2014 年最高生产效率核心区 | 古蔺县 |
| 2010—2014 年生产效率边缘区 | 昭觉县、美姑县 |
| 第三产业 | |
| 最高生产效率核心区 | 普格县 |
| 承接产业生产效率扩散转移 | 普格县 |
| 产业生产效率移出 | 昭觉县、沐川县 |
| 2010—2014 年最高生产效率核心区 | 普格县 |
| 2010—2014 年生产效率边缘区 | 布拖县 |

### 6.2.4　贵州省乌蒙山片区各县域产业发展特征

通过 DEA 方法对贵州省乌蒙山片区各个贫困县的数据进行分析（见表 6－14），产业生产效率承接转移特征汇总结果列于表 6－15。

1. 农林渔牧业

特征 1：农林渔牧业技术不断进步，以威宁县、赫章县为中心，

2010—2014 年间多次达到效率最高。

特征 2：2014 年产业生产效率扩散转移至桐梓县、黔西县、大方县，生产效率在 2014 年达到最高。

特征 3：由 2010—2014 年的平均生产效率来看，威宁县是最高生产效率核心区。

特征 4：由 2010—2014 年的平均生产效率来看，习水县、七星关区、赤水市是生产效率边缘区。

2. 制造业

特征 1：技术不断进步，以赤水市、纳雍县为中心，2010—2014 年间多次达到效率最高。

特征 2：由 2010—2014 年的平均生产效率来看，纳雍县是最高生产效率核心区。

特征 3：由 2010—2014 年的平均生产效率来看，威宁县是生产效率边缘区。

3. 服务业

特征 1：以赤水市、七星关区为中心，2010—2014 年间多次达到效率最高。

特征 2：2014 年产业生产效率扩散转移至黔西县、赫章县，生产效率在 2014 年达到最高。

特征 3：由 2010—2014 年的平均效率来看，赤水市、七星关区、黔西县、赫章县是最高生产效率核心区。

特征 4：由 2010—2014 年的平均效率来看，纳雍县、威宁县、大方县是生产效率边缘区。

**表 6－14 贵州省乌蒙山片区贫困县 2010—2014 年产业相对效率值**

| 贫困县 | 年份 | 第一产业 | | 第二产业 | | 第三产业 | |
|---|---|---|---|---|---|---|---|
| | | 生产效率 | 平均值 | 生产效率 | 平均值 | 生产效率 | 平均值 |
| 桐梓县 | 2010 | 0.64 | 0.72 | 0.41 | 0.55 | 0.88 | 0.85 |
| | 2011 | 0.57 | | 0.51 | | 0.80 | |
| | 2012 | 0.67 | | 0.51 | | 0.88 | |
| | 2013 | 0.69 | | 0.62 | | 0.88 | |
| | 2014 | 1.00 | | 0.71 | | 0.81 | |

续表

| 贫困县 | 年份 | 第一产业 | | 第二产业 | | 第三产业 | |
|---|---|---|---|---|---|---|---|
| | | 生产效率 | 平均值 | 生产效率 | 平均值 | 生产效率 | 平均值 |
| 习水县 | 2010 | 0.52 | 0.59 | 0.51 | 0.57 | 0.80 | 0.84 |
| | 2011 | 0.51 | | 0.53 | | 0.83 | |
| | 2012 | 0.54 | | 0.50 | | 0.98 | |
| | 2013 | 0.61 | | 0.62 | | 0.84 | |
| | 2014 | 0.78 | | 0.68 | | 0.77 | |
| 赤水市 | 2010 | 0.06 | 0.62 | 1.00 | 0.88 | 1.00 | 0.92 |
| | 2011 | 0.67 | | 0.69 | | 0.80 | |
| | 2012 | 0.70 | | 0.78 | | 0.86 | |
| | 2013 | 0.77 | | 0.92 | | 0.92 | |
| | 2014 | 0.90 | | 1.00 | | 1.00 | |
| 七星关区 | 2010 | 0.54 | 0.61 | 0.46 | 0.60 | 0.91 | 0.95 |
| | 2011 | 0.48 | | 0.59 | | 0.91 | |
| | 2012 | 0.56 | | 0.61 | | 0.95 | |
| | 2013 | 0.62 | | 0.67 | | 1.00 | |
| | 2014 | 0.85 | | 0.66 | | 1.00 | |
| 大方县 | 2010 | 0.64 | 0.67 | 0.58 | 0.56 | 0.73 | 0.73 |
| | 2011 | 0.58 | | 0.53 | | 0.80 | |
| | 2012 | 0.61 | | 0.46 | | 0.81 | |
| | 2013 | 0.52 | | 0.88 | | 0.59 | |
| | 2014 | 1.00 | | 0.37 | | 0.71 | |
| 黔西县 | 2010 | 0.71 | 0.80 | 0.53 | 0.72 | 0.88 | 0.92 |
| | 2011 | 0.58 | | 0.71 | | 0.96 | |
| | 2012 | 0.79 | | 0.72 | | 0.90 | |
| | 2013 | 0.93 | | 0.77 | | 0.86 | |
| | 2014 | 1.00 | | 0.88 | | 1.00 | |
| 织金县 | 2010 | 0.67 | 0.73 | 0.46 | 0.53 | 0.83 | 0.90 |
| | 2011 | 0.61 | | 0.53 | | 0.87 | |
| | 2012 | 0.65 | | 0.52 | | 0.94 | |
| | 2013 | 0.75 | | 0.56 | | 0.93 | |
| | 2014 | 0.96 | | 0.59 | | 0.96 | |

续表

| 贫困县 | 年份 | 第一产业 | | 第二产业 | | 第三产业 | |
|---|---|---|---|---|---|---|---|
| | | 生产效率 | 平均值 | 生产效率 | 平均值 | 生产效率 | 平均值 |
| 纳雍县 | 2010 | 0.61 | 0.70 | 0.88 | 0.97 | 0.63 | 0.76 |
| | 2011 | 0.62 | | 0.97 | | 0.72 | |
| | 2012 | 0.58 | | 1.00 | | 0.84 | |
| | 2013 | 0.79 | | 1.00 | | 0.77 | |
| | 2014 | 0.91 | | 1.00 | | 0.86 | |
| 威宁县 | 2010 | 1.00 | 0.99 | 0.37 | 0.37 | 0.71 | 0.74 |
| | 2011 | 1.00 | | 0.40 | | 0.68 | |
| | 2012 | 0.93 | | 0.36 | | 0.76 | |
| | 2013 | 1.00 | | 0.34 | | 0.76 | |
| | 2014 | 1.00 | | 0.36 | | 0.80 | |
| 赫章县 | 2010 | 1.00 | 0.90 | 0.28 | 0.30 | 0.94 | 0.93 |
| | 2011 | 0.87 | | 0.32 | | 0.84 | |
| | 2012 | 0.79 | | 0.31 | | 0.93 | |
| | 2013 | 0.84 | | 0.32 | | 0.91 | |
| | 2014 | 1.00 | | 0.29 | | 1.00 | |

注：1.00表示相对生产效率值达到最高。

**表6-15　贵州省乌蒙山片区产业生产效率承接转移特征：基于DEA法**

| 产业承接转移特征 | 市区县 |
|---|---|
| 第一产业 | |
| 最高生产效率核心区 | 威宁县、赫章县 |
| 承接产业生产效率扩散转移 | 桐梓县、黔西县、大方县 |
| 2010—2014年最高生产效率核心区 | 威宁县 |
| 2010—2014年生产效率边缘区 | 习水县、七星关区、赤水市 |
| 第二产业 | |
| 最高生产效率核心区 | 赤水市、纳雍县 |
| 2010—2014年最高生产效率核心区 | 纳雍县 |
| 2010—2014年生产效率边缘区 | 威宁县 |
| 第三产业 | |
| 最高生产效率核心区 | 赤水市、七星关区 |
| 承接产业生产效率扩散转移 | 黔西县、赫章县 |
| 2010—2014年最高生产效率核心区 | 赤水市、七星关区、黔西县、赫章县 |
| 2010—2014年生产效率边缘区 | 纳雍县、威宁县、大方县 |

## 6.3 云南省寻甸案例研究

寻甸县是国家级扶贫开发重点县、乌蒙山片区连片开发县，国土面积2809平方公里，辖10个乡镇（街道）132个村（居）委会，1216个自然村，全县人口42.3万人。作为扶贫开发重点县的寻甸县，其发展现状、扶贫政策与效果对微观分析扶贫工作有一定的实践意义。

### 6.3.1 寻甸县贫困现状

截至2015年年末，寻甸县的贫困情况表现出贫困人口占比高、生活条件低、交通条件低、产业发展水平低的“一高三低”特征：

特征一：贫困人口占比高。贫困乡镇6个，贫困行政村43个，贫困家庭19043户，63321人，边缘贫困人口71667人，两者总计达134988人，占全县42.3万人中的31.91%。

特征二：生活条件低。水平低的家庭数量多，农村D级危房户达56746户，有105300万人存在饮水困难和饮水安全问题。

特征三：交通条件低。交通条件也限制了农村产业发展，75个自然村不通公路，498个自然村不通硬化道路，650个自然村不通村内硬化道路。

特征四：产业发展水平低。从产业结构来看，寻甸县符合一产比重最小、三产比重最大的产业依序增长的模式，但第三产业仍以零售业为主，第二产业比重虽然较第一产业高出许多，但也以传统制造业为主，缺乏高端制造业与现代服务业。

综上来看，寻甸县除了收入水平低，还包括基础设施薄弱、农村危房面广量大、缺乏现代制造与服务业支撑，贫困面大、贫困程度深，脱贫攻坚任务艰巨（见表6－16）。

**表6－16 寻甸县贫困现状汇总**

| 现状 | 总数 |
| --- | --- |
| 总人口 | 42.3万人 |
| 贫困乡镇/贫困行政村 | 6个/43个 |

续表

| 现状 | 总数 |
| --- | --- |
| 不通公路的村/不通硬化道路的村/不通村内硬化道路的村 | 75 个/498 个/650 个 |
| 贫困户/贫困人口/边缘贫困人口 | 19043 户/63321 人/71667 人 |
| 农村 D 级危房户/饮水困难、饮水安全问题人口 | 56746 户/105300 人 |

### 6.3.2 寻甸县产业发展现状

1. 产业发展特征

表6－17 比较了寻甸县在乌蒙山片区的产业发展表现，以及2010 年与2014 年产业发展变化。寻甸县的产业发展表现有以下特征。

特征一：人均 GDP 保持增长，但幅度小，在乌蒙山片区中，2010 年人均 GDP 排第 19 名，2014 年下滑至第 21 名。寻甸县 2010 年人均 GDP 为 8395.87 元，2014 年增至 15509.64 元，但从排名来看，从 2010 年的第 19 名下滑到 2014 年的第 21 名，总体来说，仍然较为贫困。

特征二：生产总值保持增长，但幅度小，排名进步有限，2014 年排第 14 名。2010 年寻甸县生产总值为 38.42 亿元，在整个乌蒙山片区 38 个贫困县中排第 15 位，2014 年寻甸县生产总值为 72.43 亿元，排名升至第 14 位。

特征三：生产总值增长率较为领先，若能维持，后势看好。寻甸县生产总值 2010 年到 2014 年的增长率为 84.73%，在云南省乌蒙山片区 15 个贫困县中排第 5 位，在整个乌蒙山片区 38 个贫困县中排第 17 位。

特征四：静态来看，第一、第三产业表现居中，第二产业略微滞后；动态来看，第二产业生产总值大幅进步，其总值排第 17 位。2010 年寻甸县第一产业生产总值为 11.60 亿元，排第 14 位，第二产业生产总值为 11.12 亿元，排第 20 位，第三产业生产总值为 15.69 亿元，排第 15 位；2014 年第一产业生产总值为 19.87 亿元，排第 16 位，第二产业为 24.95 亿元，排第 17 位，第三产业生产总值 27.61 亿元，排第 22 位。第一产业退步 2 名，第二产业进步 3 名，第三产业退步 7 名。

特征五：静态来看，第三产业比重大；动态来看，第二产业比重大幅增长，但其占比只排第 26 位。2010 年寻甸县第一产业比重为

30.20%，排第13位，第二产业比重为28.95%，排第33位；第三产业比重为40.85%，排第6位；2014年第一产业比重为27.43%，排第13位，第二产业比重为34.45%，排第26位，第三产业比重为38.12%，排第14位。第一产业排名不变，第二产业进步7名，第三产业退步8名。

特征六：第二产业生产总值增长率较为领先，若能维持，后势看好。寻甸县第二产业生产总值2010年到2014年的增长率为124.37%，在云南省乌蒙山片区15个贫困县中排第5位，在整个乌蒙山片区38个贫困县中排第9位。

特征七：产业集中度越来越分散，集中度敬陪末座。2010年寻甸县的赫芬达尔指数为0.342，排第28位；2014年赫芬达尔指数降至0.339，排名下滑至第34位。

特征八：土地生产效率提升有限效率排第27位。2010年寻甸县的地均产值为106.7万元/平方公里，排第21位；2014年地均产值为162.90万元/平方公里，排第27名。

特征九：静态来看，第一产业专业化程度高；动态来看，第三产业专业化程度失去领先地位，第二产业专业化程度大幅增长，名次提升至第23位。2010年寻甸县的一产区位熵为1.97，排第14位，二产区位熵为0.65，排第31位，三产区位熵为1.02，排第2位；2014年一产区位熵为1.77，排第16位，二产区位熵为0.84，排第23位，三产区位熵为0.92，排第9位。

**表6-17　寻甸县2010年与2014年产业发展变化**

| 指标 | 2010年排名 | 2014年排名 | 名次变动 |
|---|---|---|---|
| 人均GDP | 19 | 21 | -2 |
| 生产总值 | 15 | 14 | 1 |
| 第一产业生产总值 | 14 | 16 | -2 |
| 第二产业生产总值 | 20 | 17 | 3 |
| 第三产业生产总值 | 15 | 22 | -7 |
| 第一产业比重 | 13 | 13 | 0 |
| 第二产业比重 | 33 | 26 | 7 |
| 第三产业比重 | 6 | 14 | -8 |
| 赫芬达尔指数 | 28 | 34 | -6 |

续表

| 指标 | 2010年排名 | 2014年排名 | 名次变动 |
|---|---|---|---|
| 地均产值 | 21 | 27 | -6 |
| 一产区位熵 | 14 | 16 | -2 |
| 二产区位熵 | 31 | 23 | 8 |
| 三产区位熵 | 2 | 9 | -7 |

综合以上数据可以发现，寻甸县2010—2014年之间的产业发展变化特征是：生产总值名次进步幅度不大，第一产业维持基本水平，第二产业生产总值有较大进步，相比之下，第三产业生产总值有较大幅度退步，朝向以第二产业为主导的方向发展；然而，产业转型之际，整体产业的集中度逐渐下降，第三产业的专业化程度也大幅度下降，尽管第二产业的专业化程度上升，仍导致地均产值排名退步。整体来说，产业转型使得集中度不断下降，但在自身人均GDP不高，又无法吸引周边县市前来消费的现实环境下，只能走上推动第二产业现代化之路，以提高人均GDP并以此提振第三产业。因此，加速第二产业现代化已成为提高产业集中度、专业化程度以及人均GDP的重要手段。

2. 三次产业发展特色

第一产业特色：改善农业基础设施、打造农业龙头企业、发展特色农产品。

寻甸县自1994年即被列为国家农业综合开发县，全县已完成中低产田改造及高标准农田建设27.05万亩，项目区农田实现了“旱能灌、涝能排、渠相通、路相连”，改善了农业基础条件。近年来所实施的农业综合开发，以改善基础设施为重点，结合退耕还林和扶贫开发，推进中低产田改造和高标准农田建设，采用“田水路林山结合治理，沟渠桥涵闸配套建设”的手段。

2014年时，规模以上农业龙头企业已达16家，农业总产值达35.6亿元，扣除中间消耗后，第一产业生产总值则为19.87亿元。特色产业也持续发展，粮食生产实现十二连增，总产达19.15万吨，同比增长0.05%；烤烟生产连续8年被评为全市烤烟生产先进县，实现产值5.36亿元；畜牧业产业以“寻甸牛干巴”为地理标志；马铃薯生产不断壮大，产值达4.5亿元，建成种薯、原料薯两大基地；初具雏形的特色农业有蔬菜、蓝莓、车厘子、中药材等，种植面积达 12.91 万亩，实现产值4.9 亿元。目前已有两个国家级生产模式建立，二是作为国家级农民专业合作社的滇凰种养殖合作社，一是作为“国家绿色食品生产基地”的钟灵山都市农庄。

第二产业特色：创建省级示范基地、发展产业园及基地、打造规模以上工业企业、以传统产业为核心培育新兴产业。

在“十二五”期间，寻甸县的第二产业产值、在三产中所占比重以及专业化程度均大幅提升，2014 年工业总产值达 116.2 亿元，产值和主营业务收入均突破百亿，第二产业产值 24.95 亿元，较 2010 年增长 124.37%，增速居云南省乌蒙山片区第 5 名。主要成果如下：创建了“云南省新型工业化产业示范基地”，提升了产业基地工业化水平；建立泛亚林业产业园，完成硬化道路，建成标准化厂房 5 万平方米，引入澳松人造板、丛林家具等企业 23 家；建设南磷绿色农化生产；园区的基地基础设施投资总计达 6.24 亿元。2014 年，规模以上工业企业已有 31 家。目前也以核心传统产业煤磷化工为支撑，培育发展稀贵金属、装备制造、新型建材、新能源等新兴产业。

第三产业特色：以旅游业为基础，商贸业为发展重点，农村乡镇商贸服务体系初起步。

在“十二五”期间，寻甸县朝向第二产业转型发展，第三产业产值、在三产中所占比重以及专业化程度明显下滑。2014 年第三产业产值为 27.5 亿元，较 2010 年增长 75.97%，增速下滑为云南省乌蒙山片区第 12 名。第三产业以旅游业为基础，温泉旅游、红色旅游、生态旅游稳步发展，接待游客 121 万人次，同比增长 8.7%，实现旅游收入 1.86 亿元，同比增长 8.2%。金所片区金河大道改造、商贸服务区道路建设全面完成，商务中心投入使用；全县培育了限额以上商贸企业和单位达 34 家，农村乡镇商贸服务体系起步建设，目前已建成“农村乡镇商贸服务体系试点项目”4 个。

### 6.3.3 寻甸县产业特征下扶贫政策的不足

未来寻甸县的扶贫政策，应当与产业发展有效整合，制定短中长期方案。当前产业发展与扶贫工作的整合仍存在以下问题：

第一，现代、高端制造业发展不足，难以拉动传统制造业扩大生产，对贫困人口就业的吸纳能力不足。寻甸县第二产业现代化不足，表现在地均产值低，并直接影响收入增长，而当前是以传统产业煤磷化工为支撑，培育发展稀贵金属、装备制造、新型建材、新能源等新兴产业，但又缺乏更为现代化的产业拉动稀贵金属、装备制造、新型建材、新能源产业扩产，因此这些产业即便仍有低门槛的就业机会，但岗位数量并不多，对贫困人口就业的吸纳能力不足。

第二，第二产业正处于转型过程中，专业化程度大幅增长，多数制造业专业性较高，不易吸纳贫困人口。第二产业的核心产业是煤磷化工，其就业门槛较高，需要化工技术背景，而新兴培育发展的稀贵金属、装备制造、新型建材、新能源等产业，除了装备制造业可容纳部分低技术门槛的生产线人员外，也需要一定的铸造、切割等工业技术，因此能吸纳的贫困人口较少，而新推动的泛亚林业产业园，也需要一定的木工技术，吸纳贫困人口的能力也不足。随着第二产业逐渐现代化，贫困人口的就业门槛将越来越高。

第三，第三产业专业化程度失去领先地位，仍待第二产业转型后带动发展，因此通过第三产业就业以提升贫困人口收入的做法缓不济急。第三产业，以旅游业为基础，就业门槛低，有助于贫困人口就业，但第三产业生产总值仅27.61亿元，面对大量的就业人口，人均收入必然较低，而要提升第三产业生产总值，必须先通过第二产业转型现代化后，提高第二产业就业人员的收入与消费能力，才能带动第三产业发展。

第四，产业集中度越来越分散，导致第一产业比重太大，第三产业比重太小，提升收入速度慢。第一产业仍处于改善基础设施阶段，特色农业除了烤烟业外，其余收入仍低。农业总产值达35.6亿元，扣除中间消耗后，第一产业生产总值仅为19.87亿元，占三产比重的27.43%，在农业人口较多的情况下，人均收入必然较低，通过第一产业扶贫，对收入增长帮助不大。

第五，现有扶贫政策以改善居住环境为主，就业培训力度小，对收入增长帮助有限。“十二五”期间只通过产业扶贫省级财政补助资金850万元，划拨12.3万元实施科技培训，共计29期培训3800人，就业培训力度较小，以贫困家庭19043户来说，受培训人口1户不到1人。

## 6.4 乌蒙山片区扶贫产业扶贫政策导向分析

第一产业、第二产业中的传统制造业、第三产业中的传统服务业，适合贫困人口就业，是扶贫工作中辅助贫困人口就业的主要产业。然而，按照配第定律，在产业发展的过程中，第一产业应逐渐减少，朝向以第二产业带动第三产业，最终走向以第三产业为主导的产业结构。目前云南省、四川省以及贵州省以第三产业为主的县都还未进入后工业化阶段。因此，当前的产业驱动导向应是向第二产业发展，并通过第二产业促进人均 GDP 增加，维持第二产业产值持续增长才能持续推动扶贫工作的进行。为了发展第二产业，各地纷纷出台招商引资优惠政策，包括低地价、零地价供应工业用地，但是由于环保设施投资额巨大，加上环保监管不到位，第二产业发展的同时却造成了非常严重的环境污染，后期治理又投入大量的成本。发展第二产业，同时又不造成环境污染，这对于贫困地区来说是一个重要问题。

### 6.4.1 扶贫产业驱动的导向性

扶贫的重点工作在于保就业、增收入，而收入提高的要件即为提高生产总值，因此促进扶贫工作的产业，应当是有助于提高生产总值的第二产业。

1. 云南省乌蒙山片区驱动产业特征

云南省目前第一产业增加值在全国排名居中，但比重增速领先全国，第二、三产业增加值排名与增速排名则靠后，因此 2010—2014 年之间乌蒙山片区贫困县的人均 GDP 仍持续上升，且各县之间差距扩大。基于 2010 年与 2014 年的产业发展情况，云南省的驱动产业特征可总结为以下几点。

（1）已走向以第二产业作为驱动产业的道路。目前已进入产业转型阶段，三产结构变化大，多数贫困县朝向以第二产业为主导产业的发展方向，但仍有少数县的农业比重持续增加。即使有部分县的产业结构以第三产业为主，但所有以第三产业为主的县都还未进入后工业化阶段。

（2）产业朝向第二产业集中，但集中度仍然不足，应持续推动第二产业发展。云南省的产业集中度较低，而贫困县的产业集中度高于云南省的又较少，且2010年到2014年的产业集中度没有明显的增长。

（3）第二产业的专业化程度仍然不足，应持续引入现代制造业。以平均来看，目前仅第一产业的区位熵平均数大于1；尽管2010年到2014年第一产业区位熵大于1的县没有持续增加，但2014年第二产业、第三产业区位熵大于1的县却较2010年有所减少。

（4）应通过第二产业发展拉动第三产业。当前正处于农业或服务业向制造业转型的时期，多数县已转向以第二产业为主导的阶段，而部分县虽然以第三产业为主导，但这是第二产业发展不足所致。因此，云南省乌蒙山片区在推进产业发展的策略上，应致力于提高第二产业比重，以降低第一产业的比重，随着第二产业逐渐现代化，才能提高对现代服务业的需求。

2. 四川省乌蒙山片区驱动产业特征

四川省目前第一产业增加值全国领先，第二、三产业增加值排名靠前，三产产业增加值的增速排名靠前，因此2010—2014年之间乌蒙山片区贫困县的人均GDP仍呈现上涨趋势，各县之间的差距则小幅扩大。基于2010年与2014年的产业发展情况，四川省的驱动产业特征可总结为以下几点。

（1）已走向以第二产业作为驱动产业的道路。目前正处于产业转型阶段，三产结构变化大，多数贫困县朝向以第二产业为主导产业的发展方向，个别县的农业比重持续增加，所有以第三产业为主的县都还未进入后工业化阶段。

（2）产业朝向第二产业集中，集中度持续增长但仍然不足，应持续推动第二产业发展。四川省的产业集中度较低，而贫困县的产业集中度高于四川省的又较少，不过2010年到2014年多数贫困县的产业集中度有不同程度的增长，只有少数有略微下降。

（3）第二产业的专业化程度仍然不足，应持续引入现代制造业。以平均来看，目前仅第一产业的区位熵平均数大于1，且各贫困县第一产业区位熵在2010年和2014年都大于1；2014年第二产业区位熵大于1的县较2010年减少，第三产业也仅增加了1个。

（4）应通过第二产业发展拉动第三产业。多数县已转向以第二产业为主导的阶段，仍有部分县是以第一产业为主导，正处于农业向制造业转型的时期，以第三产业为主导的县仅 3 个，且是因第二产业发展不足所致。因此，四川省乌蒙山片区在推进产业发展的策略上，应致力于提高第二产业比重，以降低第一产业的比重，同时第一产业应当积极发展现代化农业，第二产业也应逐渐实现现代化，共同推进第三产业等服务业的增长。

3. 贵州省乌蒙山片区驱动产业特征

贵州省目前第一产业增加值在全国排名靠后，但比重增速领先全国，第一产业占比持续扩张，虽然第二、三产业增加值排名靠后，但二产增速排名领先全国，因此2010—2014 年之间乌蒙山片区贫困县的人均 GDP 大幅上升，生产总值稳中有升。基于 2010 年与 2014 年的产业发展情况，贵州省的驱动产业特征可总结为以下几点。

（1）已走向以第二产业作为驱动产业的道路。目前正处于产业转型阶段，三产结构变化大，整体由第三产业转向以第二产业为主导，个别县的农业比重持续增加，但在三产中所占比重仍较低，对产业结构影响小，而所有以第三产业为主的县都还未进入后工业化阶段。

（2）产业朝向第二产业集中，集中度持续增长但仍然不足，应持续推动第二产业发展。贵州省的产业集中度较低，而贫困县的产业集中度高于贵州省的又较少，不过 2010—2014 年的产业集中度有明显的增长。

（3）第二产业的专业化程度仍然不足，应持续引入现代制造业。以平均来看，目前仅第一产业的区位熵平均数大于 1，2014 年第一产业与第二产业的区位熵大于 1 的县与 2010 年总数相同，第三产业区位熵大于 1 的县则有所增加。

（4）应通过第二产业发展拉动第三产业。部分县以第三产业为主导，主要是第二产业发展不足所致。因此，贵州省乌蒙山片区在推进产业发展的策略上，应致力于提高第二产业，以降低第一产业比重，通过第二产业的现代化，推动第三产业的发展。

### 6.4.2 扶贫产业的可行性

1. 云南省乌蒙山片区可能的扶贫产业

云南省乌蒙山片区各个贫困县发展第二产业，将有助于提升生产总值、地均产值、产业集中度。根据实证结果，云南省第二产业驱动的可行性特征可总结为以下几点。

（1）有助于提升生产总值。生产总值大幅度增长主要源于第二、三产业增长的贡献，且生产总值增长偏低主要受到第二产业增长幅度小的影响；但第二产业及第三产业的附加价值仍较低，产品现代化仍不足，提高生产总值的能力仍有限。

（2）有助于推升地均产值。以第二产业为主的县，其地均产值平均数最高，地均产值平均增长率也最高，发展第二产业有助于推升地均产值；第二产业占比高的县的产业集中度最高，会对县域经济带来有利影响，地均产值会逐渐提高。

（3）第一产业专业化程度负向影响地均产值与人均 GDP。第一产业专业化程度越高，越会对县域经济带来不利影响，一方面会使得地均产值下降，另一方面人均 GDP 也会越低。

2. 四川省乌蒙山片区可能的扶贫产业

四川省乌蒙山片区各个贫困县发展第二产业，将有助于提升生产总值、人均 GDP、地均产值、产业集中度。根据实证结果，四川省第二产业驱动的可行性特征可总结为以下几点。

（1）有助于提升生产总值与人均 GDP。高生产总值增长主要来源于第一、二产业的增长，且低生产总值增长主要受到第三产业增长幅度偏低的影响；提高第二产业比重，能够提升人均 GDP、生产总值排名；第二产业集中度越高，生产总值排名、人均 GDP 也会逐渐提高；第二产业专业化程度越高，越有助于提高生产总值及其排名，也会带动人均 GDP 的增长。

（2）有助于推升地均产值。各个县的地均产值均呈现正增长趋势，其中以第二产业为主的县，其地均产值平均数最高、平均增长率也最高，发展第二产业有助于推升地均产值。第二产业的产业集中度越高，越会对县域经济带来有利影响，地均产值增长率排名越靠前。

（3）第一、第三产业专业化程度负向影响生产总值与人均 GDP。第一产业与第三产业专业化程度越高，越会对县域经济带来不利影响，一方面会使得生产总值排名受到限制，另一方面人均 GDP 也会越低。

（4）第三产业无法提高生产总值、地均产值。当前的第三产业还未步入现代服务业之列，附加价值仍低，产品现代化仍不足，无法有效提高生产总值，与地均产值的提升也缺乏相关性。故未来产业发展仍应着力提升制造业现代化水平，以工养农，以工带商，以朝向现代服务业阶段前进。

3. 贵州省乌蒙山片区可能的扶贫产业

贵州省乌蒙山片区各个贫困县发展第二产业，将有助于提升生产总值、地均产值、产业集中度。根据实证结果，贵州省第二产业驱动的可行性特征可总结为以下几点。

（1）有助于提升生产总值。高生产总值增长主要来源于第二或第三产业增长，且低生产总值增长主要受到第三产业增长幅度偏低的影响。

（2）有助于推升地均产值与产业集中度。各个县的地均产值均呈现正增长趋势。以第二产业为主的县，其地均产值平均数最高，第二产业比重越大，地均产值排名越靠前，产业集中度也越高。然而，第一产业比重越大，地均产值增长率排名越靠前，因此，目前第一产业的技术进步程度仍超越第二产业，但该增长却无助于人均 GDP 增长。

### 6.4.3 扶贫产业的持续性

云南、四川、贵州三省乌蒙山片区贫困县 2010 年、2014 年产业发展比较、产业增长率见表 6－18～表 6－20。

1. 云南省应持续推动第二产业发展

从 2010 年到 2014 年，云南省乌蒙山片区第二产业在各方面仍不断增长。

（1）区位熵增长。2014 年的第二、第三产业的区位熵较 2010 年有一定增长，第二产业区位熵增长 1.14%，第三产业区位熵增长 4.60%。

（2）生产总值。第二、第三产业生产总值均持续增长，第二产业生产总值增长 49.80%，第三产业生产总值增长 86.99%。

（3）地均产值。地均产值增长 64.54%，且实证结果表明，第二产业有助于推升地均产值。但第二产业比重持续下降，2014 年时已较 2010 年下降 11.11%，第三产业比重反而增长 10.96%。由于第二产业有助于推升地均产值，因此云南省乌蒙山片区各县应继续推动第二产业发展。

表 6－18　云南、四川、贵州三省乌蒙山片区贫困县 2010 年产业发展比较

| 地区 | 生产总值（亿元） | 第一产业总值（亿元） | 第二产业总值（亿元） | 第三产业总值（亿元） | 第一产业比重（%） | 第二产业比重（%） | 第三产业比重（%） | 人均 GDP（元/人） | 地均产值（万元/平方公里） | HHI | 第一产业区位熵 | 第二产业区位熵 | 第三产业区位熵 |
|---|---|---|---|---|---|---|---|---|---|---|---|---|---|
| 云南省 | 7224.18 | 1108.38 | 3223.49 | 2892.31 | 15.34 | 44.62 | 40.04 | 15699.28 | — | 0.383 | — | — | — |
| 云南省乌蒙山片区 | 45.90 | 10.45 | 20.00 | 15.45 | 22.77 | 43.57 | 33.66 | 7631.36 | 139.03 | 0.359 | 1.68 | 0.88 | 0.87 |
| 四川省 | 17185.48 | 8672.18 | 6030.41 | 2482.89 | 14.45 | 50.46 | 35.09 | 21369.66 | — | 0.399 | — | — | — |
| 四川省乌蒙山片区 | 25.82 | 11.46 | 7.24 | 7.12 | 44.38 | 28.04 | 27.58 | 10336.79 | 130.16 | 0.357 | 2.26 | 0.89 | 0.73 |
| 贵州省 | 4602.16 | 625.03 | 1800.06 | 2177.07 | 13.58 | 39.11 | 47.31 | 13095.55 | — | 0.395 | — | — | — |
| 贵州省乌蒙山片区 | 63.99 | 14.04 | 24.61 | 25.36 | 21.94 | 38.46 | 39.63 | 9468.58 | 118.55 | 0.362 | 1.69 | 0.96 | 0.83 |

表 6－19　云南、四川、贵州三省乌蒙山片区贫困县 2014 年产业发展比较

| 地区 | 生产总值（亿元） | 第一产业总值（亿元） | 第二产业总值（亿元） | 第三产业总值（亿元） | 第一产业比重（%） | 第二产业比重（%） | 第三产业比重（%） | 人均 GDP（元/人） | 地均产值（万元/平方公里） | HHI | 第一产业区位熵 | 第二产业区位熵 | 第三产业区位熵 |
|---|---|---|---|---|---|---|---|---|---|---|---|---|---|
| 云南省 | 12814.59 | 1990.07 | 5281.82 | 5542.70 | 15.53 | 41.22 | 43.25 | 27184.69 | — | 0.381 | — | — | — |
| 云南省乌蒙山片区 | 77.35 | 18.32 | 29.96 | 28.89 | 25.67 | 36.71 | 37.36 | 13190.32 | 228.76 | 0.359 | 1.65 | 0.89 | 0.91 |
| 四川省 | 28536.66 | 3531.05 | 13962.41 | 11043.20 | 12.50 | 48.90 | 38.70 | 35056.46 | — | 0.404 | — | — | — |

续表

| 地区 | 生产总值（亿元） | 第一产业总值（亿元） | 第二产业总值（亿元） | 第三产业总值（亿元） | 第一产业比重（%） | 第二产业比重（%） | 第三产业比重（%） | 人均 GDP（元/人） | 地均产值（万元/平方公里） | HHI | 第一产业区位熵 | 第二产业区位熵 | 第三产业区位熵 |
|---|---|---|---|---|---|---|---|---|---|---|---|---|---|
| 四川省乌蒙山片区 | 42.95 | 10.36 | 20.97 | 11.62 | 28.02 | 43.77 | 28.21 | 15342.16 | 213.74 | 0.373 | 2.12 | 0.80 | 0.82 |
| 贵州省 | 9266.39 | 1280.45 | 3857.44 | 4128.50 | 13.82 | 41.63 | 44.55 | 26370.88 | — | 0.391 | — | — | — |
| 贵州省乌蒙山片区 | 133.47 | 26.88 | 53.08 | 53.51 | 20.22 | 39.99 | 39.79 | 19433.98 | 273.26 | 0.370 | 1.46 | 0.96 | 0.89 |

**表 6－20　云南、四川、贵州三省乌蒙山片区贫困县 2010～2014 年产业增长率**

| 地区 | 生产总值 | 第一产业总值 | 第二产业总值 | 第三产业总值 | 第一产业比重 | 第二产业比重 | 第三产业比重 | 人均 GDP | 地均产值 | HHI | 第一产业区位熵 | 第二产业区位熵 | 第三产业区位熵 |
|---|---|---|---|---|---|---|---|---|---|---|---|---|---|
| 云南省 | 77.38% | 79.55% | 63.85% | 91.64% | 1.24% | －7.62% | 8.02% | 73.16% | — | －0.52% | — | — | — |
| 云南省乌蒙山片区 | 68.52% | 75.31% | 49.80% | 86.99% | －0.58% | －6.66% | 7.20% | 72.84% | 64.54% | 0.00% | －1.79% | 1.14% | 4.60% |
| 四川省 | 66.05% | －59.28% | 131.53% | 344.77% | －13.49% | －3.09% | 10.29% | 64.05% | — | 1.25% | — | — | — |
| 四川省乌蒙山片区 | 66.34% | －9.60% | 189.64% | 63.20% | －8.28% | 8.07% | －2.56% | 48.42% | 64.21% | 4.48% | －6.19% | －10.11% | 12.33% |
| 贵州省 | 101.35% | 104.86% | 114.30% | 89.64% | 1.77% | 6.44% | －5.83% | 101.37% | — | －1.01% | — | — | — |
| 贵州省乌蒙山片区 | 108.58% | 91.45% | 115.68% | 111.00% | －11.66% | 6.13% | 0.89% | 105.25% | 130.50% | 2.21% | －13.61% | 0 | 7.23% |

2. 四川省以提升第二产业专业化程度为核心

从2010年到2014年，四川省乌蒙山片区第二产业在各方面仍不断增长。

（1）生产总值。第二、第三产业生产总值均持续增长，且第二产业增长幅度远超过第三产业。第二产业生产总值增长189.64%，第三产业生产总值增长63.20%。

（2）三产比重。第二产业比重增长74.11%，第三产业比重下降1.92%。

（3）地均产值。地均产值增长64.21%，且实证结果表明，第二产业增长有助于推升地均产值。

（4）产业集中度。产业集中度增长4.48%，且实证结果表明，第二产业增长有助于推升产业集中度。

但第二产业区位熵持续下降，2014年时已较2010年下降10.11%，第三产业比重反而增长12.33%，因此四川省乌蒙山片区各县应继续提升第二产业的专业化程度。

3. 贵州省应持续提升第二产业的专业化程度

从2010年到2014年，贵州省乌蒙山片区第二产业在各方面仍不断增长。

（1）生产总值。第二、第三产业生产总值均持续增长。第二产业生产总值增长115.68%，第三产业生产总值增长111.00%。

（2）三产比重。第二产业比重增长3.41%，第三产业比重增长1.16%。

（3）地均产值。地均产值增长130.50%，且实证结果表明，第二产业有助于推升地均产值。

（4）产业集中度。产业集中度增长2.21%，且实证结果表明，第二产业有助于推升产业集中度。

但第二产业区位熵维持不变，第三产业比重反而增长7.23%，因此贵州省乌蒙山片区各县应继续提升第二产业的专业化程度。

### 6.4.4 基于寻甸县的扶贫工作建议提出

寻甸县应推动寻甸县经济结构转型，拓展农民民间合作组织化发展空间，优化基础设施建设、农业品牌建设，为贫困人口就业创业提供平台，为企业的发展带来空间，为产业融合奠定基础，致力于实现产业扶贫，最终带动地区的整体化发展。寻甸县短中长期扶贫方案建议如下：

第一，短期来看，应对贫困人口就业岗位建档立卡。搭建产业发展脱贫攻坚作战体系，对制造业、服务业就业岗位建成大数据信息系统，精准锁定贫困人口就业岗位，以逐步由居住条件扶贫转向就业扶贫。

第二，中期来看，应强化旅游资源，发展民宿旅游、养生旅游、农牧旅游。寻甸县拥有诸多旅游资源，受到基础设施不足的限制，仍有许多资源尚未开发，因此，应加快发展旅游产业扶贫，开发寻甸县独特先天优势资源地区，建设旅游景区，深入推进天湖岛国际健康管理中心、钟灵山国际都市休闲庄园、凤龙湾国际旅游度假区、房地产等项目建设，吸引游客前来观光旅游。未来的旅游业发展应当大力扶持旅游产品开发，努力提升旅游食、住、行、游、购、娱产业发展规模和配套保障水平，整合农业发展、旅游资源、基础设施、宜居农房建设以及民宿开发五者，引入国外及国内主要城市的民宿发展经验，大力推进寻甸县民宿旅游，推动健康与休闲旅游相结合，整合旅游产业与草地牧业、特色种植业，以实现体验观光、休闲度假与康体养老养生旅游。

第三，中长期来看，应推进农业品牌化，稳步提升粮烟综合生产能力。推进烟叶标准化生产，探索无公害生态烟叶生产，提升烟叶质量和种植效益，打造国家优质烟叶生产基地品牌。做强山地牧业优势产业，充分发挥畜禽、山地资源优势，大力发展山地型畜牧业，打造全国具有云南特色的山地畜牧业基地品牌，把畜牧业发展成为农民增收致富的支柱产业和示范产业。

第四，长期来看，应发展下游现代制造业，带动上中游传统制造业发展，以增加低门槛就业机会，提高收入，最终拉动第三产业发展。该举措虽然践行周期长，对目前扶贫工作帮助小，但却是解决贫困问题的根本办法。寻甸应在既有产业的基础上，构建“一园、一廊、四组团”的工业发展空间格局：一园即云南省新型工业化示范产业园，一廊即嵩待工业经济走廊，四组团即羊街、金所、天生桥、蒲草塘组团。引入高产业关联的现代制造业，以推动及拉动现有的传统制造业发展及扩产，包括煤磷化工产业、木材和家居制造、生物及农特产品、新材料、中高端装备制造和有色金属加工等产业，并将能源产业提升为风电、光伏、风光一体、农光一体等新能源产业，创造更多的就业机会。

# 第7章　国土扶贫测度与压力指数测算模拟

## 7.1　贫困测度方法构建

### 7.1.1　贫困的多维测度

最早关于贫困的研究是 M. O. 洛伦兹（Max Otto Lorenz，1907）提出洛伦兹曲线表现社会财富分配的不均等，通过按总收入与总人口的百分数计量的累计收入频率分布，计算出基尼系数反映出收入分配的不平均状况。汤森（1979）对贫困的定义是：所有居民中那些缺乏获得各种食物、参加社会活动和最起码的生活和社交条件的资源的个人、家庭和群体就是所谓贫困的。❶ 学术界对贫困的分类通常来说有三种：绝对贫困、相对贫困和社会排斥。❷

传统的贫困度量体系包括以下两方面的内容：一是判定贫困的衡量标准（家庭或个人的收入是否低于某一贫困线）；二是基于衡量标准构造的用于度量社会贫困程度的一系列贫困指数（如贫困率等）。❸

20 世纪 70 年代以后对贫困的测度主要为多维测度，阿马蒂亚·森

---

❶ Townsend. Poverty in the United Kingdom: a survey of the household Resource and Standard of Living [M]. Berkeley and Los Angeles: University of California Press, 1979.

❷ 绝对贫困是指个体缺乏足够的资源来满足其生存的需要；相对贫困是指相对于平均水平而言，个体不能获得日常生活中所需要的全部资源；社会排斥强调的是个体与社会整体的断裂，如失业、对生活失去信心。

❸ 张全红，张建华. 中国农村贫困变动：1981—2005——基于不同贫困线标准和指数的对比分析 [J]. 统计研究，2010 (2).

（Sen，1976）提出多维贫困（multidimensional poverty）理论[1]，从主观评价和客观福利两方面出发，提出：人的贫困不仅仅是收入的贫困，也包括饮用水、道路、卫生设施等其他客观指标的贫困和对福利的主观感受的贫困。夏洛克斯（Shorrocks，1995）重新修正Sen指数，并提出SST指数，弥补Sen指数在指标连续上的不足。在此基础上阿尔基尔（Alkire）和福斯特（Foster，2007）提出了计算多维贫困指数（MPI）的"Alkire－Foster方法"（AF）。福斯特、格里尔和索尔贝克（Foster，Greer & Thorbecke）提出一类可分解的贫困衡量指数（FGT），其与Sen和SST指数最大的不同点是通过令FGT指数满足分解可加性和子群一致，可分析各因素、各群体对总贫困的贡献，因此常作为各政府衡量贫困程度的主要指标。[2]

我国在贫困测度领域进行了多次实践。王小林（2009）利用多维贫困测量方法，基于2006年中国健康与营养调查数据测量城市和农村家庭多维贫困程度。从住房、卫生设施等8个维度测度了中国农村和城市的多维贫困现象。[3] 陈立中（2008）从收入、知识和健康三个维度测算了我国1990年、1997年和2003年的多维度贫困状况，认为收入贫困下降最多，健康贫困下降最少。[4] 田飞（2010）从资本的视角可以将贫困分为经济资本贫困、社会关系资本贫困和人力资本贫困三个维度，构建了贫困指数的三级指标体系框架。[5] 袁媛等（2014）在传统的经济维度基础上增加社会维度（代表人类贫困）和自然维度（代表自然贫困）两方面评价指标，构建县域贫困度多维评价指标体系，将全省县域贫困度由贫困到重度贫困划分为五级。[6]

---

[1] 多维贫困测量首先需要通过家计调查获得个体或者家庭在每个维度上的取值，对每个维度定义一个贫困标准，根据这一标准来识别个体或家庭在某维度上是否贫困，并进行加总，得到多维综合指数。

[2] J Foster，J Greer，E Thorbecke. The Foster－Greer－Thorbecke Poverty Measures：25 Years Later［J］. Journal of Economic Inequality，2010（8）：491－524.

[3] 王小林，Alkire. 中国多维贫困测量：估计和政策含义［J］. 中国农村经济，2009（12）.

[4] 陈立中．转型时期我国多维度贫困测算及其分解［J］．经济评论，2009（5）.

[5] 田飞．贫困指标体系问题研究［J］. 学术界，2010（11）.

[6] 袁媛，王仰麟，马晶，等．河北省县域贫困度多维评估［J］．地理科学进展，2014（1）.

### 7.1.2 贫困的多维指标

贫困指标作为贫困程度在某一数据中的反映情况，经常在扶贫政策中作为精准扶贫的依据。从官方角度来看，美国政府依据收入制定两个官方贫困线，即人口调查局基于统计目的发布的贫困线[1]（the poverty thresholds）和健康与人类服务部基于管理发布的贫困准则[2]（the poverty guidelines）。联合国开发计划署（1997）从寿命（longevity）、读写能力（literacy）和生活水平（living standard）三个维度构造出人类贫困指数（HPI），并应用于一些国家。世界银行（1999）将贫困界定为“缺少达到最低生活水平的能力”。欧盟各国普遍采用人均收入低于中位数50%作为贫困线。中国在“十二五”期间将贫困线的标准调整为人均纯收入1500元，扶贫标准采用2100千卡（1千卡=4.2千焦）热量作为农村人口贫困营养标准设定食物贫困线，并用回归计算方法推算出非食品贫困线，再将食品贫困线与非食品贫困线相加得到贫困线。

从学术研究来看，根据贫困地区的具体情况，学术界制定了不同的测度指标。屈锡华、左齐（1997）提出贫困的度量指标包括贫困发生率、贫困缺口率和贫困线指数，并最终结合成综合指数。通过三个贫困指标的分解与合并，分析贫困地区间的特征及特点。[3] 苗齐、钟甫宁（2006）运用贫困发生率、贫困深度指数和贫困强度指数建立贫困测度标准，测算1985—2006年的贫困状态变化，得出我国贫困人口减少，贫困强度和深度加重的结论。[4] 赵昌文（2001）构建了一个贫困区域经济发展综合评价指标体系。该体系包括经济规模、经济结构、经济发展速度、发展水平、经济效益和基础设施六大模块，共33项指标，主要反映贫困地区经济发展状况。[5] 王素霞、王小林（2013）将资产维度纳入多维贫困分析框架，对2009年《中国营养和健康调查》9个省的数据用

---

[1] 主要统计按照居住类型、种族和其他社会、经济以及人口学特征划分的贫困人口数。

[2] 主要用于决定个体是否有资格获得联邦项目提供的援助。

[3] 屈锡华，左齐．贫困与反贫困——定义、度量与目标［J］．社会学研究，1997（3）．

[4] 苗齐，钟甫宁．中国农村贫困的变化与扶贫政策取向［J］．中国农村经济，2006（12）．

[5] 赵昌文．贫困地区可持续扶贫开发战略模式及管理系统研究［M］．成都：西南财经大学出版社，2001．

AF 进行测量，得出多维贫困贡献率最高的 5 个指标为卫生设施、健康保险、耐用消费品、生产性资产和现代燃料。[1]

除经济方面的指标外，学术界对贫困指标的选取不断丰富。冯星光、张晓静（2006）利用公理性标准对测度贫困程度的各指标进行了评价，发现单一贫困指数都在某种程度上存在不足，要想全面、准确了解贫困程度，需要构建衡量贫困程度的指数体系。[2]

程晓娟、张霞（2005）从系统科学入手，对贫困地区的社会和经济环境进行了多层次的系统分析，提出了一套致贫因素综合评价指标体系，该指标体系从自然、经济和社会三个层面构建了一套贫困地区致贫因素指标。[3] 田飞（2010）选取经济资本、社会关系资本、人力资本三个维度，包括耕地面积、住房情况、专业技能及拥有生产工具数 23 个测量指标来计算贫困指数，利用比例法区分贫困与非贫困群体。[4] 张庆红（2015）选取收入、健康、教育和生活质量四个维度九个指标测度贫困状况。邹薇、方迎风（2012）选取饮用水、厕所类型、照明、做饭燃料、住房和耐用品拥有状况 6 项指标构成“生活质量”维度，配合“教育”和“收入”构建三维评价体系，利用“维度等权重法”得出贫困发生率。[5]

近年来自然地理（或资源环境）条件被逐步纳入贫困度评价中，赵跃龙等（1996）使用脆弱生态环境成因指标，划定了中国脆弱生态环境的分布范围，认为脆弱生态环境与贫困之间的相关性大小受到不同地理区位、经济发展水平等因素影响。[6]

### 7.1.3 贫困的测量方法

我国学术界主要以 Sen、SST 和 FGT 等指数为基础开展研究，陆康强（2007）提出，反映贫困程度的指数至少应当满足单调公理、转移公

---

[1] 王素霞，王小林. 中国多维贫困测量［J］. 中国农业大学学报（社会科学版），2013（2）.

[2] 冯星光，张晓静. 贫困测度指标及其评价［J］. 统计与信息论坛，2006（3）.

[3] 程晓娟，张霞. 贫困地区致贫因素指标体系研究［J］. 开发研究，2005（2）.

[4] 田飞. 贫困指标体系问题研究［J］. 学术界，2010（11）.

[5] 邹薇，方迎风. 关于中国贫困的动态多维度研究［J］. 中国人口学，2011（06）.

[6] 赵跃龙，刘燕华. 中国脆弱生态环境分布及其与贫困的关系［J］. 人文地理，1996（2）.

理、单调敏感性和转移敏感性，用以概括贫困三维表现能力和体现扶贫的先后顺序。[1] 王春萍（2005）[2] 提出贫困指标的连续性公理：贫困度量指数应可以表达为收入的连续函数。在此基础上，陆康强（2009）、王春萍（2008）[3] 分别利用公理化方法重新建构了 Sen、SST 和 FGT 贫困指数。

王祖祥、范传强、何耀（2006）利用《中国统计年鉴》上的收入分配分组数据评估我国农村贫困的方法，得出贫困率、贫困差率、贫困深度与 Sen、SST、FGT 这三种重要的贫困指数的变化趋势基本同步，验证了这三种指数均可近似描述我国农村的贫困状态。[4] 邹薇、方迎风（2015）比较了传统单维的 FGT 测度方法和脱离传统构建新的测度方法[5]，认为构造多维贫困指数时，各维度的贫困深度及严重度难以标准化[6]，将传统贫困测度拓展到多维的方法使用时受到相当大的限制[7]。高艳云（2010）利用 MPI 指数构建评价体系考察了 2000—2009 年我国多地区的城乡贫困现状，提出在 MPI 指数运用的同时，应当再考虑环境因素，如农村家庭在医疗健康保险、成人受教育程度、卫生设施方面的贫困程度普遍较高；城市家庭在医疗健康保险、住房等方面的贫困程度较高。[8] 罗小兰、曹艳春（2011）从物质资本和人力资本两个角度出发，运用 AHP 方法构建了一个多维度的综合指标体系，并用正态分布将贫困地区程度划分为 5 部分。[9]

近年来，GIS 技术在贫困区域的研究领域也逐渐拓宽，许月卿等（2006）以贵州省猫跳河流域为研究区，应用 GIS 和 ANN 技术模拟了自然致贫因子和消贫因子的空间分布，发现自然要素为主要致贫因子，而

---

[1] 陆康强．贫困指数：构造与再造［J］．社会学研究，2007（4）．

[2] 王春萍．贫困指数的评价及贫困指数的公理化建构［J］．人文杂志，2005（5）．

[3] 王春萍，杨蜀康．经济增长、不平等与贫困的变化机制分析［J］．社会科学辑刊，2008（1）．

[4] 王祖祥，范传强，何耀．中国农村贫困评估研究［J］．管理世界，2006（3）．

[5] 如测度平均能力剥夺的模糊集方法、基于投入产出理论的效率方法和计量方法等。

[6] 多位指数可用的连续指标大体包括收入与支出、教育水平及营养摄入量等，如能力及房屋类型难以寻找到合适的标准指标。

[7] 邹薇，方迎风．怎样测度贫困：从单维到多维［J］．国外社会科学，2012（2）．

[8] 高艳云．中国城乡多维贫困的测度及比较［J］．统计研究，2012（11）．

[9] 罗小兰，曹艳春．基于 AHP 方法的中国城市家庭贫困程度测度指标体系设想与实证分析［J］．中央财经大学学报，2010（6）．

社会经济要素为缓解贫困的因子。❶ 曾永明等（2011）以四川省36个国家级扶贫县为实证对象，运用GIS和BP网络模拟了自然、社会致贫指数和经济消贫指数的空间分布格局。❷ 钱乐毅（2014）通过GIS的空间分析方法分析地区贫困空间分布状况；基于不同尺度致贫原因的关系研究，分析了贫困人口与其所处环境之间的致贫关系。❸

### 7.1.4 乌蒙山片区贫困测度方法

此次贫困测度基于乌蒙山片区贫困程度测定方式不完善及缺乏地理空间视角的现状，从自然、社会和经济三个维度构建自然社会经济全面耦合的片区贫困测度指标体系。在不同维度的指标选取上，根据数据权威性和可得性，参考有关多维贫困测度的文献，在各城市统计年鉴和《中国县域经济社会统计年鉴》中提取自然、经济和社会三个维度的指标。在依据数据的完整性和可得性进行筛选后，最终在自然维度选取了包括年末实有耕地面积占比在内的3个指标，在社会维度选取了包括普通中学在校学生数在内的5个指标，在经济维度选取了包括第一产业产值占比在内的9个指标。通过多重插补法补齐数据后，将数据输入BP神经网络进行训练，模拟各个市县不同年度的自然消贫指数、社会消贫指数和经济消贫指数，并综合计算各市县各年度的区域综合发展指数。最后，将各维度指数根据BP神经网络评价标准进行分类，并通过ArcGIS呈现，考察区域不同维度的发展情况及对减轻扶贫压力的程度的空间分布情况以及时间变化趋势。

1. 自然维度指数

自然维度的指标主要用于反映区域的自然条件，包括区域发展的自然基础以及未来发展的自然潜力。丁建军（2014）❶ 用森林覆盖率、生态脆弱性代表区域的生态条件，用万元GDP煤能耗、万元工业增加值用

---

❶ 许月卿，李双成，蔡运龙．基于GIS和人工神经网络的区域贫困化空间模拟分析：以贵州省猫跳河流域为例［J］．地理科学进展，2006（3）．

❷ 曾永明，张果．基于GIS和BP神经网络的区域农村贫困空间模拟分析：一种区域贫困程度测度新方法［J］．地理与地理信息科学，2011（2）．

❸ 钱乐毅．基于GIS的多尺度多维贫困识别［D］．北京：首都师范大学，2014（5）．

❶ 丁建军．中国11个集中连片特困区贫困程度比较研究——基于综合发展指数计算的视角［J］．地理科学，2014（12）．

水量和人口密度代表区域生态负荷，通过生态条件和生态负荷衡量区域生态环境的发展指数；袁媛（2014）[1] 等以县均海拔、县均坡度、县均降水和县均温度 4 个指标衡量自然维度的潜在状态；刘小鹏（2014）[2] 等提出用地形起伏度、灾损率、生态环境指数、人均耕地面积、农作物总播种面积比和万元 GDP 用水量代表环境贫困的程度。综合多种指标构建方法，此次贫困测度在自然维度上初步选取了包括年初和年末实有耕地面积、年平均气温在内的 7 个指标。

由于各城市统计年鉴中对于县域数据的统计内容和口径不同，因此不同市县的数据可得性有较大差异，部分市县数据缺失严重，影响数据分析，因此对这部分数据予以舍弃，在自然消贫指数指标中剔除年日照时数。部分指标的代表性与相同维度下的另一指标相同，如年初实有耕地面积和年末实有耕地面积，因此剔除年初实有耕地面积（见表 7－1）。

**表 7－1　自然维度指标及其选取依据**

| 指标 | 单位 | 参考文献 | 指标数据来源 | 指标筛选理由 |
|---|---|---|---|---|
| 年初实有耕地面积 | 亩 | 刘小鹏（2014）<br>刘艳华（2015） | 城市统计年鉴 | 代表性与年末实有耕地面积重复 |
| 年末实有耕地面积 | 亩 | 刘小鹏（2014）<br>刘艳华（2015） | 城市统计年鉴 | — |
| 行政区面积 | 平方公里 | — | 《中国县域经济社会统计年鉴》 | — |
| 人口密度 | 人/平方公里 | 丁建军（2014） | 根据各城市统计年鉴内相关数据计算得到 | — |
| 年平均气温 | ℃ | 袁媛（2014） | 城市统计年鉴 | 相关关系不显著 |
| 年降水量 | 毫米 | 袁媛（2014） | 城市统计年鉴 | 相关关系不显著 |
| 年日照时数 | 时 | 袁媛（2014） | 城市统计年鉴 | 相关关系不显著、数据不完整 |

数据收集完成之后，为了验证指标的科学性，对指标数据和生产总值之间的相关关系进行了检验，年平均温度与年降水量两个指标与生产总值

---

[1] 袁媛，王仰麟，马晶，等．河北省县域贫困度多维评估［J］．地理科学进展，2014（1）．

[2] 刘小鹏，苏胜亮，王亚娟，等．集中连片特殊困难地区村域空间贫困测度指标体系研究［J］．地理科学，2014（4）．

的相关性不显著，因此不纳入 BP 神经网络的分析范围（见表 7－2）。



**表 7－2 自然维度指标 Pearson 相关分析结果**

| 指标 | 相关系数 r | 显著性水平 t |
|---|---|---|
| 年末实有耕地面积 | 0.31 | 0.000 |
| 行政区面积 | 0.206 | 0.002 |
| 人口密度 | 0.242 | 0.000 |
| 年平均气温 | －0.095 | 0.155 |
| 年降水量 | －0.003 | 0.968 |

2. 社会维度指数

社会维度的指标主要用于反映区域的基础教育程度、医疗条件、社会福利和基础设施等社会发展状况。丁建军（2014）用适龄儿童入学率、人均教卫社支出、合作医疗参与率、建制村硬化公路通达率等 12 个指标构建体现基本教育、科教支持、社会保障、基础设施在内的社会服务维度的指标体系。刘小鹏（2014）将社会维度的指标归纳为人口状况、学有所教、病有所医、老有所养、住有所居、劳有所得 6 个方面，对应使用农村普及九年义务教育人口覆盖率等 11 个指标构建社会维度的指标体系。袁媛（2012）将社会福利和保障作为社会维度贫困评价的一个重要方面。综合各文献指标构建中体现的社会发展程度，并结合数据可得性与完整性，此次贫困测度中社会维度指标主要在《中国县域经济社会统计年鉴》中获取，最终选取了包括普通中学在校生人数在内的 6 个指标，见表 7－3。

**表 7－3 社会维度指标及其选取依据**

| 指标 | 单位 | 参考文献 | 指标数据来源 |
|---|---|---|---|
| 普通中学在校学生数 | 人 | 丁建军（2014）<br>刘小鹏（2014）<br>袁媛（2014） | 《中国县域经济社会统计年鉴》 |
| 小学在校学生数 | 人 | 丁建军（2014）<br>刘小鹏（2014）<br>王艳慧（2013）<br>高艳云（2013） | 《中国县域经济社会统计年鉴》 |

续表

| 指标 | 单位 | 参考文献 | 指标数据获得 |
|---|---|---|---|
| 医院、卫生院床位数 | 床 | 丁建军（2014）<br>袁媛（2014） | 《中国县域经济社会统计年鉴》 |
| 社会福利院床位数 | 床 | 袁媛（2014） | 《中国县域经济社会统计年鉴》 |
| 公路里程合计 | 公里 | 丁建军（2014） | 各城市统计年鉴 |

3. 经济维度指数

经济发展水平是区域贫困最直接的衡量标准，包括经济总量和人均量的水平，经济发展的结构等各方面。丁建军（2014）将经济发展分为总体水平、结构特征、收入状况三个方面，构建包括人均 GDP、人均财政收入、城镇和农村居民可支配收入等 8 个指标在内的经济发展维度指标体系。刘小鹏（2014）则在考虑收入和消费的基础上，将市场连通性纳入经济维度，指标包括到最近集市的距离、到最近车站的距离、农村生活信息化程度等。袁媛（2014）单纯从经济人均量和人均财政收入、农村居民人均纯收入三个人均量指标构建经济维度的指标体系。孙秀玲等（2012）以县域为研究尺度，通过收入、消费、资产等维度测度山西农村居民贫困状况❶。考虑到数据可得性和乌蒙山片区扶贫投入以及经济发展潜力的影响，本次贫困测度在考虑生产总值、三次产业占比、人均生产总值的基础上，还将地方财政一般预算收支、全社会固定资产投资、社会消费品零售总额、常住人口数、户籍人口数以及非农业人口数纳入指标体系。

各地市对经济维度的指标统计较为完整、全面，经济维度数据的可得性较强。但在对各项指标与代表经济发展水平的生产总值进行相关分析后发现部分指标如三次产业占比之间多重共线性较大，会影响 BP 神经网络的模拟结果，因此删除其中第三产业产值占比；部分指标如户籍人口数在分析中与常住人口数的意义区别不大，因此删除户籍人口数指标，最终选取包括第一产业产值占比在内的 9 个指标构建经济维度的指标体系。具体指标选择及选择依据如表 7－4 所示。

❶ 孙秀玲，田国英，潘云，等．中国农村居民贫困测试研究——基于山西的调查分析[J]．经济问题，2012（4）．

表7－4　经济维度指标及其选取依据

| 指标 | 单位 | 参考文献 | 指标数据获得 | 指标筛选理由 |
| --- | --- | --- | --- | --- |
| 第一产业产值占比 | % | 丁建军（2014） | 各城市统计年鉴 | |
| 第二产业产值占比 | % | 丁建军（2014） | 各城市统计年鉴 | |
| 第三产业产值占比 | % | 丁建军（2014） | 各城市统计年鉴 | 指标间多重共线性 |
| 人均生产总值 | 元 | 丁建军（2014）<br>袁媛（2014） | 根据各城市统计年鉴内相关数据计算得到 | |
| 地方财政一般预算收入 | 万元 | 孙秀玲等（2012） | 《中国县域经济社会统计年鉴》 | |
| 地方财政一般预算支出 | 万元 | 孙秀玲等（2012） | 《中国县域经济社会统计年鉴》 | |
| 全社会固定资产投资 | 万元 | 孙秀玲等（2012） | 各城市统计年鉴 | |
| 社会消费品零售总额 | 万元 | 孙秀玲等（2012） | 各城市统计年鉴 | |
| 常住人口数 | 万人 | 孙秀玲等（2012） | 各城市统计年鉴 | |
| 户籍人口数 | 万人 | 孙秀玲等（2012） | 《中国县域经济社会统计年鉴》 | 代表性与常住人口数重复 |
| 非农业人口数 | 万人 | 孙秀玲等（2012） | 各城市统计年鉴 | |

最终，本次贫困测度构建了包括自然、经济、社会三个维度共17个指标的多维贫困测度指标体系。其中自然维度包括3个指标，反映区域发展的自然资源条件和自然潜力；社会维度包括5个指标，反映区域社会的基础教育程度、医疗条件、社会福利和基础设施水平；经济维度包括9个指标，反映区域经济发展的总量和人均量水平、经济结构、地方财力、拉动经济发展的能力以及人力资源数量（见表7－5）。

表7－5　乌蒙山片区贫困测度指标体系

| 维度 | 指标 | 单位 | 编号 |
| --- | --- | --- | --- |
| 自然 | 年末实有耕地面积 | 亩 | X1 |
| | 行政区面积 | 平方公里 | X2 |
| | 人口密度 | （人/平方公里） | X3 |

续表

| 维度 | 指标 | 单位 | 编号 |
|---|---|---|---|
| 社会 | 普通中学在校学生数 | 人 | X4 |
| | 小学在校学生数 | 人 | X5 |
| | 医院、卫生院床位数 | 床 | X6 |
| | 社会福利院床位数 | 床 | X7 |
| | 公路里程合计 | 公里 | X8 |
| 经济 | 第一产业产值占比 | % | X9 |
| | 第二产业产值占比 | % | X10 |
| | 人均生产总值 | 元 | X11 |
| | 地方财政一般预算收入 | 万元 | X12 |
| | 地方财政一般预算支出 | 万元 | X13 |
| | 全社会固定资产投资 | 万元 | X14 |
| | 社会消费品零售总额 | 万元 | X15 |
| | 常住人口数 | 万人 | X16 |
| | 非农业人口数 | 万人 | X17 |

在此基础上，对多维贫困测度指标体系中各指标与生产总值进行Pearson相关分析，分析结果如表7－6所示。表中相关系数显示各因素对于区域贫困的影响性，其中负相关表示该因素会加剧区域贫困，正相关表示该因素能够缓解区域贫困。由表可知，仅有第一产业占比与生产总值之间的相关性为负相关，其余变量均为正相关。因此，将除第一产业占比之外的其他经济、自然、社会指标均视为消贫因素，并用经济消贫指数、自然消贫指数、社会消贫指数表现这三个方面因素的量化影响。

**表7－6 多维贫困测度指标的Pearson相关分析结果**

| 维度 | 指标 | 相关系数r | 显著性水平t |
|---|---|---|---|
| 自然 | 年末实有耕地面积 | 0.31 | 0.00 |
| | 行政区面积 | 0.206 | 0.002 |
| | 人口密度 | 0.242 | 0.000 |
| 社会 | 普通中学在校学生数 | 0.452 | 0.000 |
| | 小学在校学生数 | 0.25 | 0.00 |
| | 医院、卫生院床位数 | 0.873 | 0.000 |
| | 社会福利院床位数 | 0.533 | 0.000 |
| | 公路里程合计 | 0.462 | 0.000 |

续表

| 维度 | 指标 | 相关系数 r | 显著性水平 t |
|---|---|---|---|
| 经济 | 第一产业产值占比 | -0.543 | 0.000 |
| | 第二产业产值占比 | 0.442 | 0.000 |
| | 人均生产总值 | 0.741 | 0.000 |
| | 地方财政一般预算收入 | 0.799 | 0.000 |
| | 地方财政一般预算支出 | 0.738 | 0.000 |
| | 全社会固定资产投资 | 0.8 | 0.0 |
| | 社会消费品零售总额 | 0.879 | 0.000 |
| | 常住人口数 | 0.43 | 0.00 |
| | 非农业人口数 | 0.7 | 0.0 |

4. BP 模型构建

本文利用 BP 神经网络计算经济消贫指数、自然消贫指数与社会消贫指数。步骤如下：

（1）数据预处理。本文根据上述多维贫困测度指标体系进行分析，乌蒙山贫困区共有 38 个县，而其所属的地级市市域范围内共包含 78 个县，通过对于 78 个县的整体分析，可以得出该地区经济、自然和社会方面三个年度（2005 年、2010 年以及 2015 年）的多维度指标值。由于七星关区数据缺失较多，因此删除七星关区后，利用多重插补法补全剩余缺失值，得到用于建模的最终数据，最终获得 77 个县共 232 条观测值。

根据上述多维贫困测度指标体系，本书选择县级有关地区经济、自然和社会方面的多维度指标值进行分析。数据选自 2005 年、2010 年及 2015 年三个年度，涉及乌蒙山贫困区县所属地级市市域范围内共 77 个县[1]，其中 38 县属于乌蒙山贫困区内县。

（2）得到神经网络训练数据。以经济消贫指数为例，选择 77 个县 2005 年、2010 年以及 2015 年经济消贫指数对应的 9 个指标因素，即第一产业占比、第二产业占比、人均生产总值、地方财政一般预算收入、地方财政一般预算支出、全社会固定资产投资、社会消费品零售总额、年末常住人口、非农业人口作为输入神经元，经济消贫指数作为输出神

[1] 乌蒙山贫困区县所属地级市市域范围共有 78 县，由于七星关区数据缺失较多，因此删除七星关区。

经元，构建 BP 网络模型。

通过以下步骤产生训练数据：

1）最大最小标准化。由于神经网络建模对于自变量的取值敏感，而原指标单位量纲各异，为防止错误地估计每个指标对经济消贫指数的影响，将上述 9 个指标进行最大最小标准化，标准化后，观测的各个指标因素的取值均在0 ~ 1之间。

2）利用各指标分位数建立 BP 网络评价标准表。由于经济消贫指数是本文将要定义的经济因素对贫困影响的测度，并非原始数据中真实存在的因变量，无法直接建模，因此在对经济消贫指数进行 BP 神经网络建模前，应首先建立其评价标准表。

经济消贫指数共分为 1（低）、2（较低）、3（中）、4（较高）、5（高）五个等级，取值越高说明地区的相关经济因素整体对降低贫困程度的影响越积极，该地区贫困程度越低；反之则说明经济因素整体对降低贫困程度的影响越有限，该地区贫困程度越高。据此，我们构造了 BP 网络评价标准表（见表 7 – 7）。

**表 7 – 7　经济消贫指数 BP 网络评价标准**

| 分位数 | X9 | X10 | X11 | X12 | X13 | X14 | X15 | X16 | X17 | 等级 |
|---|---|---|---|---|---|---|---|---|---|---|
| 20% | 1. 000 | 0. 261 | 0. 069 | 0. 026 | 0. 037 | 0. 105 | 0. 039 | 0. 119 | 0. 065 | 1（较低） |
| 40% | 0. 632 | 0. 411 | 0. 111 | 0. 058 | 0. 105 | 0. 033 | 0. 075 | 0. 208 | 0. 139 | 2（低） |
| 60% | 0. 499 | 0. 537 | 0. 199 | 0. 102 | 0. 170 | 0. 074 | 0. 138 | 0. 261 | 0. 230 | 3（中等） |
| 80% | 0. 389 | 0. 679 | 0. 308 | 0. 208 | 0. 301 | 0. 144 | 0. 268 | 0. 450 | 0. 360 | 4（高） |
| 100% | 0. 301 | 1. 000 | 1. 000 | 1. 000 | 1. 000 | 1. 000 | 1. 000 | 1. 000 | 1. 000 | 5（较高） |

其中，分位数均指代 232 条观测值中，各个标准化后指标因素的分位数值。

3）对 BP 网络评价标准表进行 Spline 线性内插。为了给神经网络建模提供足够的数据量，现将表 7 – 7 中的 5 条评价标准视为 5 个观测值，对其进行 Spline 线性内插，将经济消贫指数样本量扩充至 200 条观测值。

（3）BP 神经网络建模。以经济消贫指数为例，输入神经元共有 9 个，输出神经元 1 个，隐层神经元个数未知。我们将训练数据分割为训练集与验证集，其中训练集包括 180 条观测值，验证集包括 20 条观测值，使用训练集训练神经网络，并预测验证集的经济消贫指数测度；采用 MSE 衡量神经网络的误差大小，反映神经网络预测的经济消贫指数测度与我们定义的评价标准之间的差距。最终确定隐层神经元个数为 8 个，即网络的拓扑结构为 9×8×1。使用 BP 算法与全部的 200 条观测值训练该 9×8×1 神经网络，初始学习率为 0.001，最大迭代次数设为 1000 次，最终得到神经网络系数并计算经济消贫指数。

（4）消贫指数。将各县标准化后指标输入上述 BP 神经网络进行计算，即得到各县在三个年度经济消贫指数的模拟值。

同理可得自然消贫指数、社会消贫指数的模拟值。

区域综合发展指数由自然消贫指数、社会消贫指数和经济消贫指数相加得到，反映区域在自然、经济、社会三个维度的综合发展指数。

## 7.2 乌蒙山片区自然贫困测度模拟

针对乌蒙山片区经济社会发展水平较低，空间相对封闭的情况，整体上贫困与生态环境脆弱耦合、贫困与生存条件恶劣伴生、贫困与经济社会发展落后并存、贫困与地理区位特殊叠加这四大问题，本课题基于乌蒙山片区贫困程度测定方式不完善及缺乏地理视角的现状，构建自然社会经济全面耦合的片区贫困测度指标体系，运用 BP 神经网络模拟区域自然消贫指数、社会消贫指数和经济消贫指数的时间空间变化情况，建立全面表征片区贫困程度的国土扶贫压力指数时空模型。此次贫困测度指标体系，包括自然资源、社会服务和经济发展水平三个维度，各维度指标选取主要考虑指标的权威性及其数据可得性。

### 7.2.1 自然消贫指数分析

自然消贫指数通过年末实有耕地面积、行政区土地面积和人口密度三个指标构建，体现地区发展的土地资源和人口集中度。充足的土地资源和集中的人口是经济发展的基础条件，决定着地区经济发展的自然承载力。地区自然消贫指数较高意味着地区的土地资源较为充足，人口较为集中，地区经济发展在自然维度的潜力较大，对区域贫困的缓解作用较大。自然资源相关数据来源于各区县统计年鉴。

1. 乌蒙山片区自然消贫指数的时空分析

从2015年的现状来看，自然消贫指数处于中等偏下水平的贫困县集中分布于乌蒙山片区西北部、云南和四川交界的地区，自然条件差、潜力小。除这一集中区域之外，自然消贫指数较低的市县还零星散落于自然条件较好的区域之内，包括西部的鲁甸县、北部的威信县和赤水市。乌蒙山片区内自然消贫指数较高的贫困县位于乌蒙山片区中西部及东部，这一区域地势相对平坦，山间盆地较为广阔，可供发展的土地面积较大，人口密度较大，发展的自然潜力大。乌蒙山片区自然消贫指数见表7－8。

**表7－8　乌蒙山片区贫困县自然消贫指数**

| 城市 | 县名 | 2005年 | 2010年 | 2015年 | 2015年和2005年的指数变化值 |
|---|---|---|---|---|---|
| 楚雄市 | 武定县 | 3.3949 | 3.3934 | 3.4902 | 0.0953 |
| 昆明市 | 禄劝彝族苗族自治县 | 4.2898 | 4.2726 | 4.4469 | 0.1571 |
| | 寻甸回族彝族自治县 | 4.2011 | 4.1948 | 4.1947 | －0.0064 |
| 曲靖市 | 会泽县 | 4.6593 | 4.6651 | 4.6705 | 0.0112 |
| | 宣威市 | 4.6940 | 4.6934 | 4.6933 | －0.0007 |
| 昭通市 | 昭阳区 | 4.1751 | 4.1558 | 4.0649 | －0.1102 |
| | 鲁甸县 | 2.1199 | 2.0655 | 2.5008 | 0.3809 |
| | 巧家县 | 4.3228 | 4.3194 | 4.3118 | －0.0110 |
| | 盐津县 | 2.3457 | 2.4437 | 2.4577 | 0.1120 |
| | 大关县 | 1.7971 | 1.6967 | 1.7009 | －0.0963 |
| | 永善县 | 3.0922 | 3.6709 | 3.5949 | 0.5027 |
| | 绥江县 | 1.1843 | 1.1799 | 1.1604 | －0.0239 |
| | 镇雄县 | 4.6488 | 4.6451 | 4.6454 | －0.0034 |
| | 彝良县 | 4.4094 | 3.9640 | 3.9584 | －0.4510 |
| | 威信县 | 1.6239 | 1.5966 | 1.5902 | －0.0337 |
| 毕节市 | 大方县 | 4.4333 | 3.0427 | 3.0381 | －1.3952 |
| | 黔西县 | 3.6860 | 3.7538 | 3.1783 | －0.5076 |
| | 金沙县 | 3.4051 | 3.4463 | 3.2282 | －0.1769 |
| | 织金县 | 3.9272 | 3.9548 | 4.1018 | 0.1747 |
| | 纳雍县 | 3.0000 | 3.1950 | 3.6656 | 0.6656 |
| | 威宁县 | 4.6990 | 4.6990 | 4.7025 | 0.0035 |
| | 赫章县 | 4.1274 | 4.1759 | 4.2774 | 0.1500 |

续表

| 城市 | 县名 | 2005 年 | 2010 年 | 2015 年 | 2015 年和 2005 年的指数变化值 |
|---|---|---|---|---|---|
| 遵义市 | 桐梓县 | 4.0606 | 4.0866 | 3.7480 | -0.3127 |
| | 习水县 | 4.1459 | 4.1379 | 4.0292 | -0.1167 |
| | 赤水市 | 1.5581 | 1.5758 | 2.0040 | 0.4460 |
| 乐山市 | 沐川县 | 1.3773 | 1.3718 | 1.3843 | 0.0070 |
| | 马边彝族自治县 | 2.0755 | 2.1088 | 2.0272 | -0.0482 |
| 泸州市 | 叙永县 | 3.8905 | 3.8854 | 3.9067 | 0.0162 |
| | 古蔺县 | 4.1702 | 4.1763 | 4.1843 | 0.0142 |
| 宜宾市 | 屏山县 | 1.4981 | 1.4909 | 1.4833 | -0.0147 |

从演变趋势来看，乌蒙山片区贫困县的自然消贫指数空间格局在 2005 年到 2015 年期间没有较大的变化，西北部的自然发展潜力一直不足；个别贫困县自然消贫指数有提升的趋势：毕节市纳雍县的自然消贫指数在 2010 年达到较高水平，遵义和赤水市的自然消贫指数在 2015 年达到中等水平。自然消贫指数体现区域发展在自然条件方面的潜力，在很大程度上受到区域地形地势等硬性条件影响，因此难以提高。

2. 云南省乌蒙山片区分城市的内部自然消贫指数的时空分析

（1）楚雄市自然消贫指数（图 7 -1）。从 2015 年的现状来看，楚雄市整体自然消贫指数差异明显，西南部及西北部的自然消贫指数较

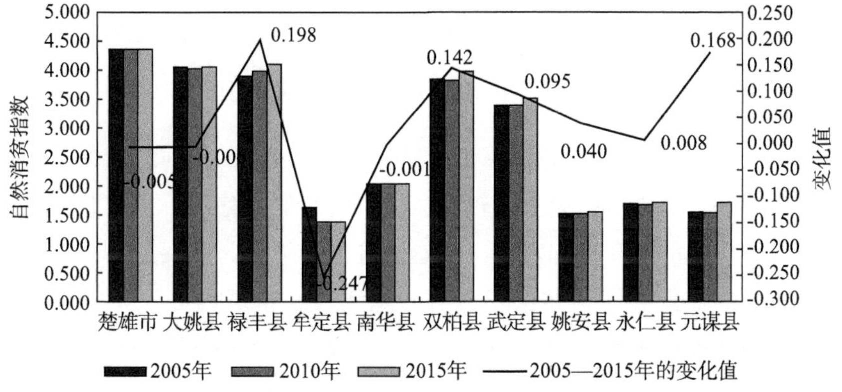


**图 7 -1　楚雄市自然消贫指数统计图**

高，发展的自然条件较好，中部的姚安县、南华县以及北部的永仁县、元谋县自然消贫指数较低，发展的自然潜力偏低。楚雄市西北部的武定县在乌蒙山片区范围内，在市域范围内自然消贫指数较高。从演变趋势来看，楚雄市自然消贫指数变化的趋势并不明显。乌蒙山贫困区内的武定县的自然消贫指数较高，发展的自然潜力较大。

（2）昆明市自然消贫指数（图 7－2）。从 2015 年的现状来看，昆明市的内部自然消贫指数呈现北高南低的分布格局。北部属于乌蒙山贫困区的寻甸回族彝族自治县的自然消贫指数在市域内处于高位，南部各县的自然消贫指数偏低，自然发展潜力北高南低。从演变趋势来看，昆明市的内部自然消贫指数整体上在十年间的变化趋势并不明显，但局部市县呈下降趋势。从 2005 年到 2010 年，石林县、嵩明县自然消贫指数下降，发展的自然潜力下滑。乌蒙山贫困区内的寻甸县的自然消贫指数较高，发展的自然潜力较大。

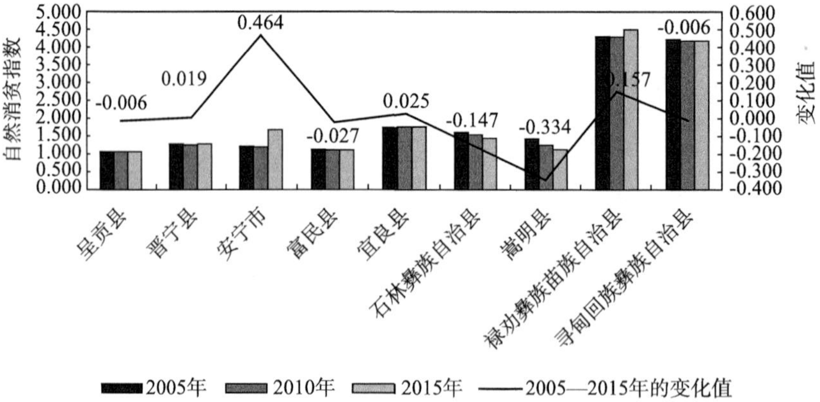


**图 7－2　昆明市自然消贫指数统计图**

（3）曲靖市自然消贫指数（图 7－3）。从 2015 年的现状来看，曲靖市的内部自然消贫指数总体较高，呈东高西低的格局。东部包括乌蒙山片区范围内的会泽县和宣威市自然消贫指数较高，发展的自然条件较好，西部的陆良县和马龙县发展的自然条件在市域内处于中等偏下水平。从演变趋势来看，曲靖市自然消贫指数的变化趋势不明显。乌蒙山贫困区内的会泽县和宣威市的自然消贫指数较高，发展的自然潜力较大。

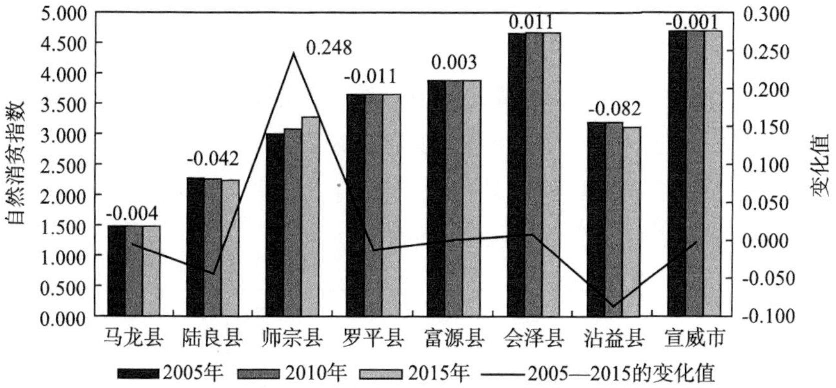


**图7－3 曲靖市自然消贫指数统计图**

（4）昭通市自然消贫指数（图7－4）。昭通全市各县均位于乌蒙山贫困区内。从2015年的现状来看，昭通市的内部自然消贫指数的空间差异较大：北部的绥江县、水富县、中部的大关县和东部的威信县三足鼎立，自然消贫指数在市域范围内较低，中部的鲁甸县和南部的盐津县自然消贫指数中等，西部的永善县、南部的镇雄县、彝良县和巧家县自然消贫指数较高，发展的自然条件较好。其中不属于乌蒙山贫困区的水富县自然消贫指数偏低，发展的自然潜力低于周边市县。从演变趋势来看，昭通市的内部自然消贫指数的变化趋势不明显。

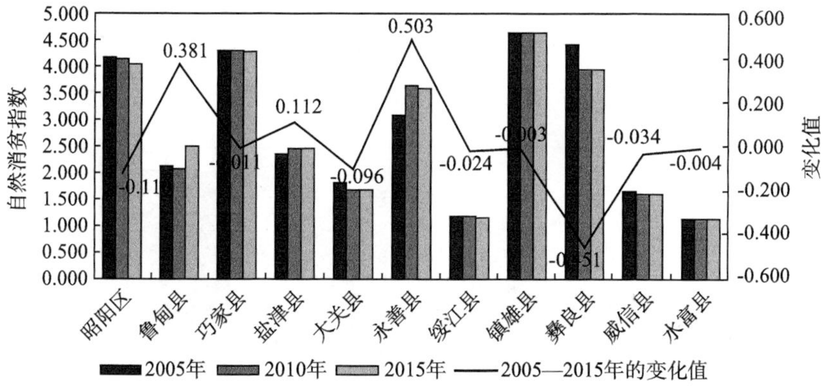


**图7－4 昭通市自然消贫指数统计图**

3. 四川省乌蒙山片区分城市的内部自然消贫指数的时空分析

（1）乐山市自然消贫指数（图7－5）。从2015年的现状来看，乐山市除了属于乌蒙山贫困区范围内的沐川县和马边彝族自治县之外，北部的夹江县、井研县、峨眉山市的自然消贫指数也较低，南部的峨边彝族自治县处于中等水平，形成北低南高的自然消贫指数分布格局。整体上乐山市发展的自然潜力小。从演变趋势来看，乐山市的内部自然消贫指数变化趋势不明显。沐川县位于乌蒙山贫困区内，自然消贫指数较低，发展的自然潜力较小。

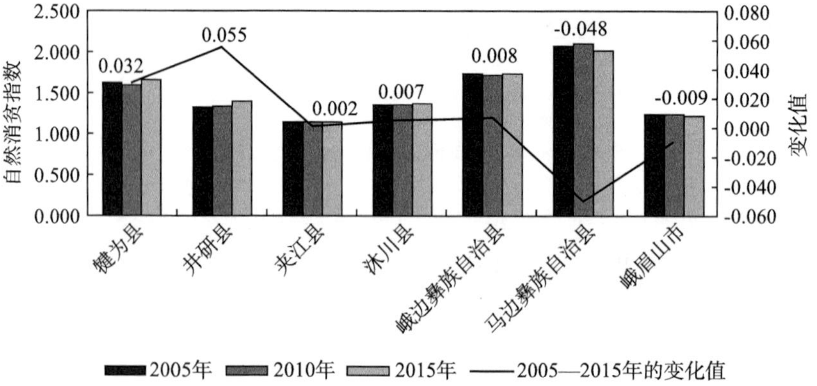


**图 7-5 乐山市自然消贫指数统计图**

（2）泸州市自然消贫指数（图 7-6）。从 2015 年的现状来看，泸州市北部的泸县自然消贫指数低于南部在乌蒙山贫困区范围内的叙永县和古蔺县。泸州市整体自然消贫指数中等偏上，呈南高北低的分布格局。从演变趋势来看，泸州市的内部自然消贫指数变化趋势不明显。叙永县和古蔺县位于乌蒙山贫困区内，自然消贫指数较高，发展的自然潜力较大。

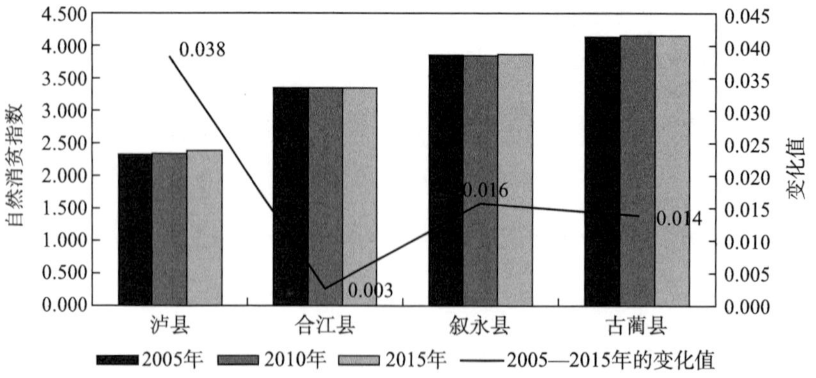


**图 7-6 泸州市自然消贫指数统计图**

（3）宜宾市自然消贫指数（图7－7）。从2015年现状来看，宜宾市的内部自然消贫指数总体较低，内部差异较大。除了宜宾市西部属于乌蒙山贫困区范围内的屏山县之外，南部的筠连县等5个市县自然消贫指数也较低。自然消贫指数中等偏高的市县分布于宜宾市北部的宜宾县和南部的珙县。总体而言，宜宾市发展的自然潜力偏低，市内差异较大。从演变趋势来看，从2005年到2015年，宜宾市的内部自然消贫指数没有明显的变化趋势。南部珙县的自然消贫指数有一定提升，但仍停留在中等水平，南部的自然条件仍不高。屏山县位于乌蒙山贫困区内，自然消贫指数较低，发展的自然潜力较小。

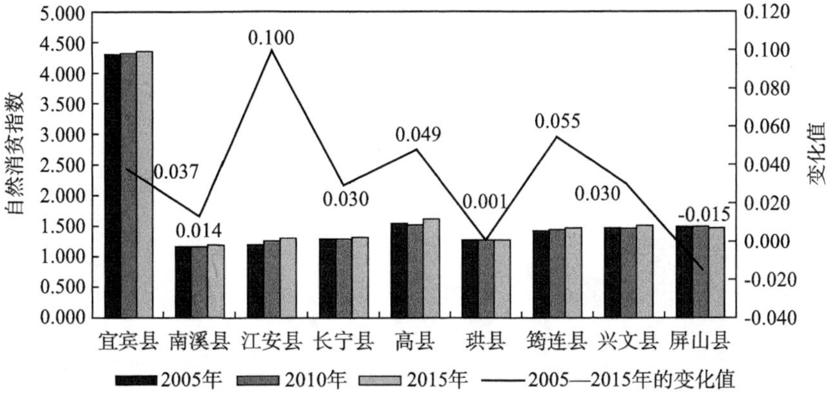


图7－7 宜宾市自然消贫指数统计图

4. 贵州省乌蒙山片区分城市的内部自然消贫指数的时空分析

（1）毕节市自然消贫指数（图7－8）。毕节全市各县均位于乌蒙山贫困区内。从2015年的现状来看，毕节市各县均在乌蒙山片区贫困县范围内，但各县的自然消贫指数均处于较高水平，空间分异不明显，说明毕节市土地资源较多，人口较为集中，发展的自然条件均衡且均处于高位。从演变趋势来看，2005年至2015年间毕节市内部自然消贫指数一直较高，变化趋势不明显。

（2）遵义市消贫指数（图7－9）。从2015年的现状来看，属于乌蒙山集中连片贫困区的赤水市的自然消贫指数较低，与乌蒙山贫困区以外的道真县、凤冈县、湄潭县和余庆县形成遵义市低自然消贫指数的三角格局，经济发展的自然条件较差。遵义市中部地区的自然消贫指数均处于高位，发展的自然潜力较大。赤水市、桐梓县和习水县位于乌蒙山贫困区内，桐梓县和习水县的自然消贫指数较高，发展的自然潜力较大，赤水市的自然消贫指数较低，发展的自然潜力较小。

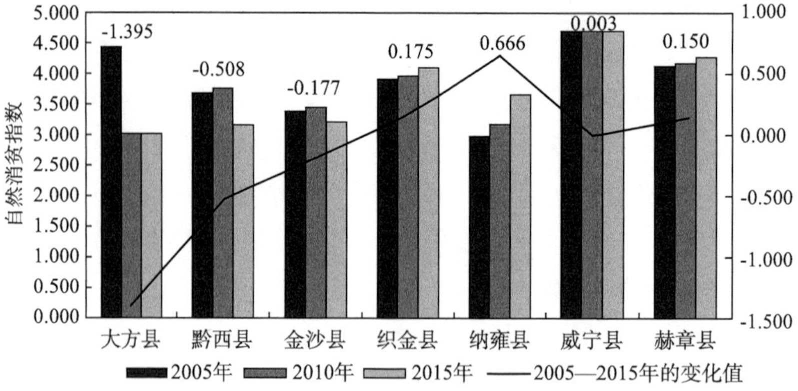


**图 7－8　毕节市自然消贫指数统计图**

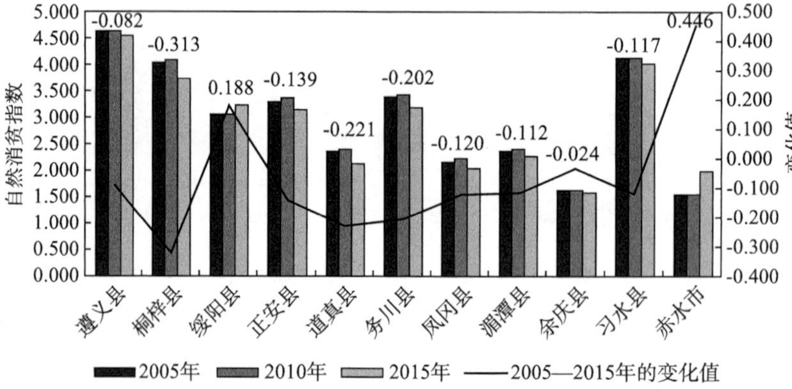


**图 7－9　遵义市自然消贫指数统计图**

从演变趋势来看，遵义市的自然消贫指数基本没有发生变化，只有位于乌蒙山片区的赤水市的自然消贫指数有所提升，2015 年自然潜力在整个市域内处于中等水平。

5. 乌蒙山片区涉及市域的整体自然消贫指数的时空分析

乌蒙山片区涉及市域整体自然消贫指数见表 7－9。从 2015 年的现状来看，乌蒙山片区涉及市域的整体自然消贫指数呈现东高西低的格局。西北部四川乐山、宜宾与云南昭通交界处以及西南部云南昆明、楚雄、曲靖地区的自然消贫指数偏低，发展的自然条件普遍较差；东部除遵义市零星分布有自然消贫指数较低的县之外，自然消贫指数普遍较高。在乌蒙山贫困区范围之外，还有一些地区如乐山市夹江县、井研县，楚雄市永仁县、牟定县以及遵义市余庆县的自然消贫指数较低，发展的自然潜力较小，需要引起注意。

**表7-9　乌蒙山片区涉及市域整体自然消贫指数**

| 城市 | 县名 | 2005年 | 2010年 | 2015年 | 2015年和2005年的指数变化值 |
|---|---|---|---|---|---|
| 楚雄市 | 楚雄市 | 4.3318 | 4.3426 | 4.3273 | -0.0045 |
| | 双柏县 | 3.8201 | 3.8142 | 3.9625 | 0.1424 |
| | 牟定县 | 1.6575 | 1.4101 | 1.4101 | -0.2474 |
| | 南华县 | 2.0589 | 2.0618 | 2.0579 | -0.0010 |
| | 姚安县 | 1.5280 | 1.5281 | 1.5680 | 0.0400 |
| | 大姚县 | 4.0372 | 4.0270 | 4.0315 | -0.0057 |
| | 永仁县 | 1.7084 | 1.7126 | 1.7161 | 0.0077 |
| | 元谋县 | 1.5754 | 1.5730 | 1.7434 | 0.1680 |
| | 武定县 | 3.3949 | 3.3934 | 3.4902 | 0.0953 |
| | 禄丰县 | 3.8996 | 3.9760 | 4.0978 | 0.1981 |
| 昆明市 | 呈贡县 | 1.1003 | 1.0863 | 1.0939 | -0.0064 |
| | 晋宁县 | 1.3009 | 1.3103 | 1.3202 | 0.0192 |
| | 安宁市 | 1.2369 | 1.2190 | 1.7013 | 0.4644 |
| | 富民县 | 1.1828 | 1.1825 | 1.1558 | -0.0270 |
| | 宜良县 | 1.7630 | 1.7939 | 1.7885 | 0.0255 |
| | 石林彝族自治县 | 1.6343 | 1.5888 | 1.4876 | -0.1466 |
| | 嵩明县 | 1.4798 | 1.2736 | 1.1461 | -0.3337 |
| | 禄劝彝族苗族自治县 | 4.2898 | 4.2726 | 4.4469 | 0.1571 |
| | 寻甸回族彝族自治县 | 4.2011 | 4.1948 | 4.1947 | -0.0064 |
| 曲靖市 | 马龙县 | 1.4993 | 1.4967 | 1.4952 | -0.0041 |
| | 陆良县 | 2.3037 | 2.3076 | 2.2619 | -0.0418 |
| | 师宗县 | 3.0288 | 3.0953 | 3.2764 | 0.2475 |
| | 罗平县 | 3.6813 | 3.6744 | 3.6703 | -0.0110 |
| | 富源县 | 3.8833 | 3.9037 | 3.8867 | 0.0034 |
| | 会泽县 | 4.6593 | 4.6651 | 4.6705 | 0.0112 |
| | 沾益县 | 3.2042 | 3.2078 | 3.1218 | -0.0825 |
| | 宣威市 | 4.6940 | 4.6934 | 4.6933 | -0.0007 |

续表

| 城市 | 县名 | 2005年 | 2010年 | 2015年 | 2015年和2005年的指数变化值 |
|---|---|---|---|---|---|
| 昭通市 | 昭阳区 | 4.1751 | 4.1558 | 4.0649 | -0.1102 |
| | 鲁甸县 | 2.1199 | 2.0655 | 2.5008 | 0.3809 |
| | 巧家县 | 4.3228 | 4.3194 | 4.3118 | -0.0110 |
| | 盐津县 | 2.3457 | 2.4437 | 2.4577 | 0.1120 |
| | 大关县 | 1.7971 | 1.6967 | 1.7009 | -0.0963 |
| | 永善县 | 3.0922 | 3.6709 | 3.5949 | 0.5027 |
| | 绥江县 | 1.1843 | 1.1799 | 1.1604 | -0.0239 |
| | 镇雄县 | 4.6488 | 4.6451 | 4.6454 | -0.0034 |
| | 彝良县 | 4.4094 | 3.9640 | 3.9584 | -0.4510 |
| | 威信县 | 1.6239 | 1.5966 | 1.5902 | -0.0337 |
| | 水富县 | 1.1188 | 1.1158 | 1.1149 | -0.0039 |
| 毕节市 | 大方县 | 4.4333 | 3.0427 | 3.0381 | -1.3952 |
| | 黔西县 | 3.6860 | 3.7538 | 3.1783 | -0.5076 |
| | 金沙县 | 3.4051 | 3.4463 | 3.2282 | -0.1769 |
| | 织金县 | 3.9272 | 3.9548 | 4.1018 | 0.1747 |
| | 纳雍县 | 3.0000 | 3.1950 | 3.6656 | 0.6656 |
| | 威宁县 | 4.6990 | 4.6990 | 4.7025 | 0.0035 |
| | 赫章县 | 4.1274 | 4.1759 | 4.2774 | 0.1500 |
| 遵义市 | 遵义县 | 4.6285 | 4.6298 | 4.5467 | -0.0819 |
| | 桐梓县 | 4.0606 | 4.0866 | 3.7480 | -0.3127 |
| | 绥阳县 | 3.0664 | 3.0891 | 3.2544 | 0.1880 |
| | 正安县 | 3.2970 | 3.3700 | 3.1580 | -0.1390 |
| | 道真县 | 2.3687 | 2.4176 | 2.1474 | -0.2212 |
| | 务川县 | 3.3955 | 3.4285 | 3.1938 | -0.2016 |
| | 凤冈县 | 2.1859 | 2.2412 | 2.0659 | -0.1200 |
| | 湄潭县 | 2.3881 | 2.4276 | 2.2758 | -0.1123 |
| | 余庆县 | 1.6402 | 1.6565 | 1.6164 | -0.0238 |
| | 习水县 | 4.1459 | 4.1379 | 4.0292 | -0.1167 |
| | 赤水市 | 1.5581 | 1.5758 | 2.0040 | 0.4460 |
| 乐山市 | 犍为县 | 1.6379 | 1.6083 | 1.6700 | 0.0321 |
| | 井研县 | 1.3518 | 1.3525 | 1.4071 | 0.0553 |
| | 夹江县 | 1.1615 | 1.1617 | 1.1631 | 0.0016 |

续表

| 城市 | 县名 | 2005 年 | 2010 年 | 2015 年 | 2015 年和 2005 年的指数变化值 |
|---|---|---|---|---|---|
| 乐山市 | 沐川县 | 1.3773 | 1.3718 | 1.3843 | 0.0070 |
| | 峨边彝族自治县 | 1.7388 | 1.7417 | 1.7470 | 0.0083 |
| | 马边彝族自治县 | 2.0755 | 2.1088 | 2.0272 | -0.0482 |
| | 峨眉山市 | 1.2559 | 1.2488 | 1.2468 | -0.0091 |
| 泸州市 | 泸县 | 2.3760 | 2.3887 | 2.4143 | 0.0383 |
| | 合江县 | 3.3738 | 3.3732 | 3.3769 | 0.0030 |
| | 叙永县 | 3.8905 | 3.8854 | 3.9067 | 0.0162 |
| | 古蔺县 | 4.1702 | 4.1763 | 4.1843 | 0.0142 |
| 宜宾市 | 宜宾县 | 4.3309 | 4.3437 | 4.3682 | 0.0374 |
| | 南溪县 | 1.1699 | 1.1694 | 1.1840 | 0.0140 |
| | 江安县 | 1.2079 | 1.2680 | 1.3076 | 0.0997 |
| | 长宁县 | 1.3030 | 1.3022 | 1.3331 | 0.0301 |
| | 高县 | 1.5483 | 1.5413 | 1.5973 | 0.0490 |
| | 珙县 | 1.2799 | 1.2743 | 1.2808 | 0.0009 |
| | 筠连县 | 1.4257 | 1.4541 | 1.4809 | 0.0553 |
| | 兴文县 | 1.4790 | 1.4783 | 1.5088 | 0.0298 |
| | 屏山县 | 1.4981 | 1.4909 | 1.4833 | -0.0147 |

从演变趋势来看，乌蒙山片区涉及市域的整体自然消贫指数在整体空间格局上的变化趋势不明显，局部有微小的变化：北部个别县的自然消贫指数呈上升趋势，南部个别县的自然消贫指数呈下降趋势。

### 7.2.2 社会消贫指数分析

社会消贫指数通过普通中学在校学生数、小学在校学生数、医院卫生院床位数、社会福利院床位数、公路里程数五个指标构建得到，反映了地区的基础教育水平、医疗资源条件、社会福利和基础设施水平。地区的基础教育水平、医疗资源条件和社会福利水平对人力资源的累积和提升具有重要影响，是地区经济发展的重要力量；社会基础设施水平体现地区与外界的联通性，是地区经济发展的重要条件。因此，较高的社会消贫指数意味着地区较高的基础教育程度、较完善的社会福利和基础设施水平，较好的医疗资源条件，经济发展在社会维度的潜力较大，对区域贫困的缓解作用较大。

1. 乌蒙山片区社会消贫指数的时空分析

从2015年的现状来看，社会消贫指数较低的市县集中分布于乌蒙山片区的西北部，在西南部和北部也有零星分布，广大的东部地区社会消贫指数较高。乌蒙山片区西北部的云南、四川西部交界地区和西南部的云南省中部的社会消贫指数较低，这一区域的基础教育程度、医疗条件、基础设施和社会福利水平较处于中东部的贵州省低，经济发展在社会维度的潜力较小。乌蒙山片区贫困县社会消贫指数见表7－10。

**表7－10　乌蒙山片区贫困县社会消贫指数**

| 城市 | 县名 | 2005年 | 2010年 | 2015年 | 2015年和2005年的指数变化值 |
|---|---|---|---|---|---|
| 楚雄市 | 武定县 | 1.6057 | 1.9522 | 2.5602 | 0.9546 |
| 昆明市 | 禄劝彝族苗族自治县 | 1.6249 | 2.9411 | 3.8603 | 2.2354 |
| | 寻甸回族彝族自治县 | 3.3311 | 3.4161 | 4.1717 | 0.8406 |
| 曲靖市 | 会泽县 | 2.9217 | 4.1904 | 4.3272 | 1.4055 |
| | 宣威市 | 4.3228 | 4.5636 | 4.6991 | 0.3762 |
| 昭通市 | 昭阳区 | 3.9040 | 4.2747 | 4.4380 | 0.5340 |
| | 鲁甸县 | 1.9091 | 2.1601 | 4.0312 | 2.1221 |
| | 巧家县 | 1.8339 | 1.5852 | 4.0580 | 2.2240 |
| | 盐津县 | 2.0932 | 3.4345 | 3.2412 | 1.1480 |
| | 大关县 | 1.4750 | 1.6687 | 2.5987 | 1.1237 |
| | 永善县 | 1.9692 | 3.1825 | 2.9935 | 1.0243 |
| | 绥江县 | 1.2116 | 1.2284 | 1.3352 | 0.1236 |
| | 镇雄县 | 4.2076 | 4.5263 | 4.6828 | 0.4752 |
| | 彝良县 | 3.0713 | 3.5289 | 3.8337 | 0.7625 |
| | 威信县 | 3.1808 | 2.3270 | 2.3702 | －0.8106 |
| 毕节市 | 大方县 | 3.4218 | 4.1142 | 4.5290 | 1.1072 |
| | 黔西县 | 3.2577 | 4.0025 | 4.2794 | 1.0217 |
| | 金沙县 | 3.7852 | 3.6798 | 4.2244 | 0.4392 |
| | 织金县 | 3.6760 | 4.0616 | 4.4724 | 0.7964 |
| | 纳雍县 | 3.7550 | 3.9248 | 4.4348 | 0.6798 |
| | 威宁县 | 4.2265 | 4.5524 | 4.7526 | 0.5260 |
| | 赫章县 | 3.9508 | 4.1871 | 4.3880 | 0.4373 |

续表

| 城市 | 县名 | 2005 年 | 2010 年 | 2015 年 | 2015 年和 2005 年的指数变化值 |
|---|---|---|---|---|---|
| 遵义市 | 桐梓县 | 3.2704 | 3.0373 | 4.2550 | 0.9846 |
| | 习水县 | 2.5728 | 3.3528 | 4.3252 | 1.7524 |
| | 赤水市 | 1.2556 | 2.2813 | 3.2366 | 1.9810 |
| 乐山市 | 沐川县 | 1.1101 | 1.3998 | 3.3981 | 2.2880 |
| | 马边彝族自治县 | 1.1240 | 1.1658 | 1.2280 | 0.1040 |
| 泸州市 | 叙永县 | 2.9929 | 3.7182 | 4.0789 | 1.0860 |
| | 古蔺县 | 3.7256 | 3.9839 | 4.1441 | 0.4185 |
| 宜宾市 | 屏山县 | 1.2582 | 1.4414 | 2.3336 | 1.0754 |

从演变趋势来看，从 2005 年至 2010 年，乌蒙山片区社会消贫指数呈现不断上升的趋势，社会消贫指数较低的片区范围不断缩小。2005 年有沐川县、马边彝族自治县、赤水市、盐津县、鲁甸县、会泽县、禄劝彝族苗族自治县、武定县等 15 个县社会消贫指数处于中等偏低水平，到 2010 年只有马边彝族自治县和绥江县两个县社会消贫指数低于中等水平。这说明乌蒙山片区的社会发展水平不断提高，基础教育得到普及，医疗、社会福利和基础设施水平不断提升，经济发展的社会条件不断提升。

2. 云南省乌蒙山片区分城市内部社会消贫指数的时空分析

（1）楚雄市社会消贫指数（图 7－10）。从 2015 年的现状来看，楚雄市的内部社会消贫指数呈现南北低中部高的分布格局，北部永仁县、元谋县、姚安县和牟定县的社会消贫指数较低，发展的社会条件较差；南部的双柏县、西北部的大姚县和东北部的武定县次之，社会消贫指数最高的是中部地区，包括禄丰县、南华县和楚雄市。处于乌蒙山贫困区范围之外的永仁县、元谋县、姚安县和牟定县社会消贫指数较低，发展的社会条件较差。武定县位于乌蒙山贫困区内，社会消贫指数较高，发展的社会条件一般。

从演变趋势来看，楚雄市的内部社会消贫指数整体上呈上升趋势，从 2005 年到 2015 年，楚雄市北部的大姚县的社会消贫指数上升，中部南华县的社会消贫指数由中等水平提升为较高水平。整体上中部和北部发展的社会条件有所改善。位于乌蒙山贫困区的武定县的社会消贫指数有所上升，发展的社会条件也有所改善。

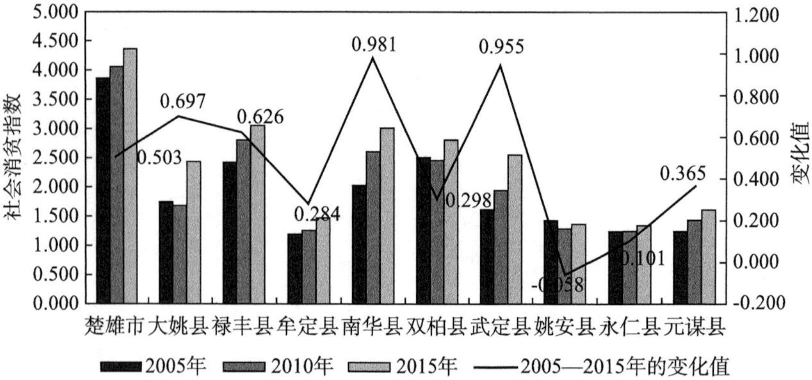


**图 7－10　楚雄市社会消贫指数统计图**

（2）昆明市社会消贫指数（图 7－11）。从 2015 年的现状来看，昆明市的内部社会消贫指数空间差异较大，西南部的安宁市和北部属于乌蒙山贫困区范围内的寻甸县社会消贫指数较高，基础教育程度、医疗条件、社会福利和基础设施水平较高；东部的嵩明县和宜良县次之；西部的呈贡县、晋宁县和富民县最低。昆明市市域内发展的社会条件差异较大。寻甸县位于乌蒙山贫困区内，社会消贫指数较高，发展的社会条件较好。

从演变趋势来看，昆明市的内部社会消贫指数呈明显的上升趋势。从 2005 年到 2015 年，西部的安宁市、东部的嵩明县和宜良县的社会消

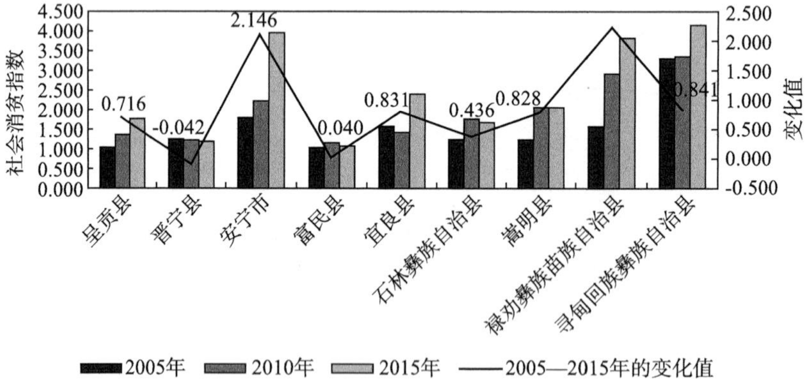


**图 7－11　昆明市社会消贫指数统计图**

贫指数都有一定程度的提升，说明昆明市的基础教育程度、医疗条件、社会福利和基础设施水平在不断改善。位于乌蒙山区的寻甸县社会消贫指数没有变化。

（3）曲靖市社会消贫指数（图7－12）。从2015年的现状来看，曲靖市的内部社会消贫指数整体较高，南部零星分布有社会消贫指数较低的罗平县和马龙县。这说明曲靖市的基础教育程度、医疗条件、社会福利和基础设施水平整体较好，经济发展的社会潜力大。但是局部地区的社会条件较差，西部不属于乌蒙山贫困区范围内的马龙县社会消贫指数较低。会泽县和宣威市位于乌蒙山贫困区内，社会消贫指数较高，发展的社会条件较好。

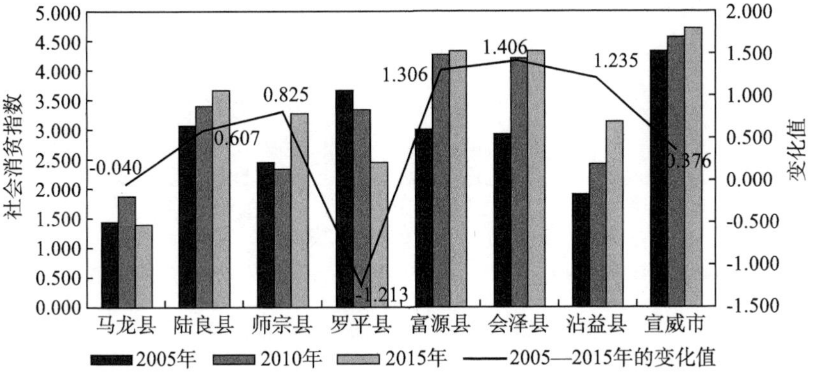


**图7－12　曲靖市社会消贫指数统计图**

从演变趋势来看，曲靖市的内部社会消贫指数有局部提升：从2005年至2010年，曲靖市北部会泽县的社会消贫指数由中等水平上升为较高水平，从2010年至2015年，曲靖市南部的师宗县的社会消贫指数也有上升，社会条件有一定提升。但是局部地区也出现了社会消贫指数降低的现象，曲靖市南部的罗平县的社会消贫指数由2010年的较高水平降低至中等水平，发展的社会潜力有下降趋势。会泽县和宣威市位于乌蒙山贫困区内，会泽县的社会消贫指数呈上升趋势而宣威市的社会消贫指数则一直处于较高水平，社会发展条件较好。

（4）昭通市社会消贫指数（图7－13）。昭通全市各县均位于乌蒙山贫困区内。从2015年的现状来看，昭通市的内部社会消贫指数差异明显，北部的绥江县、水富县社会消贫指数最低，西北部的永善县、大关县和东部的威信县次之，中部和南部地区的社会消贫指数较高，教育医疗和社会福利条件较好。

从演变趋势来看，昭通市的内部社会消贫指数不断上升，发展的社会条件不断提高。从2005年到2015年，南部巧家县和鲁甸县的社会消贫指数上升较多，北部的绥江县、永善县、大关县的社会消贫指数也有上升，发展的社会条件改善；但同时北部的水富县和东部的威信县社会消贫指数下降，基础教育程度、医疗条件、社会福利和基础设施水平有所降低。

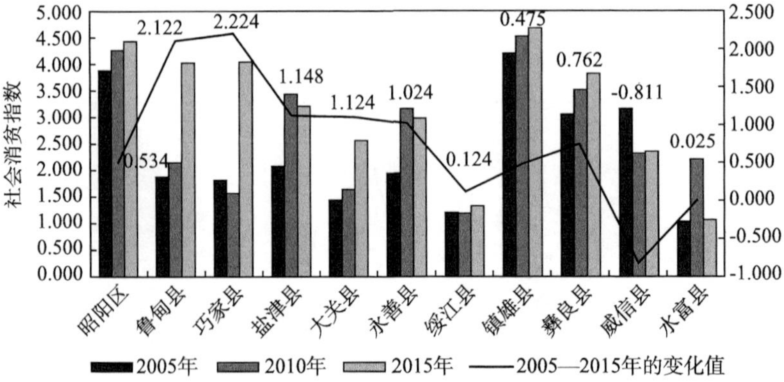


**图7－13　昭通市社会消贫指数统计图**

3. 四川省乌蒙山片区分城市内部社会消贫指数的时空分析

（1）乐山市社会消贫指数（图7－14）。从2015年的现状来看，乐山市的内部社会消贫指数空间差异较大，呈西低东高的格局。除了东部的犍为县和沐川县社会消贫指数较高以外，乌蒙山片区范围之外的东部和北部区县社会消贫指数均在中等及以下水平。这说明乐山东部的基础教育程度、医疗条件、社会福利和基础设施水平要高于西部地区，经济发展的社会条件较好。峨边县和沐川县位于乌蒙山贫困区内，峨边县的社会消贫指数低于沐川县，发展的社会条件较差。

从演变趋势来看，乐山市的内部社会消贫指数呈局部上升趋势：2005年乐山市全市的社会消贫指数都处于较低水平，2010年北部的井研县、峨眉山市以及东部的犍为县的社会消贫指数略有提升，2015年东部的沐川县的社会消贫指数有较大提升。除此之外，乐山市东南部的社会消贫指数一直处于低位，与西部较高的社会消贫指数形成了差异较大的市内社会消贫指数格局。这说明乐山市经济发展的社会条件东部及北部地区有局部提升，但整体提升不明显，差异较大。峨边县和沐川县位于乌蒙山贫困区内，峨边县的社会消贫指数一直处于低位，但沐川县的社会消贫指数有很大提升，社会发展条件有较大改善。

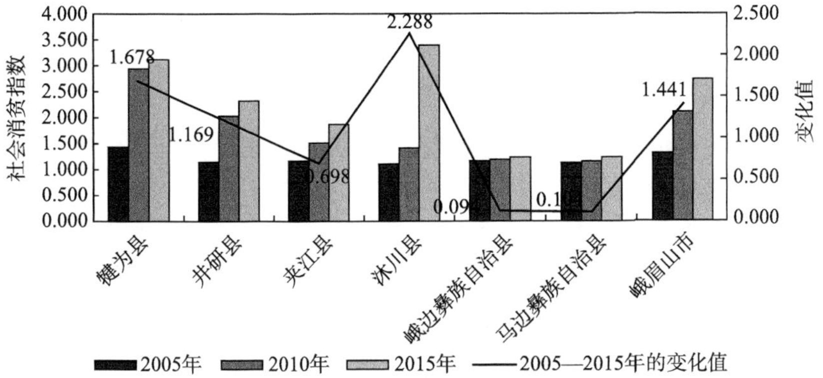


**图 7－14　乐山市社会消贫指数统计图**

（2）泸州市社会消贫指数（图 7－15）。从 2015 年的现状来看，泸州市的内部社会消贫指数分异程度低，整体处于高位，基础教育程度较高，医疗条件较好，社会福利和基础设施完善，且发展的社会条件较为均衡。叙永县和古蔺县位于乌蒙山贫困区内，社会消贫指数较高，发展的社会条件较好。

从演变趋势来看，泸州市的内部社会消贫指数呈上升趋势。2005 年泸县和古蔺县的社会消贫指数较高，到 2015 年全市域内的社会消贫指

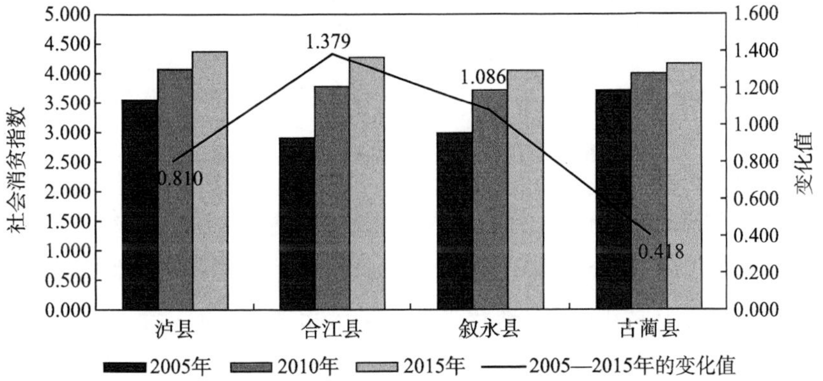


**图 7－15　泸州市社会消贫指数统计图**

数都处于较高水平，泸州市发展的社会条件得到提升。叙永县和古蔺县位于乌蒙山贫困区内，社会消贫指数均有所上升，社会发展条件得到改善。

（3）宜宾市社会消贫指数（图7－16）。从2015年的现状来看，宜宾市的内部社会消贫指数处于中等偏上水平，呈现西低东高的分布格局。西部的屏山县、高县和筠连县的社会消贫指数处于中等水平，而东部地区发展的社会潜力要大于西部的三县。屏山县位于乌蒙山贫困区内，社会消贫指数中等，发展的社会潜力中等。

从演变趋势来看，从2005年到2015年，宜宾市的内部社会消贫指数整体有较大提升。2005年市内东部和西部的社会消贫指数较低，到2015年，全市的社会消贫指数已经达到中等偏上水平，整体差异较小。这说明从2005年到2010年间，宜宾市的基础教育程度、医疗条件、社会福利和基础设施水平有了较大提升，市内发展的社会条件差异较小。屏山县位于乌蒙山贫困区内，社会消贫指数呈上升趋势，社会发展条件得到改善。

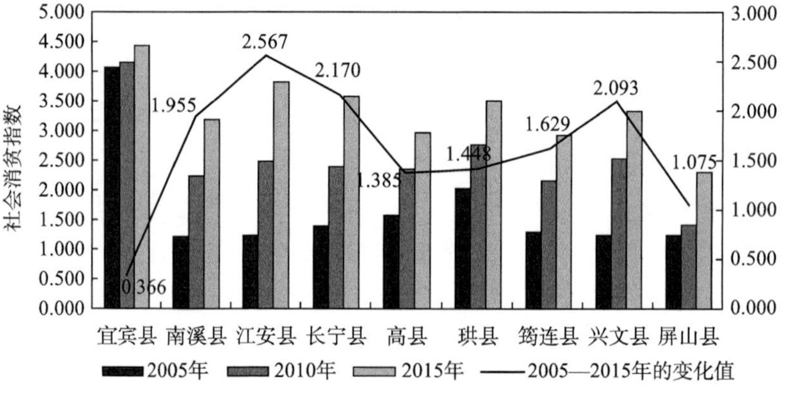


**图7－16　宜宾市社会消贫指数统计图**

4. 贵州省乌蒙山片区分城市内部社会消贫指数的时空分析

（1）毕节市社会消贫指数（图7－17）。毕节全市各县均位于乌蒙山贫困区内。从2015年的现状来看，毕节市的内部社会消贫指数普遍较高，毕节市内部社会发展水平较为均衡，经济发展的社会条件较好。从演变趋势来看，毕节市的内部社会消贫指数呈上升趋势，2005年纳雍县的社会消贫指数在市域内处于中等水平，2010年均有提升，这说明毕节市的基础教育程度不断提高，医疗、社会福利和基础设施水平得到提升。

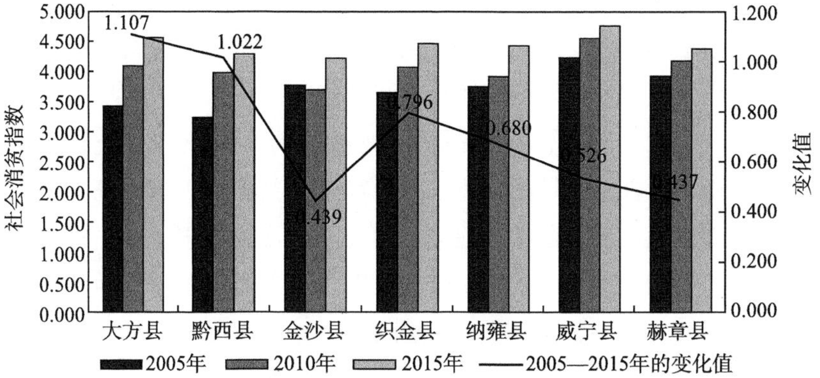


**图7－17　毕节市社会消贫指数统计图**

（2）遵义市社会消贫指数（图7－18）。从2015年的现状来看，遵义市的内部社会消贫指数基本较高，遵义市内部的基础教育程度、医疗条件、社会福利和基础设施水平较高。社会消贫指数相对较低的市县是乌蒙山贫困区范围之外的道真县和余庆县，经济发展的社会潜力较小。赤水市、桐梓县和习水县位于乌蒙山贫困区内，三县的社会消贫指数均较高。

从演变趋势来看，遵义市的内部社会消贫指数总体呈上升趋势。2005年社会发展指数较低的县有道真县、赤水市、凤冈县和余庆县4个县，到2015年，除了道真县和余庆县的社会发展指数处于中等水平，遵义市内部社会消贫指数均已处于中等偏上水平。这说明从2005年到

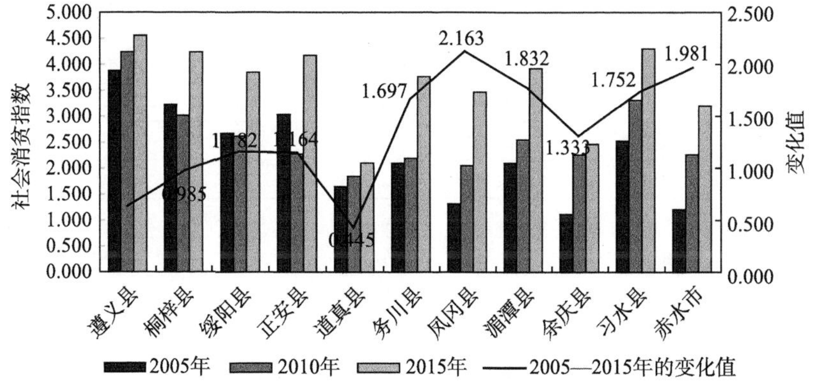


**图7－18　遵义市社会消贫指数统计图**

2015年，遵义市内部经济发展的社会条件有较大提升。赤水市、桐梓县和习水县位于乌蒙山贫困区内，赤水市和习水县的社会消贫指数均有提升，而桐梓县的社会消贫指数一直处于高位。

5. 乌蒙山片区涉及市域的整体社会消贫指数的时空分析

乌蒙山片区涉及市域的整体社会消贫指数见表7－11。从2015年的现状来看，乌蒙山片区涉及市域的整体社会消贫指数空间分异格局明显：乌蒙山片区涉及市域的整体范围内社会消贫指数普遍较高，区域内的基础教育程度、医疗条件、社会福利和基础设施水平较高；社会消贫指数处于中等偏下水平的县分布于乌蒙山涉及市域范围内的西北部和西南部，包括西北部的云南昭通、四川乐山，在西南部集中于云南楚雄、昆明和曲靖地区，发展的社会条件较差，与自然消贫指数的分布格局相似。除此之外，中部和东部地区零星分布有社会消贫指数中等的市县，包括道真县、余庆县、威信县、高县和筠连县，部分不属于乌蒙山贫困区范围内的市县的社会消贫指数也偏低，与乌蒙山片区社会消贫指数的分布格局具有一致性。

从演变趋势来看，乌蒙山片区涉及各市域的整体社会消贫指数呈现上升趋势，特别是东北部地区，从2005年到2015年包括合川县、叙永县、古蔺县、湄潭县和凤冈县在内的多个县的社会消贫指数有所上升，发展的社会条件整体得到改善。整个区域内社会消贫指数较低的市县出现由中部向西南部和西北部后撤的趋势。

**表7－11　乌蒙山片区涉及市域的整体社会消贫指数**

| 城市 | 县名 | 2005年 | 2010年 | 2015年 | 2015年和2005年的指数变化值 |
|---|---|---|---|---|---|
| 楚雄市 | 楚雄市 | 3.8561 | 4.0462 | 4.3588 | 0.5028 |
| | 双柏县 | 2.5011 | 2.4585 | 2.7993 | 0.2982 |
| | 牟定县 | 1.1883 | 1.2489 | 1.4723 | 0.2840 |
| | 南华县 | 2.0390 | 2.6126 | 3.0200 | 0.9810 |
| | 姚安县 | 1.4288 | 1.3026 | 1.3706 | －0.0582 |
| | 大姚县 | 1.7397 | 1.6831 | 2.4370 | 0.6974 |
| | 永仁县 | 1.2520 | 1.2589 | 1.3528 | 0.1009 |
| | 元谋县 | 1.2506 | 1.4625 | 1.6155 | 0.3649 |
| | 武定县 | 1.6057 | 1.9522 | 2.5602 | 0.9546 |
| | 禄丰县 | 2.4236 | 2.8077 | 3.0492 | 0.6257 |

续表

| 城市 | 县名 | 2005 年 | 2010 年 | 2015 年 | 2015 年和 2005 年的指数变化值 |
| --- | --- | --- | --- | --- | --- |
| 昆明市 | 呈贡县 | 1. 0847 | 1. 4089 | 1. 8003 | 0. 7156 |
| | 晋宁县 | 1. 2826 | 1. 2640 | 1. 2401 | -0. 0425 |
| | 安宁市 | 1. 8543 | 2. 2508 | 4. 0000 | 2. 1457 |
| | 富民县 | 1. 0753 | 1. 1790 | 1. 1152 | 0. 0399 |
| | 宜良县 | 1. 6092 | 1. 4672 | 2. 4397 | 0. 8306 |
| | 石林彝族自治县 | 1. 2608 | 1. 7887 | 1. 6965 | 0. 4358 |
| | 嵩明县 | 1. 2679 | 2. 1241 | 2. 0960 | 0. 8281 |
| | 禄劝彝族苗族自治县 | 1. 6249 | 2. 9411 | 3. 8603 | 2. 2354 |
| | 寻甸回族彝族自治县 | 3. 3311 | 3. 4161 | 4. 1717 | 0. 8406 |
| 曲靖市 | 马龙县 | 1. 4466 | 1. 9038 | 1. 4070 | -0. 0396 |
| | 陆良县 | 3. 0657 | 3. 3940 | 3. 6727 | 0. 6069 |
| | 师宗县 | 2. 4514 | 2. 3460 | 3. 2766 | 0. 8251 |
| | 罗平县 | 3. 6649 | 3. 3472 | 2. 4514 | -1. 2134 |
| | 富源县 | 3. 0052 | 4. 2544 | 4. 3111 | 1. 3059 |
| | 会泽县 | 2. 9217 | 4. 1904 | 4. 3272 | 1. 4055 |
| | 沾益县 | 1. 9141 | 2. 4210 | 3. 1494 | 1. 2352 |
| | 宣威市 | 4. 3228 | 4. 5636 | 4. 6991 | 0. 3762 |
| 昭通市 | 昭阳区 | 3. 9040 | 4. 2747 | 4. 4380 | 0. 5340 |
| | 鲁甸县 | 1. 9091 | 2. 1601 | 4. 0312 | 2. 1221 |
| | 巧家县 | 1. 8339 | 1. 5852 | 4. 0580 | 2. 2240 |
| | 盐津县 | 2. 0932 | 3. 4345 | 3. 2412 | 1. 1480 |
| | 大关县 | 1. 4750 | 1. 6687 | 2. 5987 | 1. 1237 |
| | 永善县 | 1. 9692 | 3. 1825 | 2. 9935 | 1. 0243 |
| | 绥江县 | 1. 2116 | 1. 2284 | 1. 3352 | 0. 1236 |
| | 镇雄县 | 4. 2076 | 4. 5263 | 4. 6828 | 0. 4752 |
| | 彝良县 | 3. 0713 | 3. 5289 | 3. 8337 | 0. 7625 |
| | 威信县 | 3. 1808 | 2. 3270 | 2. 3702 | -0. 8106 |
| | 水富县 | 1. 0640 | 2. 2364 | 1. 0885 | 0. 0245 |
| 毕节市 | 大方县 | 3. 4218 | 4. 1142 | 4. 5290 | 1. 1072 |
| | 黔西县 | 3. 2577 | 4. 0025 | 4. 2794 | 1. 0217 |
| | 金沙县 | 3. 7852 | 3. 6798 | 4. 2244 | 0. 4392 |
| | 织金县 | 3. 6760 | 4. 0616 | 4. 4724 | 0. 7964 |

续表

| 城市 | 县名 | 2005 年 | 2010 年 | 2015 年 | 2015 年和 2005 年的指数变化值 |
|---|---|---|---|---|---|
| 毕节市 | 纳雍县 | 3.7550 | 3.9248 | 4.4348 | 0.6798 |
| | 威宁县 | 4.2265 | 4.5524 | 4.7526 | 0.5260 |
| | 赫章县 | 3.9508 | 4.1871 | 4.3880 | 0.4373 |
| 遵义市 | 遵义县 | 3.9135 | 4.2728 | 4.5689 | 0.6555 |
| | 桐梓县 | 3.2704 | 3.0373 | 4.2550 | 0.9846 |
| | 绥阳县 | 2.7042 | 2.6513 | 3.8863 | 1.1821 |
| | 正安县 | 3.0528 | 2.3540 | 4.2166 | 1.1637 |
| | 道真县 | 1.6779 | 1.8930 | 2.1232 | 0.4453 |
| | 务川县 | 2.1010 | 2.2123 | 3.7979 | 1.6969 |
| | 凤冈县 | 1.3290 | 2.0746 | 3.4923 | 2.1633 |
| | 湄潭县 | 2.1320 | 2.5664 | 3.9637 | 1.8317 |
| | 余庆县 | 1.1477 | 2.3020 | 2.4804 | 1.3327 |
| | 习水县 | 2.5728 | 3.3528 | 4.3252 | 1.7524 |
| | 赤水市 | 1.2556 | 2.2813 | 3.2366 | 1.9810 |
| 乐山市 | 犍为县 | 1.4403 | 2.9412 | 3.1185 | 1.6782 |
| | 井研县 | 1.1533 | 2.0335 | 2.3221 | 1.1689 |
| | 夹江县 | 1.1658 | 1.4834 | 1.8605 | 0.6947 |
| | 沐川县 | 1.1101 | 1.3998 | 3.3981 | 2.2880 |
| | 峨边彝族自治县 | 1.1458 | 1.1889 | 1.2400 | 0.0942 |
| | 马边彝族自治县 | 1.1240 | 1.1658 | 1.2280 | 0.1040 |
| | 峨眉山市 | 1.2885 | 2.1129 | 2.7298 | 1.4413 |
| 泸州市 | 泸县 | 3.5581 | 4.1027 | 4.3682 | 0.8100 |
| | 合江县 | 2.9150 | 3.7910 | 4.2936 | 1.3786 |
| | 叙永县 | 2.9929 | 3.7182 | 4.0789 | 1.0860 |
| | 古蔺县 | 3.7256 | 3.9839 | 4.1441 | 0.4185 |
| 宜宾市 | 宜宾县 | 4.0828 | 4.1632 | 4.4490 | 0.3662 |
| | 南溪县 | 1.2344 | 2.2506 | 3.1893 | 1.9549 |
| | 江安县 | 1.2597 | 2.5044 | 3.8267 | 2.5670 |
| | 长宁县 | 1.4194 | 2.4098 | 3.5893 | 2.1700 |
| | 高县 | 1.6009 | 2.3845 | 2.9858 | 1.3849 |
| | 珙县 | 2.0616 | 2.7859 | 3.5092 | 1.4476 |
| | 筠连县 | 1.3102 | 2.1891 | 2.9392 | 1.6290 |
| | 兴文县 | 1.2488 | 2.5421 | 3.3420 | 2.0932 |
| | 屏山县 | 1.2582 | 1.4414 | 2.3336 | 1.0754 |

### 7.2.3 经济消贫指数分析

经济消贫指数由第一产业产值占生产总值比例、第二产业产值占生产总值比例、人均生产总值、地方财政一般预算收入、地方财政一般预算支出、全社会固定资产投资、社会消费品零售总额、年末常住人口数量和非农业人口数量九个指标构建得到。经济消贫指数体现了地区的生产能力、人均收入、地方财力、拉动经济增长的投资和消费力量以及经济发展的人力资本状况。地区的经济消贫指数越高，其地区的生产、消费和投资的能力越高，人力资本越充足，经济发展的潜力越大，对区域贫困的缓解作用就越大。

1. 乌蒙山片区经济消贫指数的时空分析

乌蒙山片区贫困县经济消贫指数时空变化见表7－12。从2015年的现状来看，乌蒙山片区贫困县的经济消贫指数整体较高，局部地区和零星市县的经济消贫指数中等偏低：经济消贫指数较低的市县零星分布于乌蒙山片区的中部和西部地区，包括昭通市的彝良县和巧家县；乌蒙山片区南部的武定县、禄劝彝族苗族自治县和寻甸回族彝族自治县的经济消贫指数处于中位。这说明乌蒙山片区整体的经济发展水平较高，但存在局部地区经济发展水平偏低、地区经济发展不平衡的情况。

**表7－12 乌蒙山片区贫困县经济消贫指数时空变化**

| 城市 | 县名 | 2005年 | 2010年 | 2015年 | 2015年和2005年的指数变化值 |
|---|---|---|---|---|---|
| 楚雄市 | 武定县 | 1.4168 | 1.7756 | 2.4574 | 1.0405 |
| 昆明市 | 禄劝彝族苗族自治县 | 1.2666 | 1.8386 | 2.5671 | 1.3005 |
| | 寻甸回族彝族自治县 | 1.4040 | 2.1376 | 2.5746 | 1.1707 |
| 曲靖市 | 会泽县 | 4.3398 | 4.1753 | 4.2203 | －0.1196 |
| | 宣威市 | 3.8966 | 4.2010 | 4.5665 | 0.6699 |
| 昭通市 | 昭阳区 | 4.0694 | 4.5050 | 4.6445 | 0.5751 |
| | 鲁甸县 | 1.7568 | 3.4859 | 3.3980 | 1.6412 |
| | 巧家县 | 1.2259 | 1.5836 | 1.7971 | 0.5712 |
| | 盐津县 | 2.1978 | 3.1214 | 3.2100 | 1.0122 |
| | 大关县 | 1.3870 | 1.9605 | 2.9850 | 1.5979 |
| | 永善县 | 1.7987 | 3.0254 | 4.1848 | 2.3861 |

续表

| 城市 | 县名 | 2005 年 | 2010 年 | 2015 年 | 2015 年和 2005 年的指数变化值 |
|---|---|---|---|---|---|
| 昭通市 | 绥江县 | 1.8236 | 3.2560 | 2.4910 | 0.6674 |
| | 镇雄县 | 1.3774 | 3.2128 | 3.6577 | 2.2804 |
| | 彝良县 | 1.4198 | 3.1761 | 1.7535 | 0.3338 |
| | 威信县 | 1.7266 | 3.3700 | 3.2187 | 1.4921 |
| 毕节市 | 大方县 | 2.3879 | 3.6980 | 4.3158 | 1.9279 |
| | 黔西县 | 2.9074 | 3.9045 | 4.1533 | 1.2459 |
| | 金沙县 | 3.8098 | 4.3523 | 4.5654 | 0.7557 |
| | 织金县 | 1.7319 | 3.4636 | 4.5476 | 2.8157 |
| | 纳雍县 | 4.0992 | 4.2431 | 4.4082 | 0.3090 |
| | 威宁县 | 1.9679 | 2.2687 | 3.0532 | 1.0853 |
| | 赫章县 | 1.8108 | 1.8800 | 2.2072 | 0.3964 |
| 遵义市 | 桐梓县 | 1.6354 | 3.1545 | 3.2301 | 1.5947 |
| | 习水县 | 2.7383 | 3.6081 | 3.6504 | 0.9121 |
| | 赤水市 | 2.5717 | 3.5867 | 3.8238 | 1.2521 |
| 乐山市 | 沐川县 | 2.8270 | 3.3945 | 3.7236 | 0.8966 |
| | 马边彝族自治县 | 1.5889 | 2.6836 | 3.2941 | 1.7052 |
| 泸州市 | 叙永县 | 1.9570 | 3.0202 | 3.9080 | 1.9509 |
| | 古蔺县 | 2.4235 | 3.9106 | 4.4820 | 2.0585 |
| 宜宾市 | 屏山县 | 1.3115 | 1.5902 | 2.0126 | 0.7011 |

从演变趋势来看，乌蒙山片区贫困县的经济消贫指数分布格局变化显著，整体上呈现明显的上升趋势。2005 年包括大关县、屏山县、桐梓县、织金县、寻甸回族彝族自治县在内的 18 个县的经济消贫指数处于较低水平，2015 年这一数量减少为 2 个县，乌蒙山片区的整体经济发展状况有所提升。从 2005 年到 2015 年，乌蒙山片区经济消贫指数较低的市县范围呈现由四周向中心缩小的趋势：2005 年乌蒙山片区经济消贫指数较低的市县以彝良县为中心聚集，四周的经济消贫指数较高；2015 年乌蒙山片区经济消贫指数较低的市县仅剩中心的彝良县与东部的巧家县，经济消贫指数中等偏下的市县由连片分布演变为零星分布。

2. 云南省乌蒙山片区分城市内部经济消贫指数的时空分析

（1）楚雄市经济消贫指数（图 7－19）。从 2015 年的现状来看，楚雄市内部经济消贫指数呈现南北低、中部高的空间分布格局。中部禄丰县和楚雄市的经济消贫指数较高，经济发展水平较高；姚安县和元谋县的经济消贫指数较低，经济发展水平略滞后于中部和北部地区。乌蒙山贫困区范围内的武定县在楚雄市域内的经济消贫指数处于中位。而在乌蒙山贫困区内，武定经济消贫指数中等，经济发展水平中等。

从演变趋势来看，楚雄市的内部经济消贫指数有局部提升。从2005年到2010年只有北部的永仁县、武定县、牟定县和南华县经济消贫指数由较低水平提升为中等水平，楚雄市整体的经济发展水平和潜力仍偏低，且空间差异较大。2015年，武定县、永仁县和南华县的经济消贫指数有所提升，而姚安县、元谋县和双柏县的经济消贫指数仍然较低，发展潜力不大。武定县位于乌蒙山贫困区内，经济消贫指数呈上升趋势，经济发展水平不断提高。

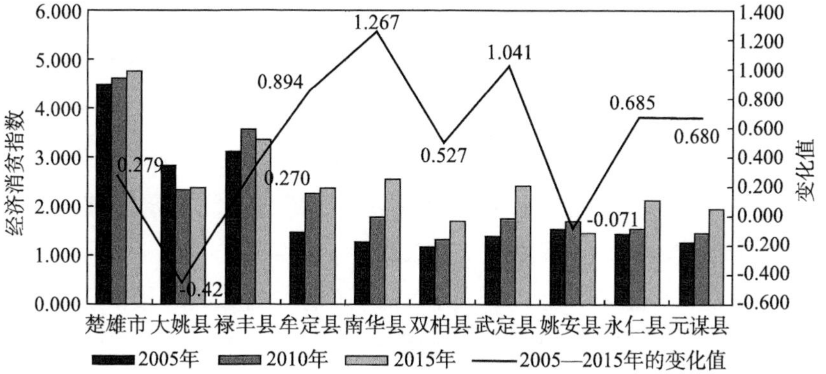


**图7-19 楚雄市经济消贫指数统计图**

（2）昆明市经济消贫指数（图7-20）。从2015年的现状来看，昆明市的内部经济消贫指数整体处于中等偏上水平，西部的经济消贫指数略高于东部。东部的宜良县和属于乌蒙山贫困区范围内的寻甸县经济发展水平和潜力处于中等水平，略低于西部地区。寻甸县位于乌蒙山贫困区内，经济消贫指数中等，经济发展水平一般。

从演变趋势来看，从2005年到2015年，昆明市的经济消贫指数呈上升趋势。2005年，北部的寻甸县经济消贫指数处于较低水平，南部的富民县、嵩明县、宜良县和晋宁县的经济消贫指数处于中等水平。到2010年，昆明市域内所有县的经济消贫指数均较高，经济发展水平有了一定程度的提升。2015 年，昆明市内各县经济消贫指数空间格局未发生变化，均处于中等及较高水平。寻甸县位于乌蒙山贫困区内，经济消贫指数有所上升，经济发展水平有所提升。

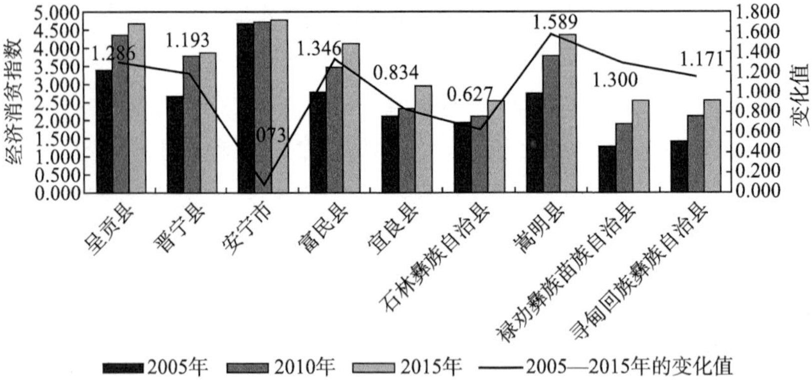


**图 7－20　昆明市经济消贫指数统计图**

（3）曲靖市经济消贫指数（图 7－21）。从 2015 年的现状来看，曲靖市的内部经济消贫指数整体处于中等偏上水平，西南部的陆良县和师宗县的经济消贫指数略低于包括乌蒙山涉及贫困县在内的其他地区。曲靖市整体的经济发展水平较高。会泽县和宣威市位于乌蒙山贫困区内，经济消贫指数较高，经济发展水平较高。

从演变趋势来看，曲靖市的内部经济消贫指数整体变化趋势不明显，局部来看个别县的经济消贫指数略有提升。从 2005 年到 2010 年，曲靖市西部马龙县的经济消贫指数由中等水平上升至较高水平，经济发

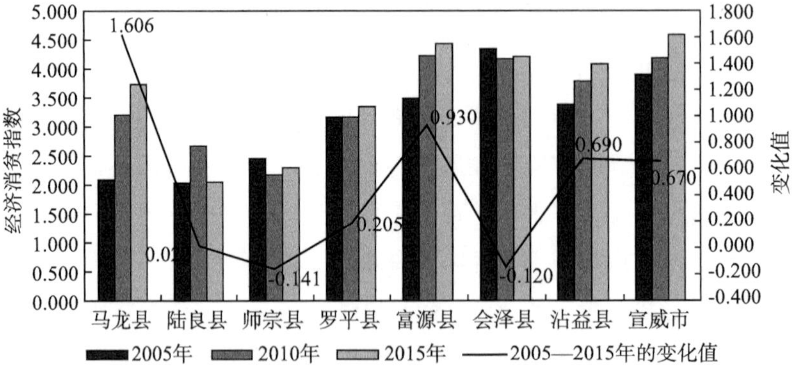


**图 7－21　曲靖市经济消贫指数统计图**

展水平有一定程度的提升。2015 年，各县经济消贫指数空间分布保持不变。会泽县和宣威市位于乌蒙山贫困区内，经济消贫指数一直保持高位。

（4）昭通市经济消贫指数（图 7－22）。昭通全市各县均位于乌蒙山贫困区内。从 2015 年的现状来看，昭通市的内部经济消贫指数空间分异较大，经济发展水平差异较大。南部和中部的巧家县和大关县的经济消贫指数较低，经济发展水平较低、潜力较小，东部的盐津县、镇雄县、威信县和西部的永善县经济消贫指数较高，经济发展条件较好。

从演变趋势来看，昭通市的内部经济消贫指数整体上有明显的提升趋势，局部来看个别县的经济消贫指数有所下降。从 2005 年到 2015 年，昭通市经济消贫指数较低的县由 8 个减少到 2 个，经济消贫指数较高的县由 1 个增加到 6 个，整体的经济发展水平有所提升。但从 2010 年到 2015 年期间，北部绥江县的经济消贫指数由较高水平下降至中等水平，经济发展水平和潜力滞后于周边市县。

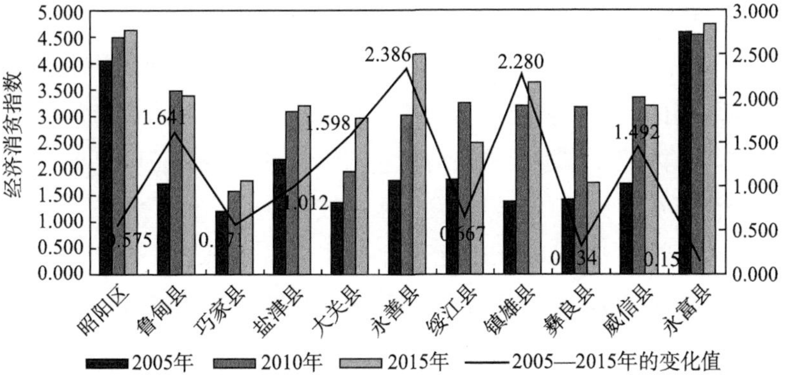


**图 7－22　昭通市经济消贫指数统计图**

3. 四川省乌蒙山片区分城市内部经济消贫指数的时空分析

（1）乐山市经济消贫指数（图 7－23）。从 2015 年的现状来看，乐山市的内部经济消贫指数普遍较高，空间差异较小。这说明乐山市的经济发展水平较高，内部经济发展较为均衡。峨边县和沐川县位于乌蒙山贫困区内，经济消贫指数较高，经济发展水平较高。

从演变趋势来看，乐山市内部经济消贫指数整体呈不断上升的趋势。2005 年乐山市经济消贫指数处于中等偏低的包括马边彝族自治县、井研县、沐川县、犍为县4个县，到2015年，乐山市全市域内的市县经济消贫指数已经达到较高水平。这说明乐山市自2005年到2015年期间经济发展水平和潜力均有较大提升，并且区域间差异缩小。峨边县和沐川县位于乌蒙山贫困区内，峨边县的经济消贫指数一直较高，而沐川县的经济消贫指数呈上升趋势。

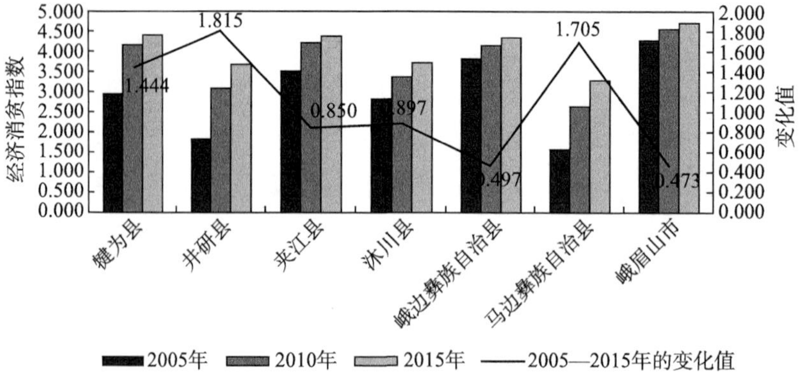


**图7－23　乐山市经济消贫指数统计图**

（2）泸州市经济消贫指数（图7－24）。从2015年的现状来看，泸州市全市域内的经济消贫指数均处于较高水平。这说明乐山市的经济发展水平较高，内部经济发展较为均衡。叙永县和古蔺县位于乌蒙山贫困区内，经济消贫指数较高，经济发展水平较高。

从演变趋势来看，泸州市的经济消贫指数呈快速上升趋势。2005年泸州市4县的经济消贫指数还处于中等偏下水平，到2010年，泸州市全

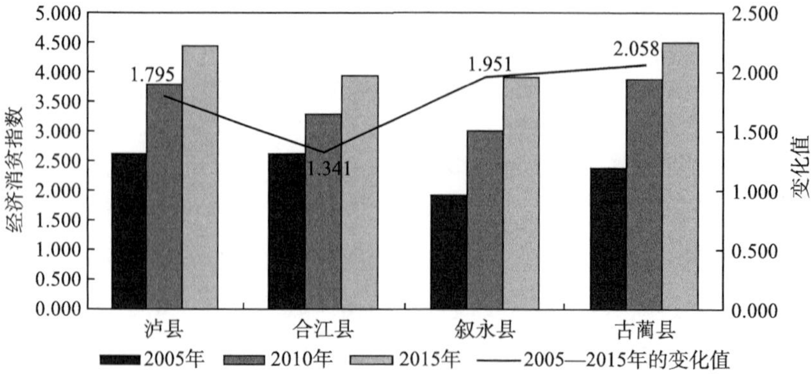


**图7－24　泸州市经济消贫指数统计图**

市域的经济消贫指数已经全部达到较高水平，5 年间经济发展水平和潜力得到不断提升。叙永县和古蔺县位于乌蒙山贫困区内，两县的经济消贫指数不断增长，经济发展水平不断提升。

(3) 宜宾市经济消贫指数（图 7－25）。从 2015 年的现状来看，宜宾市的内部经济消贫指数普遍较高，只有属于乌蒙山贫困区范围内的屏山县经济消贫指数处于中等水平，经济发展的水平和潜力低于周边市县。屏山县位于乌蒙山贫困区内，经济消贫指数中等，经济发展水平一般。

从演变趋势来看，宜宾市的内部经济消贫指数不断提高，东部的提升速度大于西部。2005 年，宜宾市东部的江安县和西部的屏山县经济消贫指数都处于较低水平，到 2010 年，东部江安县的经济发展水平和潜力得到较大提升，经济消贫指数提升至较高水平，而西部的屏山直至 2015 年才提升至中等水平，经济发展速度较为滞后。屏山县位于乌蒙山贫困区内，经济发展消贫指数有所提升。

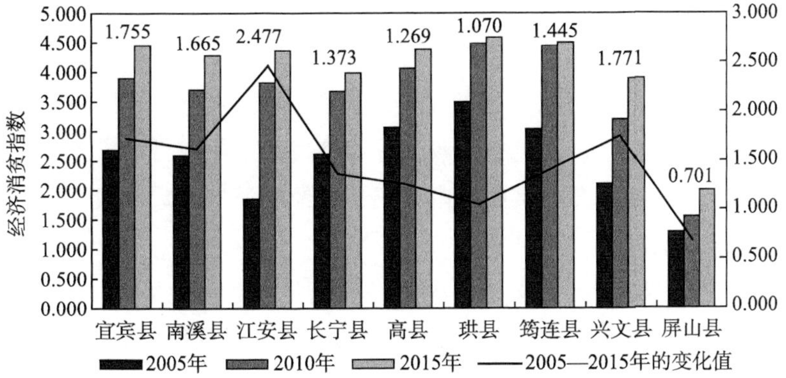


**图 7－25　宜宾市经济消贫指数统计图**

4. 贵州省乌蒙山片区分城市内部经济消贫指数的时空分析

(1) 毕节市经济消贫指数（图 7－26）。毕节全市各县均位于乌蒙山贫困区内。从 2015 年的现状来看，毕节市的内部经济消贫指数整体较高，差异较小，经济发展水平较高且较为均衡，只有西部的赫章县经济消贫指数处于中等水平，经济发展水平略低于周边地区。

从演变趋势来看，毕节市内部经济消贫指数较低的范围不断缩小，内部经济消贫指数的空间差异不断缩小。2005 年毕节市威宁县、赫章县、大方县、黔西县、织金县这 5 个县的经济消贫指数处于中等偏低水平，到2010年，这一数量缩小到1个县。这说明毕节市的经济发展水平和潜力在不断提高，各个县之间的差异也在不断缩小。

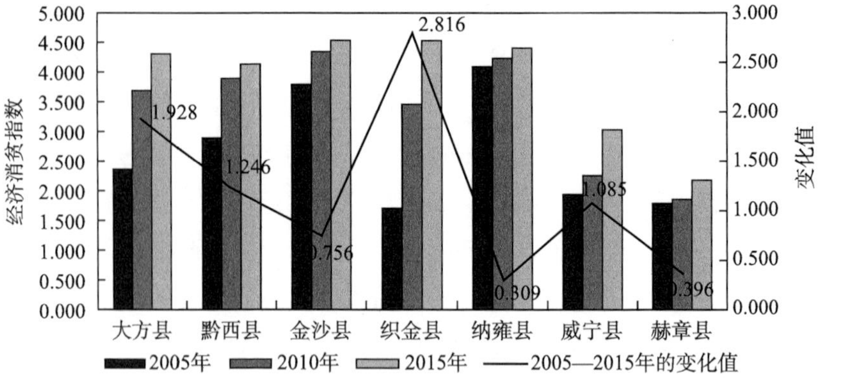


图7－26　毕节市经济消贫指数统计图

（2）遵义市经济消贫指数（图7－27）。从2015年的现状来看，遵义市的内部经济消贫指数呈现西高东低的空间分布格局。西部包括乌蒙山片区贫困县在内的区域经济消贫指数较高，经济发展水平较高；中部绥阳县、湄潭县的经济消贫指数中等；东部道真县、务川县、正安县、凤冈县、余庆县的经济消贫指数较低，经济发展水平较低。赤水市、桐梓县和习水县位于乌蒙山贫困区内，三县的经济消贫指数都较高，经济发展水平较高。

从演变趋势来看，遵义市的内部经济消贫指数呈现局部上升趋势。从2005年到2015年，遵义市中部和西部的经济消贫指数有一定提升，

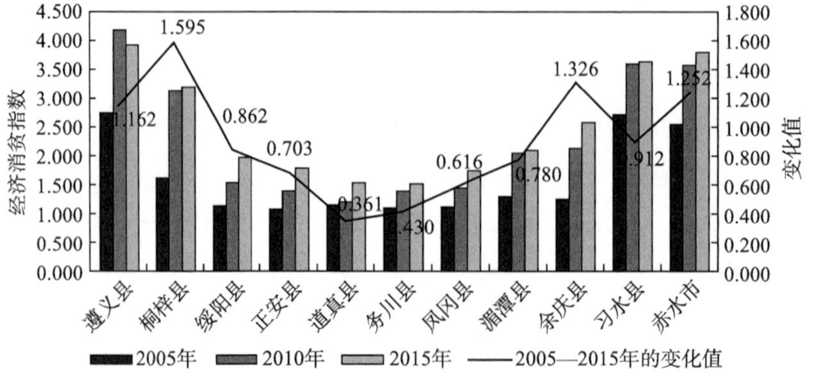


图7－27　遵义市经济消贫指数统计图

经济发展水平有所提升，但遵义市东部的道真县、务川县、正安县、凤冈县、余庆县经济消贫指数则一直处于低位，经济发展水平和潜力没有提升。赤水市、桐梓县和习水县位于乌蒙山贫困区内，三县的经济消贫指数都呈上升趋势，经济发展水平不断提升。

5. 乌蒙山片区涉及市域的整体经济消贫指数的时空分析

乌蒙山片区涉及市域的整体经济消贫指数见表 7－13。从 2015 年的现状来看，乌蒙山涉及市域的整体经济消贫指数的空间分异格局明显。中部地区的经济消贫指数较高，地区的经济实力、人均收入、地方财力和拉动经济增长的能力较强；但在经济消贫指数较高的连片区域内存在局部经济消贫指数中等偏低的市县，包括云南的彝良县、大关县、师宗县等。东部和西部地区的经济消贫指数中等偏下，其中云南中部楚雄市和遵义市西部属于经济消贫指数较低的集中地区，地区经济发展水平普遍处于中等偏下水平。在乌蒙山贫困区涉及范围之外仍存在经济消贫指数较低的市县。

从演变趋势来看，乌蒙山涉及市域的整体经济消贫指数呈明显的上升趋势，经济消贫指数较低的片区由集中连片分布演变为零星分布于经济消贫指数较高的区域之内。2005 年，乌蒙山片区涉及市域北部和南部大部分市县的经济消贫指数处于中等偏下水平；到 2015 年，乌蒙山涉及市域北部半数以上市县的经济消贫指数达到中等偏上水平，南部的社会消贫指数也有所提升但整体仍处于中等偏下水平。

**表 7－13　乌蒙山片区涉及市域的整体经济消贫指数**

| 城市 | 县名 | 2005 年 | 2010 年 | 2015 年 | 2015 年和 2005 年的指数变化值 |
|---|---|---|---|---|---|
| 楚雄市 | 楚雄市 | 4.5094 | 4.6501 | 4.7886 | 0.2792 |
| | 双柏县 | 1.1963 | 1.3706 | 1.7232 | 0.5269 |
| | 牟定县 | 1.5002 | 2.2925 | 2.3946 | 0.8944 |
| | 南华县 | 1.3237 | 1.8200 | 2.5908 | 1.2671 |
| | 姚安县 | 1.5685 | 1.7066 | 1.4971 | －0.0713 |
| | 大姚县 | 2.8524 | 2.3735 | 2.4243 | －0.4281 |
| | 永仁县 | 1.4747 | 1.5641 | 2.1597 | 0.6850 |
| | 元谋县 | 1.2897 | 1.4933 | 1.9699 | 0.6802 |
| | 武定县 | 1.4168 | 1.7756 | 2.4574 | 1.0405 |
| | 禄丰县 | 3.1417 | 3.5973 | 3.4120 | 0.2703 |

续表

| 城市 | 县名 | 2005 年 | 2010 年 | 2015 年 | 2015 年和 2005 年的指数变化值 |
|---|---|---|---|---|---|
| 昆明市 | 呈贡县 | 3.3856 | 4.3569 | 4.6713 | 1.2857 |
| | 晋宁县 | 2.6734 | 3.7725 | 3.8669 | 1.1934 |
| | 安宁市 | 4.6804 | 4.7146 | 4.7535 | 0.0731 |
| | 富民县 | 2.8066 | 3.4994 | 4.1528 | 1.3462 |
| | 宜良县 | 2.1196 | 2.3584 | 2.9539 | 0.8343 |
| | 石林彝族自治县 | 1.9616 | 2.1179 | 2.5883 | 0.6266 |
| | 嵩明县 | 2.7757 | 3.7667 | 4.3650 | 1.5893 |
| | 禄劝彝族苗族自治县 | 1.2666 | 1.8386 | 2.5671 | 1.3005 |
| | 寻甸回族彝族自治县 | 1.4040 | 2.1376 | 2.5746 | 1.1707 |
| 曲靖市 | 马龙县 | 2.1158 | 3.2187 | 3.7214 | 1.6056 |
| | 陆良县 | 2.0573 | 2.6665 | 2.0798 | 0.0225 |
| | 师宗县 | 2.4766 | 2.2015 | 2.3359 | −0.1407 |
| | 罗平县 | 3.1603 | 3.1633 | 3.3651 | 0.2049 |
| | 富源县 | 3.5029 | 4.2259 | 4.4332 | 0.9304 |
| | 会泽县 | 4.3398 | 4.1753 | 4.2203 | −0.1196 |
| | 沾益县 | 3.4043 | 3.7827 | 4.0948 | 0.6905 |
| | 宣威市 | 3.8966 | 4.2010 | 4.5665 | 0.6699 |
| 昭通市 | 昭阳区 | 4.0694 | 4.5050 | 4.6445 | 0.5751 |
| | 鲁甸县 | 1.7568 | 3.4859 | 3.3980 | 1.6412 |
| | 巧家县 | 1.2259 | 1.5836 | 1.7971 | 0.5712 |
| | 盐津县 | 2.1978 | 3.1214 | 3.2100 | 1.0122 |
| | 大关县 | 1.3870 | 1.9605 | 2.9850 | 1.5979 |
| | 永善县 | 1.7987 | 3.0254 | 4.1848 | 2.3861 |
| | 绥江县 | 1.8236 | 3.2560 | 2.4910 | 0.6674 |
| | 镇雄县 | 1.3774 | 3.2128 | 3.6577 | 2.2804 |
| | 彝良县 | 1.4198 | 3.1761 | 1.7535 | 0.3338 |
| | 威信县 | 1.7266 | 3.3700 | 3.2187 | 1.4921 |
| | 水富县 | 4.5856 | 4.5558 | 4.7404 | 0.1548 |
| 毕节市 | 大方县 | 2.3879 | 3.6980 | 4.3158 | 1.9279 |
| | 黔西县 | 2.9074 | 3.9045 | 4.1533 | 1.2459 |
| | 金沙县 | 3.8098 | 4.3523 | 4.5654 | 0.7557 |
| | 织金县 | 1.7319 | 3.4636 | 4.5476 | 2.8157 |

续表

| 城市 | 县名 | 2005 年 | 2010 年 | 2015 年 | 2015 年和 2005 年的指数变化值 |
|---|---|---|---|---|---|
| 毕节市 | 纳雍县 | 4. 0992 | 4. 2431 | 4. 4082 | 0. 3090 |
| | 威宁县 | 1. 9679 | 2. 2687 | 3. 0532 | 1. 0853 |
| | 赫章县 | 1. 8108 | 1. 8800 | 2. 2072 | 0. 3964 |
| 遵义市 | 遵义县 | 2. 7830 | 4. 2092 | 3. 9454 | 1. 1624 |
| | 桐梓县 | 1. 6354 | 3. 1545 | 3. 2301 | 1. 5947 |
| | 绥阳县 | 1. 1615 | 1. 5773 | 2. 0231 | 0. 8616 |
| | 正安县 | 1. 1120 | 1. 4249 | 1. 8149 | 0. 7030 |
| | 道真县 | 1. 1917 | 1. 2511 | 1. 5527 | 0. 3610 |
| | 务川县 | 1. 1414 | 1. 4691 | 1. 5717 | 0. 4303 |
| | 凤冈县 | 1. 1568 | 1. 4911 | 1. 7730 | 0. 6163 |
| | 湄潭县 | 1. 3461 | 2. 1025 | 2. 1264 | 0. 7802 |
| | 余庆县 | 1. 2892 | 2. 1776 | 2. 6150 | 1. 3258 |
| | 习水县 | 2. 7383 | 3. 6081 | 3. 6504 | 0. 9121 |
| | 赤水市 | 2. 5717 | 3. 5867 | 3. 8238 | 1. 2521 |
| 乐山市 | 犍为县 | 2. 9760 | 4. 1771 | 4. 4199 | 1. 4440 |
| | 井研县 | 1. 8548 | 3. 0860 | 3. 6694 | 1. 8146 |
| | 夹江县 | 3. 5401 | 4. 2348 | 4. 3905 | 0. 8504 |
| | 沐川县 | 2. 8270 | 3. 3945 | 3. 7236 | 0. 8966 |
| | 峨边彝族自治县 | 3. 8486 | 4. 1693 | 4. 3456 | 0. 4970 |
| | 马边彝族自治县 | 1. 5889 | 2. 6836 | 3. 2941 | 1. 7052 |
| | 峨眉山市 | 4. 2659 | 4. 5793 | 4. 7390 | 0. 4731 |
| 泸州市 | 泸县 | 2. 6310 | 3. 8068 | 4. 4265 | 1. 7955 |
| | 合江县 | 2. 5972 | 3. 3064 | 3. 9387 | 1. 3415 |
| | 叙永县 | 1. 9570 | 3. 0202 | 3. 9080 | 1. 9509 |
| | 古蔺县 | 2. 4235 | 3. 9106 | 4. 4820 | 2. 0585 |
| 宜宾市 | 宜宾县 | 2. 7072 | 3. 9171 | 4. 4625 | 1. 7553 |
| | 南溪县 | 2. 6120 | 3. 7272 | 4. 2768 | 1. 6648 |
| | 江安县 | 1. 8906 | 3. 8585 | 4. 3679 | 2. 4773 |
| | 长宁县 | 2. 6446 | 3. 6959 | 4. 0179 | 1. 3732 |
| | 高县 | 3. 1029 | 4. 0727 | 4. 3716 | 1. 2688 |
| | 珙县 | 3. 5017 | 4. 4804 | 4. 5721 | 1. 0704 |
| | 筠连县 | 3. 0678 | 4. 4434 | 4. 5131 | 1. 4453 |
| | 兴文县 | 2. 1275 | 3. 2301 | 3. 8982 | 1. 7707 |
| | 屏山县 | 1. 3115 | 1. 5902 | 2. 0126 | 0. 7011 |

### 7.2.4 区域综合发展指数分析

区域综合发展指数由自然消贫指数、社会消贫指数和经济消贫指数加总得到。区域综合发展指数反映了一个地区在自然条件、社会条件和经济条件多个维度上的综合发展水平。区域综合发展指数越高，地区各方面综合的发展程度就越高，后续发展的潜力也越大，对扶贫压力的缓解作用也较大。

1. 乌蒙山片区贫困县区域综合发展指数的时空分析

乌蒙山片区贫困县区域综合发展指数见表 7－14。从 2015 年的现状来看，乌蒙山片区贫困县的区域综合发展指数整体上处于较高水平，局部地区的区域综合发展指数处于中等偏下水平，主要集中于乌蒙山片区的西北部，在西南部也有零星分布。乌蒙山片区西北部的滇川交界地带集中了乌蒙山片区半数以上区域综合发展指数较低的市县，其中，屏山县和绥江县的区域综合发展指数较低，沐川县、盐津县、大关县和威信县的区域综合发展指数中等。除此之外，乌蒙山片区西南部的武定县区域综合发展指数较周边区域偏低。乌蒙山片区西北部的滇川交界的区域和西南部个别县多维度的发展程度较低，扶贫压力较大。

**表 7－14 乌蒙山片区贫困县区域综合发展指数**

| 城市 | 县名 | 2005 年 | 2010 年 | 2015 年 | 2015 年和 2005 年的指数变化值 |
|---|---|---|---|---|---|
| 楚雄市 | 武定县 | 6.4174 | 7.1212 | 8.5079 | 2.0904 |
| 昆明市 | 禄劝彝族苗族自治县 | 7.1813 | 9.0522 | 10.8743 | 3.6930 |
| | 寻甸回族彝族自治县 | 8.9361 | 9.7485 | 10.9411 | 2.0049 |
| 曲靖市 | 会泽县 | 11.9208 | 13.0308 | 13.2180 | 1.2972 |
| | 宣威市 | 12.9134 | 13.4579 | 13.9588 | 1.0454 |
| 昭通市 | 昭阳区 | 12.1485 | 12.9356 | 13.1473 | 0.9988 |
| | 鲁甸县 | 5.7857 | 7.7116 | 9.9299 | 4.1442 |
| | 巧家县 | 7.3826 | 7.4882 | 10.1668 | 2.7842 |
| | 盐津县 | 6.6367 | 8.9996 | 8.9089 | 2.2722 |
| | 大关县 | 4.6592 | 5.3259 | 7.2845 | 2.6253 |
| | 永善县 | 6.8602 | 9.8788 | 10.7733 | 3.9131 |
| | 绥江县 | 4.2195 | 5.6643 | 4.9866 | 0.7671 |

续表

| 城市 | 县名 | 2005年 | 2010年 | 2015年 | 2015年和2005年的指数变化值 |
|---|---|---|---|---|---|
| 昭通市 | 镇雄县 | 10.2338 | 12.3842 | 12.9859 | 2.7522 |
| | 彝良县 | 8.9004 | 10.6691 | 9.5457 | 0.6452 |
| | 威信县 | 6.5314 | 7.2936 | 7.1792 | 0.6478 |
| 毕节市 | 大方县 | 10.2431 | 10.8549 | 11.8830 | 1.6399 |
| | 黔西县 | 9.8511 | 11.6609 | 11.6110 | 1.7599 |
| | 金沙县 | 11.0000 | 11.4784 | 12.0180 | 1.0180 |
| | 织金县 | 9.3350 | 11.4800 | 13.1219 | 3.7868 |
| | 纳雍县 | 10.8541 | 11.3629 | 12.5086 | 1.6544 |
| | 威宁县 | 10.8934 | 11.5201 | 12.5082 | 1.6148 |
| | 赫章县 | 9.8890 | 10.2429 | 10.8727 | 0.9837 |
| 遵义市 | 桐梓县 | 8.9664 | 10.2784 | 11.2331 | 2.2667 |
| | 习水县 | 9.4570 | 11.0989 | 12.0048 | 2.5478 |
| | 赤水市 | 5.3854 | 7.4438 | 9.0645 | 3.6791 |
| 乐山市 | 沐川县 | 5.3144 | 6.1661 | 8.5061 | 3.1917 |
| | 马边彝族自治县 | 4.7883 | 5.9583 | 6.5493 | 1.7609 |
| 泸州市 | 叙永县 | 8.8404 | 10.6238 | 11.8936 | 3.0532 |
| | 古蔺县 | 10.3193 | 12.0708 | 12.8105 | 2.4912 |
| 宜宾市 | 屏山县 | 4.0678 | 4.5225 | 5.8296 | 1.7618 |

从演变趋势来看，乌蒙山片区贫困县的区域综合发展指数呈不断上升的趋势，区域综合发展指数较高的范围向西北和西南部地区不断扩张。从2005年到2015年，乌蒙山片区区域综合发展指数较低的市县由7个减少到1个，区域综合发展指数中等偏上的市县由22个增加到28个，区域多个维度的发展程度不断提高，扶贫压力得到缓解。区域综合发展程度较低的区县由集中连片分布演变为局部连片分布，区域发展程度的均衡性有所提高。

2. 云南省乌蒙山片区分城市综合发展指数的时空分析

（1）楚雄市综合发展指数（图7－28）。从2015年的现状来看，楚雄市的内部区域综合发展指数差异较大，区域综合发展指数较高的县集中于楚雄市中部，北部的区域综合发展指数偏低，其中永仁县、元谋县、姚安县和牟定县的综合发展指数较低。这说明楚雄市的综合发展程度较不均衡，中部地区的发展程度高于南北部，扶贫压力较小。武定县位于乌蒙山贫困区内，综合发展指数中等，区域综合发展水平一般。

从演变趋势来看，从 2005 年到 2015 年，楚雄市的内部区域综合发展指数变化趋势并不明显，只有西部的南华县区域综合发展指数由 2005 年的较低水平提升为中等水平。这说明楚雄市的区域发展水平在 10 年间没有显著提升。武定县位于乌蒙山贫困区内，综合发展指数提升较小，区域发展较为迟缓。

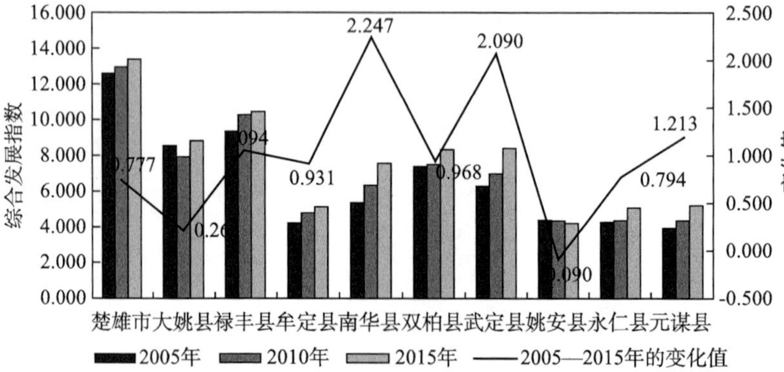


**图 7－28　楚雄市区域综合发展指数统计图**

（2）昆明市综合发展指数（图 7－29）。从 2015 年的现状来看，昆明市的内部区域综合发展指数普遍处于中等偏上水平，北部属于乌蒙山集中连片贫困区的寻甸县和南部的安宁市区域综合发展指数较高，综合发展水平较高，扶贫的压力较小。寻甸县位于乌蒙山贫困区内，综合发展指数较高，区域综合发展水平较好。

从演变趋势来看，2005 年到 2015 年间，昆明市的内部区域综合发展指数逐步提升。2005 年市域内有 6 个区域综合发展指数较低的市县，2010 年这一数量减少到 2 个，2015 年全市市域内的区域综合发展指数均已处于中等及以上水平。区域的综合发展程度有所提高，扶贫压力逐步缓解。寻甸县位于乌蒙山贫困区内，综合发展指数有所提升，区域发展水平不断提高。

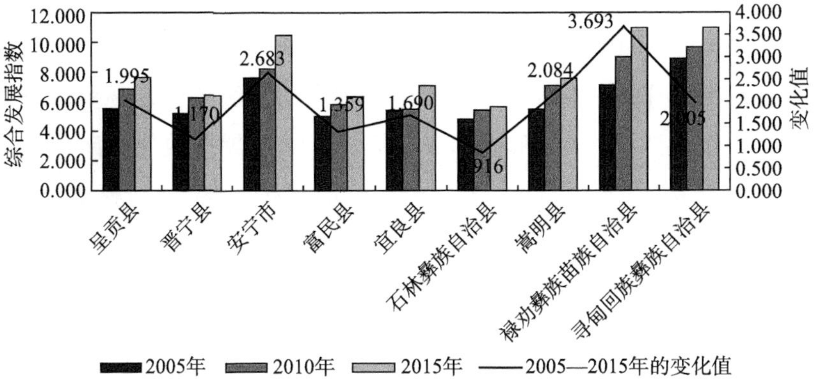


**图 7-29　昆明市区域综合发展指数统计图**

（3）曲靖市综合发展指数（图 7-30）。从 2015 年的现状来看，曲靖市的内部区域综合发展指数呈现西南低东北高的分布格局，东北部县区的区域综合发展指数普遍较高，区域综合发展指数处于中等水平的县区集中于西南部。这说明东北部县区的综合发展水平高于西南部地区，相应扶贫压力也较小。会泽县和宣威市位于乌蒙山贫困区内，综合发展指数较高，区域发展水平较高。

从演变趋势来看，曲靖市的内部区域综合发展指数在 10 年间没有明显的变化趋势，上升幅度较小。这说明曲靖市西南部的综合发展状况没有较大改善，扶贫压力没有缓解。会泽县和宣威市位于乌蒙山贫困区内，综合发展指数一直保持较高水平。

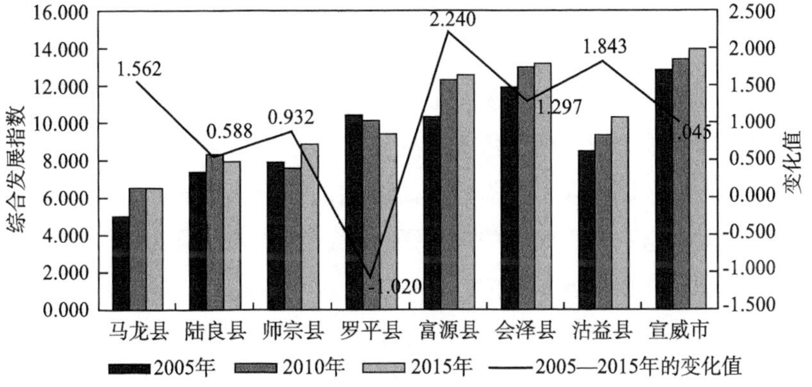


**图 7-30　曲靖市区域综合发展指数统计图**

（4）昭通市综合发展指数（图 7－31）。昭通全市各县均位于乌蒙山贫困区内。从 2015 年的现状来看，昭通市区域综合发展指数中等偏低的区县集中分布于北部地区，其中绥江县的区域综合发展指数较低，水富县、盐津县、大关县和威信县的区域综合发展指数低于南部市县。这说明昭通市南部的综合发展程度高于北部市县，扶贫压力较小。

从演变趋势来看，从 2005 年到 2015 年，整体上昭通市的区域综合发展指数不断提升，区域综合发展指数较高的市县增加了 4 个，区域综合发展指数中等偏低的区县不断减少。这说明昭通市整体的区域综合发展水平不断提升，扶贫压力有所缓解。但局部个别区县的区域综合发展指数没有明显变化：东部的威信县的区域综合发展指数一直处于中位，综合发展水平在 10 年间没有明显提升。

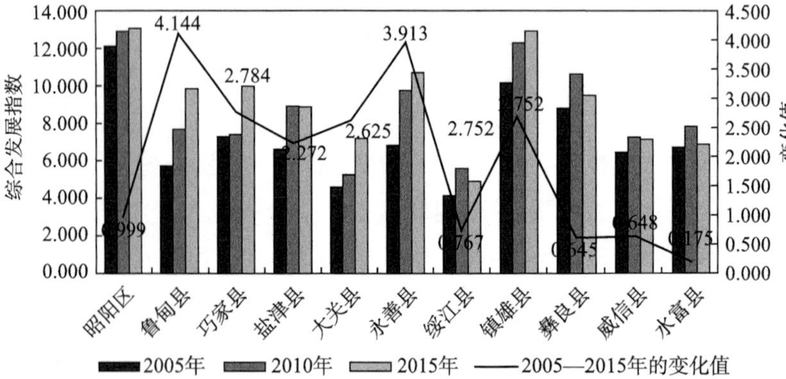


**图 7－31　昭通市区域综合发展指数统计图**

3. 四川省乌蒙山片区分城市综合发展指数的时空分析

（1）乐山市综合发展指数（图 7－32）。从 2015 年的现状来看，乐山市的内部区域综合发展指数普遍处于中等水平，空间差异较小，只有东部的犍为县区域综合发展指数较高。这说明乐山市的综合发展水平较为均衡，但普遍不高，处于中等水平。峨边县和沐川县位于乌蒙山贫困区内，综合发展指数处于中位，区域发展水平一般。

从演变趋势来看，乐山市的内部区域综合发展指数呈上升趋势。2005 年乐山市有 4 个县的区域综合发展指数较低，到 2015 年，乐山市域内的区域综合发展指数均达到中等及以上水平，区域综合发展的水平得到提升，扶贫压力有所缓解。峨边县和沐川县位于乌蒙山贫困区内，沐川县的综合发展指数有所提升，但峨边县的综合发展指数变化不大。

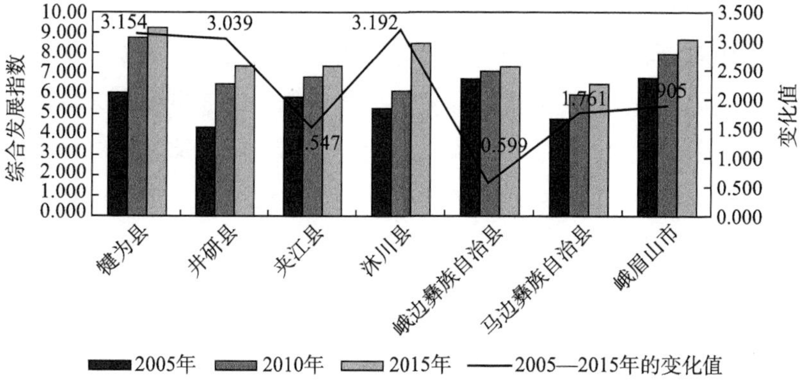


**图 7－32　乐山市区域综合发展指数统计图**

（2）泸州市综合发展指数（图 7－33）。从 2015 年的现状来看，泸州市的内部区域综合发展指数空间分异不明显，普遍处于较高水平。这说明泸州市的综合发展程度整体较高，区域扶贫压力较小。叙永县和古蔺县位于乌蒙山贫困区内，综合发展指数较高，区域整体的发展程度较高。

从演变趋势来看，从 2005 年到 2010 年泸州市的内部区域综合发展指数呈上升趋势。2005 年泸州市泸县、合江县和叙永县的区域综合发展指数呈上升趋势，区域综合发展水平有所提升。2015 年，泸州市内部区域综合发展指数的空间格局保持不变，各区县的区域综合发展指数均保持较高水平。叙永县和古蔺县位于乌蒙山贫困区内，叙永县的综合发展

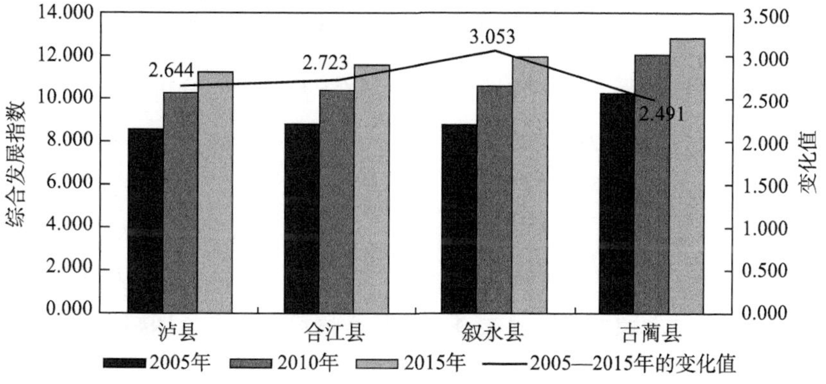


**图 7－33　泸州市区域综合发展指数统计图**

指数增长，区域发展程度有所提升。

（3）宜宾市综合发展指数（图 7-34）。从 2015 年的现状来看，宜宾市的内部区域综合发展指数空间分异明显，西部属于乌蒙山集中连片贫困区范围内的屏山县区域综合发展指数较低，中部集中了区域综合发展指数中等的高县、长宁县、兴文县和筠连县，区域综合发展指数较高的宜宾县、南溪县和珙县插补式分布其中。这说明宜宾市的区域发展水平不均衡，多数县处于中等偏下发展水平。

从演变趋势来看，宜宾市的内部区域综合发展指数在 2005 年至 2015 年逐步提升，东部的南溪县、珙县的区域综合发展指数不断提升，区域综合发展程度逐渐提升，扶贫压力有所缓解。但局部县的区域综合发展指数提升不明显，属于乌蒙山贫困区内的屏山县区域综合发展指数一直较低，发展程度不高。

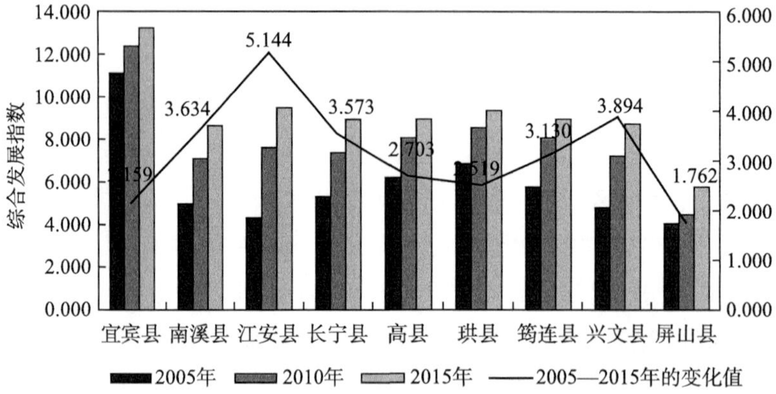


**图 7-34 宜宾市区域综合发展指数统计图**

4. 贵州省乌蒙山片区分城市综合发展指数的时空分析

（1）毕节市综合发展指数（图 7-35）。毕节全市各县均位于乌蒙山贫困区内。从 2015 年的现状来看，毕节市的内部区域综合发展指数普遍较高，内部空间分异极小。这说明毕节市整体综合发展水平较高，且市内各县均衡发展，扶贫压力较小。从演变趋势来看，从 2005 年到 2015 年，毕节市的内部区域综合发展指数格局没有发生明显变化，一直处于较高水平，发展均衡。

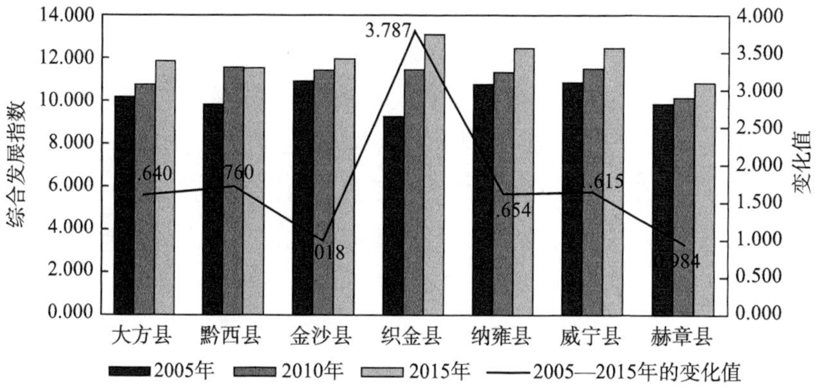


**图7－35　毕节市区域综合发展指数统计图**

（2）遵义市综合发展指数（图7－36）。从2015年的现状来看，遵义市的区域综合发展指数呈西高东低的分布格局。东部的道真县区域综合发展指数较低，务川县、凤冈县、湄潭县和余庆县的区域综合发展指数中等，但低于西部。这说明遵义市东部的综合发展水平低于西部，扶贫压力较大。并且乌蒙山贫困区范围之外的道真县区域发展程度低于内部的市县。赤水市、桐梓县和习水县位于乌蒙山贫困区内，三县的综合发展指数均较高，说明区域的综合发展水平较高，扶贫压力较小。

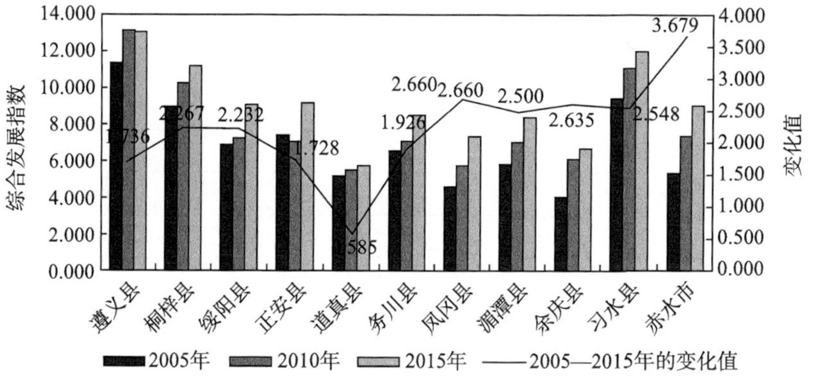


**图7－36　遵义市区域综合发展指数统计图**

从演变趋势来看，从2005年到2015年，遵义市的区域综合发展指数不断提升，区域综合发展指数较高的市县有所增加，区域综合发展指数中等偏低的市县向东部后撤，区域综合发展水平不断提升，空间差距缩小，扶贫压力呈逐渐减弱的趋势。赤水市、桐梓县和习水县位于乌蒙山贫困区内，除习水县的综合发展指数一直处于高位以外，赤水市和桐梓县的综合发展指数不断增长，说明两县的区域发展水平不断提升。

5. 乌蒙山片区涉及市域的整体区域综合发展指数的时空分析

乌蒙山片区涉及市域的整体区域综合发展指数见表7－15。从2015年的现状来看，区域综合发展指数中等偏低的市县成片聚集于乌蒙山片区涉及市域整体范围的西北部、西南部和东北部。乌蒙山片区涉及市域整体范围的西南部是大量低水平区域综合发展指数市县的聚集区，其中姚安县、永仁县、元谋县和牟定县的区域综合发展指数较低，大姚县、南华县、武定县、双柏县、嵩明县、晋宁县、富民县、呈贡县、宜良县、马龙县、陆良县和师宗县的区域综合发展指数处于中位。乌蒙山片区涉及市域整体范围的西北部属于云南与四川交界处，其中绥江县和屏山县的区域综合发展指数较低。乌蒙山片区涉及市域整体范围的东北部也有少量区域综合发展指数较低的市县，其中道真县的区域综合发展指数较低。这三个区域在乌蒙山片区涉及市域整体范围内的综合发展水平较低，扶贫压力较大。

**表7－15　乌蒙山片区涉及市域的整体区域综合发展指数**

| 城市 | 县名 | 2005年 | 2010年 | 2015年 | 2015年和2005年的指数变化值 |
|---|---|---|---|---|---|
| 楚雄市 | 楚雄市 | 12.6972 | 13.0389 | 13.4747 | 0.7775 |
| | 双柏县 | 7.5175 | 7.6433 | 8.4850 | 0.9675 |
| | 牟定县 | 4.3460 | 4.9514 | 5.2770 | 0.9310 |
| | 南华县 | 5.4216 | 6.4943 | 7.6687 | 2.2471 |
| | 姚安县 | 4.5253 | 4.5372 | 4.4357 | －0.0896 |
| | 大姚县 | 8.6293 | 8.0837 | 8.8928 | 0.2635 |
| | 永仁县 | 4.4350 | 4.5356 | 5.2286 | 0.7936 |
| | 元谋县 | 4.1157 | 4.5289 | 5.3287 | 1.2130 |
| | 武定县 | 6.4174 | 7.1212 | 8.5079 | 2.0904 |
| | 禄丰县 | 9.4649 | 10.3811 | 10.5590 | 1.0942 |
| 昆明市 | 呈贡县 | 5.5707 | 6.8521 | 7.5656 | 1.9949 |
| | 晋宁县 | 5.2569 | 6.3468 | 6.4271 | 1.1702 |
| | 安宁市 | 7.7716 | 8.1845 | 10.4548 | 2.6832 |
| | 富民县 | 5.0647 | 5.8609 | 6.4238 | 1.3592 |

续表

| 城市 | 县名 | 2005 年 | 2010 年 | 2015 年 | 2015 年和 2005 年的指数变化值 |
|---|---|---|---|---|---|
| 昆明市 | 宜良县 | 5.4917 | 5.6195 | 7.1821 | 1.6903 |
| | 石林彝族自治县 | 4.8567 | 5.4955 | 5.7725 | 0.9158 |
| | 嵩明县 | 5.5234 | 7.1644 | 7.6071 | 2.0837 |
| | 禄劝彝族苗族自治县 | 7.1813 | 9.0522 | 10.8743 | 3.6930 |
| | 寻甸回族彝族自治县 | 8.9361 | 9.7485 | 10.9411 | 2.0049 |
| 曲靖市 | 马龙县 | 5.0616 | 6.6192 | 6.6236 | 1.5620 |
| | 陆良县 | 7.4268 | 8.3681 | 8.0143 | 0.5876 |
| | 师宗县 | 7.9569 | 7.6428 | 8.8888 | 0.9319 |
| | 罗平县 | 10.5064 | 10.1849 | 9.4868 | -1.0196 |
| | 富源县 | 10.3914 | 12.3840 | 12.6311 | 2.2397 |
| | 会泽县 | 11.9208 | 13.0308 | 13.2180 | 1.2972 |
| | 沾益县 | 8.5227 | 9.4116 | 10.3659 | 1.8432 |
| | 宣威市 | 12.9134 | 13.4579 | 13.9588 | 1.0454 |
| 昭通市 | 昭阳区 | 12.1485 | 12.9356 | 13.1473 | 0.9988 |
| | 鲁甸县 | 5.7857 | 7.7116 | 9.9299 | 4.1442 |
| | 巧家县 | 7.3826 | 7.4882 | 10.1668 | 2.7842 |
| | 盐津县 | 6.6367 | 8.9996 | 8.9089 | 2.2722 |
| | 大关县 | 4.6592 | 5.3259 | 7.2845 | 2.6253 |
| | 永善县 | 6.8602 | 9.8788 | 10.7733 | 3.9131 |
| | 绥江县 | 4.2195 | 5.6643 | 4.9866 | 0.7671 |
| | 镇雄县 | 10.2338 | 12.3842 | 12.9859 | 2.7522 |
| | 彝良县 | 8.9004 | 10.6691 | 9.5457 | 0.6452 |
| | 威信县 | 6.5314 | 7.2936 | 7.1792 | 0.6478 |
| | 水富县 | 6.7683 | 7.9080 | 6.9437 | 0.1754 |
| 毕节市 | 大方县 | 10.2431 | 10.8549 | 11.8830 | 1.6399 |
| | 黔西县 | 9.8511 | 11.6609 | 11.6110 | 1.7599 |
| | 金沙县 | 11.0000 | 11.4784 | 12.0180 | 1.0180 |
| | 织金县 | 9.3350 | 11.4800 | 13.1219 | 3.7868 |
| | 纳雍县 | 10.8541 | 11.3629 | 12.5086 | 1.6544 |
| | 威宁县 | 10.8934 | 11.5201 | 12.5082 | 1.6148 |
| | 赫章县 | 9.8890 | 10.2429 | 10.8727 | 0.9837 |

续表

| 城市 | 县名 | 2005年 | 2010年 | 2015年 | 2015年和2005年的指数变化值 |
|---|---|---|---|---|---|
| 遵义市 | 遵义县 | 11.3250 | 13.1117 | 13.0610 | 1.7360 |
| | 桐梓县 | 8.9664 | 10.2784 | 11.2331 | 2.2667 |
| | 绥阳县 | 6.9321 | 7.3177 | 9.1638 | 2.2317 |
| | 正安县 | 7.4618 | 7.1489 | 9.1896 | 1.7277 |
| | 道真县 | 5.2383 | 5.5616 | 5.8234 | 0.5851 |
| | 务川县 | 6.6378 | 7.1100 | 8.5634 | 1.9256 |
| | 凤冈县 | 4.6717 | 5.8070 | 7.3312 | 2.6596 |
| | 湄潭县 | 5.8662 | 7.0965 | 8.3659 | 2.4997 |
| | 余庆县 | 4.0771 | 6.1361 | 6.7119 | 2.6348 |
| | 习水县 | 9.4570 | 11.0989 | 12.0048 | 2.5478 |
| | 赤水市 | 5.3854 | 7.4438 | 9.0645 | 3.6791 |
| 乐山市 | 犍为县 | 6.0542 | 8.7266 | 9.2085 | 3.1543 |
| | 井研县 | 4.3598 | 6.4720 | 7.3986 | 3.0388 |
| | 夹江县 | 5.8674 | 6.8799 | 7.4141 | 1.5467 |
| | 沐川县 | 5.3144 | 6.1661 | 8.5061 | 3.1917 |
| | 峨边彝族自治县 | 6.7332 | 7.0999 | 7.3327 | 0.5994 |
| | 马边彝族自治县 | 4.7883 | 5.9583 | 6.5493 | 1.7609 |
| | 峨眉山市 | 6.8104 | 7.9410 | 8.7157 | 1.9053 |
| 泸州市 | 泸县 | 8.5651 | 10.2982 | 11.2089 | 2.6438 |
| | 合江县 | 8.8861 | 10.4707 | 11.6092 | 2.7231 |
| | 叙永县 | 8.8404 | 10.6238 | 11.8936 | 3.0532 |
| | 古蔺县 | 10.3193 | 12.0708 | 12.8105 | 2.4912 |
| 宜宾市 | 宜宾县 | 11.1209 | 12.4240 | 13.2797 | 2.1588 |
| | 南溪县 | 5.0163 | 7.1472 | 8.6500 | 3.6337 |
| | 江安县 | 4.3582 | 7.6308 | 9.5022 | 5.1440 |
| | 长宁县 | 5.3671 | 7.4079 | 8.9403 | 3.5732 |
| | 高县 | 6.2521 | 7.9986 | 8.9548 | 2.7027 |
| | 珙县 | 6.8432 | 8.5406 | 9.3621 | 2.5189 |
| | 筠连县 | 5.8036 | 8.0865 | 8.9332 | 3.1296 |
| | 兴文县 | 4.8553 | 7.2505 | 8.7491 | 3.8938 |
| | 屏山县 | 4.0678 | 4.5225 | 5.8296 | 1.7618 |

# 第8章 国土资源扶贫政策与发展方向

造成乌蒙山片区深度贫困的一个主要原因就是自然资源脆弱、土壤贫瘠及可用耕地少。土地作为最基本的生产资料，提升土地在产业发展中的基础作用，产业扶贫协同土地扶贫，对于解决乌蒙山深山区的贫困问题，是最可靠和最有效的扶贫措施。耕地整理和村庄整理，不仅改善了农村贫困居民的生活条件和生活环境，特别重要的是为当地产业发展提供了用地保障。国土资源部针对集中连片特困地区，特别是乌蒙山片区出台了一系列国土政策。

## 8.1 国土资源精准扶贫政策

中国贫困人口和贫困现象主要集中在农村地区，农村的贫困人口占全国总贫困人口的比例高达99.2%（2005年）。[1] 按照2010年颁布的每人每年2300元现行农村贫困标准，农村贫困人口从2010年的16567万人减少到2017年的3046万人。[2] 2017年按五等份分组后，城镇居民低收入户（20%）的年人均可支配收入为13723.1万元，农村居民低收入户（20%）的年人均可支配收入为3301.9万元[3]，仅为城镇居民可支配收入的24%。数据依然证明中国的扶贫重点为农村地区，解决农村贫困问题，就等同于解决了中国贫困问题。对农村居民来说，最大的财产或财富就是土地。增加土壤肥力，提高土地生产力，扩大土地经营规模，为农业生产和其他产业发展提供适宜土地，显化土地价值，改善村庄面貌，是改善农村贫困问题的出路，而所有这一切又反映出土地和土地问题在解决农村贫困中的重要价值。因此，有针对性地发布国土资源方面

---

[1] 张磊．中国扶贫开发历程（1949—2005）［M］．北京：中国财政经济出版社，2005.
[2][3] 数据来源：《中国统计年鉴2018》。

的精准扶贫系列组合政策，对于解决农村贫困问题，特别是集中连片特困地区的贫困问题，绝对是雪中送炭。

### 8.1.1 以提高土地生产力为核心的土地政策

2012年8月1日，国土资源部向河北、山西等21个省、自治区、新疆生产建设兵团的国土资源局等相关单位印发了《关于支持集中连片特殊困难地区区域发展与扶贫攻坚的若干意见》（以下简称《意见》）。这是国土资源部首次制定的基于国土资源管理职能支持扶贫的优惠政策。《意见》中的18项具体支持措施覆盖了土地、地质调查、地质灾害防治三大方面，其支持力度大、覆盖范围广前所未有，发挥了国土资源部门的行业优势和行业特色，也回应了地方要求国土资源政策向特困地区倾斜的期望和要求。[1]

该意见提出国土资源管理工作要“服务和保障”连片特困地区发展，扶持连片特困地区尽快将资源优势转化为经济优势，承接东部转移产业，探索差别化国土资源管理政策，加大国土资源政策对片区的支持和倾斜力度。在土地政策方面主要从八个方面做了设计和创新，包括：①土地规划。通过编制土地利用总体规划，重点保障扶贫开发项目用地（工程建设用地、易地扶贫搬迁、生态移民用地），提高土地对经济社会发展的保障能力。②土地指标。适当加大连片特困地区有关省份土地利用年度计划，重点支持促增长、调结构、转方式、惠民生等重大项目用地需要。支持有条件的连片特困地区开展城乡建设用地增加与农村建设用地减少挂钩试点工作。③未利用地和工业用地出让价格。鼓励合理使用未利用地，未利用地建设工业集中区、开发园区出让底价以全国工业用地出让最低价标准的15%～50%执行，在符合条件的连片特困地区，开展低丘缓坡荒滩等未利用地开发试点。④土地整治。加大资金投入力度，推进连片特困地区的农用地整治，增加有效耕地面积，提高耕地质量。⑤产业用地。支持连片特困地区的国家级开发区、省级开发区的升级扩区调位，发达地区与连片特困地区共建产业集聚区。⑥土地调查评价与监测。开展土地整治潜力和耕地后备资源调查评价、农用地质量等

---

[1] 资料来源：http：//news.ifeng.com/c/7fcvSyGm8X8。

级更新评价和动态监测工作。⑦土地流转。开展农村集体经营性建设用地流转改革试点工作。⑧耕地保护机制。探索建立耕地保护补偿机制，对农民和基层经济组织自行开展的小规模土地整理复垦、基本农田保护实行补贴和奖励制度。

2014 年 12 月，国土资源部印发了《关于支持乌蒙山片区区域发展与扶贫攻坚的若干意见》[1]，从土地管理、地质调查、矿产资源开发、地质灾害防治、地质环境保护方面出台了 15 项政策。在土地管理政策方面，进一步细化了 2012 年 8 月国土资源部《意见》中的土地管理政策，给予乌蒙山片区中四川、云南、贵州三省毗邻地区的 38 个县（市、区）更多的激励和优惠。其中，“含金量”高的一些政策有：①以“转方式、调结构、惠民生、促发展”项目用地为需求，更合理安排四川、贵州、云南三省新增建设用地计划指标；②发挥城乡建设用地增减挂钩对扶贫开发的支持作用；③支持乌蒙山片区大力开展土地整治及高标准基本农田建设；④探索对低效果园和残次林地的开发利用，将坡度 25°以下的损毁建设用地、未利用地开发整理成园地，经国土资源部门会同有关部门认定验收后可用于占补平衡，并按耕地管理；⑤支持在 25°以上非基本农田的坡耕地实施新一轮生态退耕还林、还草。

2018 年 12 月，自然资源部在贵州省毕节市召开了乌蒙山片区区域发展与脱贫攻坚部际联席会，总结了 2012 年以来国土政策在扶贫攻坚中取得的经验与成绩。到 2017 年，乌蒙山片区贫困人口已经减少到 199 万，贫困发生率下降到 9.9%，贵州省的赤水市、桐梓县、习水县、黔西县，四川省沐川县，云南省寻甸县这 6 个贫困县已脱贫摘帽。总体上，自然资源部牵头的乌蒙山片区区域发展与脱贫攻坚工作，以国土政策为抓手，通过实施“土地整治获得高质量耕地”“农业多种经营获得可持续经济收入”“村庄整理、易地搬迁建设美丽乡村”“防治地质灾害”助力贫困人口实现脱贫。五大国土政策方向与减贫目标如图 8－1 所示。[2] 土地是生产要素之一，土地政策作为“点金水”“催化剂”，带动了资金和人力与土地的紧密结合，活化了土地的生产功能，催生了农

[1] 资料来源：http：//cppcc. people. com. cn/n/2015/0116/c34948－26394377. html。

[2] 资料来源：http：//www. guizhou. gov. cn/xwdt/dt_22/bm/201812/t20181217_1981092. html。

业第一产业的高端化发展，进而也使贫困人口尽快脱贫。

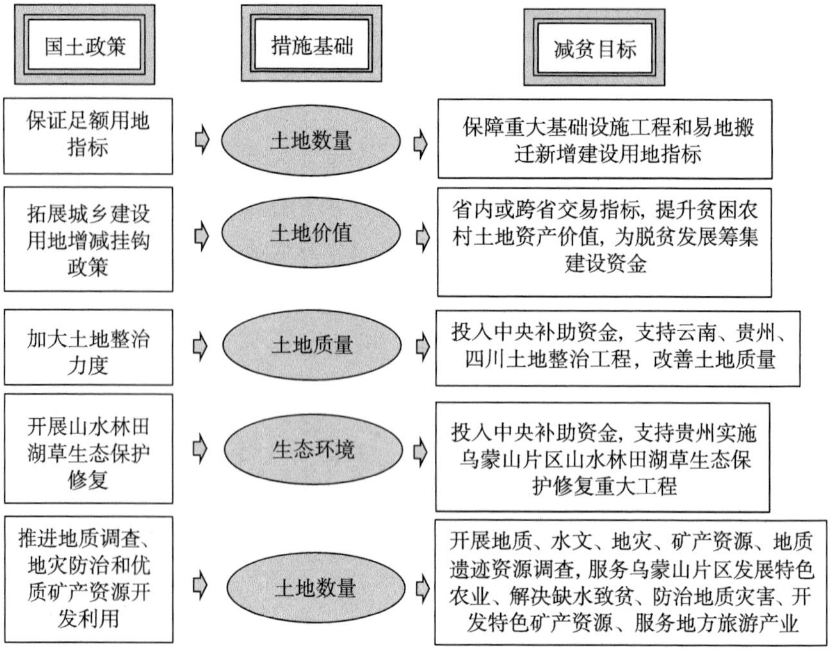


**图 8－1　一揽子国土政策与扶贫攻坚**

## 8.1.2　城乡建设用地增减挂钩是“含金量”最高的土地政策

2016 年 2 月 17 日，国土资源部针对城乡建设用地增减挂钩在扶贫开发和易地扶贫搬迁中的作用，发布了《关于用好用活增减挂钩政策积极支持扶贫开发及易地扶贫搬迁工作的通知》[1]。这项政策是对 2012 年《意见》中土地指标政策的进一步落实、细化和拓展，同时也看出城乡建设用地增减挂钩政策在助力扶贫开发及易地扶贫搬迁工作中起到了积极作用，解决了一部分贫困地区普遍存在的资金问题，政策效应最大，是“含金量”最高的一项土地扶贫政策，受到贫困地区的欢迎。

城乡建设用地增减挂钩政策的思路是，通过村庄整理将村民住房相对集中后，一部分宅基地可以整理为农用地，减少了农村集体建设用地

[1] 资料来源：http：//www. cpad. gov. cn/art/2016/2/17/art_1744_61. html。

但增加了农用地面积，这部分农用地面积进而形成了新增建设用地指标。拥有新增建设用地指标的A地区，与需要建设用地指标的B地区进行交易，A地区就获得了一部分资金。对于集中连片特困地区而言，对重点支持贫困市县、优先考虑贫困村庄、实施易地扶贫搬迁的村庄实施村庄整理，一方面可使形成的农用地为当地村民发展农业提供土地基础，另一方面新增的建设用地指标，既可以为本地区产业发展需要新增建设用地提供了指标，也可以与需要建设用地指标的其他地区进行交易后获得建设资金。建设资金对于特困地区而言非常重要，资金可以用于搬迁农民建新居、农村基础设施建设和扶贫产业发展，推动贫困地区经济社会发展。

为了拓展贫困地区增减挂钩节余指标的使用范围，充分实现指标价值，该文件提出国家扶贫开发工作重点县、集中连片特困地区的增减挂钩节余指标可以在省域范围内流转使用。经济发展程度不同、土地资源供需有差异的地区，其土地价格也有高低区分。显然，贫困地区的土地指标的交易价格越高，对解决贫困地区资金困难问题越有利。为此，在该通知中提出“有条件的地区，可探索竞争方式确定节余指标价格”。竞争方式，隐含的政策含义就是价高者得，一是以市场方式实现了土地指标的价值，二是可以为贫困地区获得更多的扶贫建设资金。

在指标收益资金管理方面，该通知提出交易后形成的资金全部返还贫困地区并由县（市）统一管理，确保通过增减挂钩实施扶贫开发使易地扶贫搬迁的农民受益。其中，对集中安置的，增减挂钩收益返还集体经济组织，由村民自主安排用于新居和基础设施建设等；对分散安置的，以货币形式足额将增减挂钩收益返还当事农户。

国土资源部在评估河北、四川、贵州等省份执行城乡建设用地增减挂钩政策支持脱贫攻坚的基础上，于2017年4月10日印发了《关于进一步运用增减挂钩政策支持脱贫攻坚的通知》[1]，目标是进一步完善贫困地区增减挂钩节余指标使用政策，释放政策红利，促进各省积极执行政策，巩固政策成果。政策利好主要体现在拓展了可以使用该政策的对象，即由集中连片特困地区和片区外国家级贫困县扩展到了省级扶贫开

---

[1] 资料来源：http：//g. mlr. gov. cn/201712/t20171227_1712509. html。

发工作重点县，省级贫困县也可以将增减挂钩节余指标在省域范围内流转使用。在具体政策执行中，在指标交易平台、编制下达土地利用计划和增减挂钩专项规划等方面做好服务和衔接工作，提高增减挂钩节余指标的收益。

## 8.2 土地政策带动乌蒙山片区扶贫工作

### 8.2.1 云南省土地扶贫政策成效

云南省乌蒙山片区，是云南省人口密度最大、土地负荷最重、贫困人口最集中的地区。[1] 土地整治和城乡建设用地增减挂钩是两项最实在的土地减贫措施，前者通过土地工程措施，改善耕作条件、提高土地产出、治理地质灾害、显化土地价值、提高农民收入；后者则是将农村建设用地和工矿废弃地利用土地整治工程措施复垦为耕地，以节余的建设用地指标形成在省域内可交易的城乡建设用地指标，为解决乌蒙山片区贫困问题提供了一部分资金。

云南省对乌蒙山片区的重大投资在 2016 年以后逐步增加。2016 年云南省原国土资源厅共保障乌蒙山云南片区项目用地 9.4 万亩，土地整治资金 3.14 亿元，建设规模 23.71 万亩；安排地质灾害防治资金 8174 万元，支持片区 15 个县市区大型以上地质灾害治理工程项目 33 个；投入地质调查项目资金 4627 万元；投入地勘基金 1392.45 万元。[2] 2018 年云南省乌蒙山片区获批"乌蒙山贫困地区国土综合整治重大工程"，预算投入资金 9.09 亿元，实施规模 46.4 万亩。国土综合整治工程目标着力点有四个，包括补齐农田基础设施短板、增强防灾抗灾能力、引导培育特色产业、推动生态文明。[3] 云南省乌蒙山片区涉及昆明、曲靖、昭通和楚雄。每个城市根据各自的资源优势和困境，实施土地扶贫政策，形成了各具特色的土地减贫工程（见表 8－1）。[4]

---

[1][2] 资料来源：http：//m. xinhuanet. com/yn/2017－09/27/c_136641633. htm。

[3][4] 资料来源：http：//www. sohu. com/a/256803344_183183。

**表8-1 云南乌蒙山片区土地扶贫政策实施特色和成果**

| 城市 | 特色 | 项目内容 | 成效 |
|---|---|---|---|
| 昆明 | 依托土地整理，促进农村发展 | 截至2016年年末，土地整治项目43个，项目总规模22.87万亩，新增耕地5.15万亩，总投资5.19亿元 | 1. 建成集“高效农业、节水农业、循环农业和集约化农业为一体的高标准农田”；<br>2. 实现“农业增效、农村增色、农民增收”的综合效应 |
| 曲靖 | 矿村签订共建资源开发协议 | 一矿一策、一村一策，推进和谐矿区建设 | 为会泽县矿山镇布卡村修建了一条村级水泥路 |
| 楚雄 | 制定《楚雄州乌蒙山片区区域发展与扶贫攻坚规划》 | 2011年以来：<br>1. 武定县实施增减挂钩项目4个，解决建设用地指标1401亩；实施土地整治项目12个，投入资金1.24亿元；<br>2. 投入3.5亿元实施易地扶贫搬迁和地质灾害避让搬迁；<br>3. 投入9432万元完成全县16个泥石流地质灾害治理项目 | 1. 8283户33557人实施了易地扶贫搬迁和地质灾害避让搬迁；<br>2. 增减挂钩收益有力促进了武定县脱贫攻坚工作 |
| 昭通 | 加强地质灾害防治，保障区域脱贫 | 投入7.53亿元，实施251个重大地质灾害排危除险、地质环境恢复治理等工程 | 搬迁避让5110户，惠及群众9.56万人，保护了31.5亿元财产 |

2017年6月云南省原国土资源厅印发了《关于贯彻落实城乡建设用地增减挂钩政策支持脱贫攻坚的实施意见》。[1] 在量化措施上，云南省提出力争按下达增减挂钩指标的50%产出节余指标，并要求商服和城镇住宅建设用地应使用不少于25%的增减挂钩节余指标；在易地扶贫搬迁工作中运用增减挂钩解决安置用地和使用节约指标的新建地块，相应减免新增建设用地土地有偿使用费、耕地开垦费、坝区耕地质量补偿费。节余指标流转交易（流转方式有两种：协议或网上公开竞价）后形成的收益，直接缴入县财政，全部用于扶贫工作。

[1] 资料来源：http：//www. tdwq. org/plus/view. php？ aid = 243966。

在乌蒙山片区，由于特殊的山地自然环境，普遍存在居民住房条件差、收入低、就业机会少、就业能力不足等多个问题。改善农村居住环境和居住条件是扶贫工作的重中之重。片区政府通过多种渠道筹集资金，对贫困村庄实施村庄易地搬迁、村庄整治、农村危房改造，通水、通电、通路、绿化，建设村民活动室和养殖小区，整体性改善了村民的居住环境和居住条件。应该说，改善居民住房条件不仅是政府扶贫项目的优先选项，也是老百姓看得见摸得着的大实惠。安居乐业，改善住房条件对处在深山中的贫困村来说更为重要。课题组赴昆明市寻甸县进行调查后，更加感受到易地扶贫搬迁和住房改造对改善当地贫困人口生活条件的重要性。❶

寻甸县是地处云南省乌蒙山片区的一个国家级贫困县，距离昆明市约 90 公里，海拔最高 3294.8 米，海拔最低 1445 米。全县国土面积 3588 平方公里，山区和高寒山区占国土面积的 87.5%。寻甸县人口 46.7 万，城镇化率仅为 24.6%。全县有 132 个行政村，而贫困村就达到 43 个。寻甸县共计 26 个易地扶贫搬迁项目，拆除农民原有的旧房，在原村庄或易地建设新房，改善村民的居住环境的同时整理出在山区十分宝贵的耕地资源。寻甸县开展的村庄危房改造和村庄整治工作，对村民脱贫起到了很大的作用。有些村庄从易发泥石流的山上搬迁到相对安全的坝子上，不仅改善了居民的住房条件，还为村民整理出了耕地。下面介绍 4 个村庄改造案例。

小横山村是一个回族贫困村，农户 68 户，农作物主要为玉米和烤烟。村庄三面环山，村民住房依山势而建，房屋坐落凌乱，土质含沙量大，地质灾害隐患大，村中的土路遇雨水则泥泞不堪。农户房屋多为土木结构，抗灾性差。小横山村原占用建设用地 86 亩，计划实施异地搬迁，将村民集中安置到 36 亩的宜居农房土地上，剩余的 50 亩土地复垦为耕地，再分配给村民。在小横山村，笔者到访了一家农户。户主大姐告诉笔者，他们全家 8 口人，一年收入只有 6 万元左右，开销用于吃穿住行、孩子读书，要省出钱建新房，日子过得不算宽裕。小横山村新建的宜居农房提供多种类型：有适合独居老人居住的小面积住房，有适合

❶ 本书所述村庄案例数据来自课题组实地调查所得。

多人居住的大面积住房。搭建地基时还考虑到发展需求设计至少两层半的地基。新村还采用人畜分离、牲畜集中圈养的规划设计，更加卫生整洁。建设住房的资金通过多种途径获得。小横山村易地搬迁村民可以享受到多种补贴和贷款优惠政策，这些补贴有：地质灾害搬迁补贴 4 万元、建档立卡贫困户补贴 6 万元、6 万元的农民低息贷款。

大垴村是一个位于半山腰上的贫困村，2015 年 3 月启动生态移民搬迁项目。村民都从原来的土坯房搬迁到钢筋水泥结构的新房。新房布局整齐，形式统一，细节装修每家各有特色。村集体建设了齐全、完善的办公地点和设施，村口有村民集体活动的篮球场，球场旁的展板记录了旧大垴村的破旧、新大垴村的变化，以及新大垴村的村规民约。原来的宅基地通过国土整治项目整理为耕地，还给各户村民，增加了户均耕地面积。2016 年建设完成后到 2017 年 7 月，村子人口从 196 人增加到 216 人。人口增加源于迁入新居后，媒人愿意为村里的小伙子说媒，新增的 20 人来自娶进来的媳妇和新生儿。

小多姑村是一个彝族聚居贫困村，在原国土资源部支持下的土地开发整治项目既包括 16000 亩耕地整理，也包括住房原址翻建，目前 351 户都已建设完成。原来村民的居住条件较差，目前通过资金整合新建的房屋主要为二层独栋小楼，较大地改善了村民的居住条件、生活习惯和精神面貌。同时，小多姑村村委会设有村民活动室、党员活动室等，村民活动室主要作为村民的娱乐活动和红白喜事场地。在配建了沟渠、水窖、道路和灌溉等基础设施后，土地坡度降低，耕种条件得到改善，土地流转租金从整理前的每亩 400 ~ 500 元提升到整理后的每亩 800 ~ 900 元。小多姑村的房屋改造建设资金每户约为 9.5 万元，主要是“三年行动计划”“庭院建设”“抗震安居工程”“村民自筹”“整乡推进”和“追加投资”六种资金来源。

草海子村是在原村庄地址上建设新房。这个村子总共 167 户，居民 505 人，根据人口数量不同，按照两种户型建设新房。一种为 99.2 平方米，供 4 ~ 5 人居住，设有客厅、卧室、卫生间、厨房以及一个半层晾晒地；另一种为 60 平方米，供 2 ~ 3 人居住。房屋平均造价为 1150 元/平方米，包括里外装修。村庄改造工程包括安居房建设、道路建设、场地工程、排水工程、照明工程建设等。工程总投资 3065.85 万元，其中危房改造资金183.7万元，宜居农房资金512万元，基础设施建设资金1218.15万元。资金来源包括易地扶贫贴息贷款资金1002万元和群众自筹资金159万元。从每户居民来看，草海子村的宜居农房集中安置项目在资金方面，整合了4万元扶贫资金和2万元政府补助资金共6万元补助资金。这些实实在在的资金扎扎实实地补贴给了农户。

这4个村庄是寻甸县多个扶贫项目中的典型案例。村庄整治带给村民的好处有很多，村民生活品质得到提高，老人生活便利了，年轻人外出打工比之前安心了，村民更爱自己美丽的家。村民住上了二层钢筋混凝土楼房，告别了原来的土坯房，有了强烈的荣誉感和自豪感，与外界交往的自信心增强，这为村民发展特色村庄观光、水果采摘等副业，最终走上产业致富的道路提供了硬件保障。村庄整治新增的耕地，不仅扩大了山区农户的耕地面积，土地资产增加，还在保证基本口粮和蔬菜种植面积的前提下，为乡镇政府推动土地流转，建立养殖示范基地，丰富农产品种植类型，实现规模化经营打下了基础。

2018年1月云南省原国土资源厅和云南省发展和改革委员会联合印发的《云南省土地整治规划（2016—2020年）》，提出要加大深度贫困地区土地整治力度，计划整治耕地面积124万亩，助推40万人脱贫，规划实施农村建设用地整理规模16万亩。针对乌蒙山片区，该规划预计要实施235万亩土地整治工程，新增耕地4.7万亩。❶

### 8.2.2 四川省土地扶贫政策成效

2012年以来，四川省不仅扎实执行国家土地扶贫政策，同时还做了很多探索，特别是针对乌蒙山片区，以土地整治为核心开展多项土地扶贫工程，为促进农业结构性调整，发展现代农业，引进农业龙头企业实施产业化规模化经营和农业机械化生产创造了基础条件。

首先，实施土地整理扶贫工程建设高标准农田。省、市、县三级政府投入资金用于土地整理。例如，乐山市一亩地补贴700元用于土地整治❷，实施土地平整、灌溉排水、田间道路等工程，使原来分散不连片、质量不高的土地建成集中连片、设施配套、高产稳产、生态良好、抗灾

---

❶ 资料来源：http：//dnr.yn.gov.cn/html/2018－4/83988_1.html。

❷ 资料来源：http：//news.163.com/16/0419/06/BL0B849V00014AED_mobile.html。

能力强，与现在农业生产和经营方式相适应的高标准基本农田。2014年，四川向乌蒙山片区投入176.21亿元，重点建设铁路、水库、一批特色农产品加工园区，易地扶贫搬迁、村庄的“六到农家”工程、退耕还林、荒山造林、水土保持等生态工程。[1] 2015年四川省乌蒙山片区省级财政资金投入7400余万元，建设总规模0.37万公顷，新增耕地321公顷。2016年省级财政资金投入6500万元，建设规模0.286万公顷，新增耕地512公顷。[2] 土地整治后，耕地质量提高，小田变大田，梯田和机耕道为机械化作业提供了便利，农活少了，还可以耕作流转来的农田，收入也随之增加了。[3]

其次，增减挂钩节余指标省内流转出效益。2014年原国土资源部批准乌蒙山片区在优先保障本县域范围内被拆迁农民安置和生产发展用地的前提下，将部分节余指标在省域范围内挂钩使用。2016年1月，成都高新区以442.5万元/公顷（29.5万元/亩）的价格购买了巴中市300公顷增加挂钩节余指标，总交易费用达到13亿元。[4] 这些资金大大地解决了巴中市扶贫资金来源的问题。

最后，土地整理扶贫资金的投入，是保证耕地质量提高和农业现代化、减少贫困人口的根本保障。四川省对乌蒙山片区部分地区实施土地整治项目后，大大提升了耕地质量并改善了农业生产基础设施条件，提高了农民土地收入。自2015年开始历时3年，四川省自然资源厅及相关部门共同编制了四川省乌蒙山连片区域土地整治重大扶贫项目并通过自然资源部组织的评审。[5] 四川省乌蒙山连片区域土地整治重大扶贫项目共涉及片区13个贫困县2.91万平方公里。项目总投资47亿元，分3年实施，建设规模约10万公顷，其中基本农田整治面积6.9万公顷，新增耕地面积7000公顷。[6] 2018年9月，《四川省乌蒙山连片区域土地整治重大扶贫项目2018年实施方案》通过了自然资源部牵头组织的竞争性评审，这是目前四川省投资最大、整治面积最大、受益人数最多的土地

---

[1] 资料来源：http：//www. sc. gov. cn/10462/10464/10797/2014/4/28/10300062. shtml。
[2] 资料来源：http：//www. sc. gov. cn/10462/10464/10797/2016/4/19/10376672. shtml。
[3] 资料来源：https：//www. sohu. com/a/75192066_267438。
[4] 资料来源：http：//www. sc. gov. cn/10462/10464/10797/2016/4/19/10376672. shtml。
[5] 资料来源：http：//www. sc. gov. cn/10462/10464/10465/10574/2018/9/25/10459661. shtml。
[6] 资料来源：http：//finance. sina. com. cn/roll/2018 – 09 – 10/doc – ihiixyeu5649186. shtml。

整治项目[1]，涉及乌蒙山四川片区13个县55个子项目，建设规模3.26万公顷，新增耕地2347.97公顷，建成高标准农田1.96万公顷，新增灌溉面积2747公顷，新增排涝面积9400公顷[2]，生态修复面积9713公顷，治理水土流失面积1.46万公顷[3]。该项目总投资达15.33亿元，其中中央补助资金7.64亿元，省级配套资金7.69多亿元[4]，惠及439万人[5]。项目完成后，将新增粮食产能6.72万吨，耕地质量提高一个等级，农村人均年纯收入增加600元。实现藏粮于地，靠地脱贫的目标[6]。

从上面的分析来看，四川省在乌蒙山片区相对于云南省的“巨额”投资，扎扎实实地投入到了土地整治工程中，在扶贫工作中起到了“一石三鸟”的作用。一是通过土地投资，提升了地力，农户成为最大的受益者，他们不仅不需要离土离乡，而且从事着最熟悉的农业工作，提高了家庭收入。二是土地整治工程，提高了土地经营规模效益，第一产业现代化，是国家之根本，保障了农业发展和粮食安全。三是土地整治工程中的农村建设用地整治，与美丽乡村建设相结合，在一定程度上改善了农民的居住条件，村庄为发展第二产业提供了环境基础。

### 8.2.3 贵州省土地扶贫政策成效

贵州省境内的乌蒙山片区主要位于整个山脉的西北部，山高谷深，地势险峻，矿产资源和水能资源丰富，自然景观独特，但也是高寒山区和石漠化地区，水土流失严重，土地资源退化明显，耕地资源严重不足，同时该区域也是整个乌蒙山片区中的重点贫困片区。[7]

1. 实施乌蒙山片区“兴地惠民”土地整治重大工程

从2012年开始，贵州省在乌蒙山片区实施了“兴地惠民”土地整治重大工程，目标是通过土地整治工程，建设高标准农田，提高土地承载力，发展农业，提高农民收入。乌蒙山“兴地惠民”土地整治工程共

---

[1] 资料来源：http：//t. qq. com/p/t/383653058793519。

[2][4] 资料来源：http：//www. sc. gov. cn/10462/10464/10465/10574/2018/9/25/10459661. shtml。

[3] 资料来源：https：//cbgc. scol. com. cn/place/92939。

[5] 资料来源：http：//dnr. sc. gov. cn/sitefiles/services/cms/page. aspx？ s = 2&n = 364&c = 322923。

[6] 资料来源：http：//finance. sina. com. cn/roll/2018 – 09 – 10/doc – ihiixyeu5649186. shtml。

[7] 资料来源：http：//fpb. zunyi. gov. cn/zcwj/201507/t20150716_320140. html。

有16个项目区，其中，毕节市11个、遵义市4个、六盘水市1个，每个土地整治项目单元都突出区域特点。重大工程估算总投资78.98亿元，其中国家投资63.18亿元，地方自筹15.8亿元。土地整治总面积达21288.62万亩，建设高标准基本农田2189.79万亩，每年可增产粮食33.15万吨。❶ 项目实施后，受惠农村贫困人口103.01万人，坡耕地治理规模128.56万亩，生态修复规模21.12万亩，石漠化治理规模5.23万亩，改善灌溉面积129.92万亩。❷ 应该说，对乌蒙山片区扶贫最可持续的投资是对农地的投资，为农民经营农业改善收入状况奠定了基础。

遵义市突出“四在农家·美丽乡村”的战略目标，对赤水市土地整治项目进行规划设计。❸ 在2019年3月赤水市长沙镇高洞村的“兴地惠农”土地整治项目，涉及高洞村、大榜村29户，项目资金投资1700万元，将集中连片推进土地平整和农田水利、田间道路、林网等建设，提高农业综合生产能力，建设农村路网、供水、通电、通信等基础设施，改善农村居住环境。

遵义市桐梓县以土地政策推动乌蒙山片区脱贫攻坚工作，一是将25°以上坡耕地、土质差、耕作条件恶劣的基本农田进行核减后退耕还林还草；二是投资2779.27万元建设高标准基本农田建设项目，可以解决728户贫困户、2284人的生产生活问题；三是实施城乡建设用地增减挂钩计划，投资9364万元易地扶贫搬迁1378户5700人；四是对矿山进行复垦复绿施工，改善乌蒙山片区的生态环境❹。

毕节市赫章县河镇乡海雀村2015年3月实施的高标准基本农田土地整治项目，对当地茶园建设和冷凉蔬菜基地建设打下了基础，促进农业产业化经营。❺

---

❶ 资料来源：http：//roll. sohu. com/20120924/n353827989. shtml，2012年9月24日，新闻中提到新增耕地215.5万亩，占建设总规模的3.13%。但按照建设总规模和3.13%算出来的新增耕地面积为662万亩，两个数据差距较大。

❷ 资料来源：http：//www. bidchance. com/info. do? channel = calgg&id = 5126767。

❸ 资料来源：http：//www. gzchishui. gov. cn/doc/2015/05/28/79148. shtml，2015年5月28日。

❹ 资料来源：http：//zrzy. guizhou. gov. cn/xwzx/sxdt/201706/t20170629_2660934. html，2016年9月13日。

❺ 资料来源：http：//zrzy. guizhou. gov. cn/xwzx/xwdt/201706/t20170629_2659455. html，2015年3月20日。

毕节市威宁自治县2018年全力推进土地整治。2018年，全县完成脱贫人口4000人/亩优质耕地任务，项目区贫困人口通过参加土地整治有三得，“1亩优质耕地+施工劳务收入+农田基础设施资产”。威宁自治县草海镇和双龙乡两个乌蒙山“兴地惠民”土地整治重大工程，总投资达到11727.21万元，建设规模约3.4万亩。[1]

2. 创新国土政策支持乌蒙山扶贫

2014年以来，贵州省根据原国土资源部印发的关于支持深度贫困地区和乌蒙山片区区域发展和扶贫攻坚的国土政策，进一步落实用地差别化保障办法，创新并实施了多项符合本地区扶贫实际的国土政策。例如，为确保乌蒙山片区扶贫攻坚重大项目和试验区经济社会重大建设项目用地需求，不仅优先保障其用地年度计划，还对重大项目实施“点供”，累计批准用地近3000公顷。在提高土地质量方面，2014年向乌蒙山片区投入2.99亿元实施高标准基本农业建设和土地综合整治，投入4.25亿元实施毕节市织金县织河煤矿片区矿山地质环境恢复治理示范工程。[2]

2017年12月20日，贵州省原国土资源厅印发了《关于支持深度贫困地区和乌蒙山片区脱贫攻坚的工作措施及分工方案》，提出创新国土资源管理政策，发挥国土资源扶贫政策优势，支持深度贫困地区和乌蒙山片区脱贫。创新的国土资源政策见表8－2[3]，其中的土地整治工程要助力贫困人口“获得优质耕地增产出、获得劳务收入鼓腰包、获得资源资产变股东”。

贫困地区最需要的是资金，但资金的投向非常重要。如果将资金作为补助分散发给困难群众，可能主要用于补贴日常生活和购买一些生产资料，但不能发挥资金合力作用。土地整治、易地搬迁、地质灾害防治、生态修复都需要巨额资金，在一定程度上对这些项目的投入属于公共物品投入，不仅能实现贫困人口脱贫任务，更可以改善土壤质量、保

---

[1] 资料来源：http：//www.guizhou.gov.cn/xwdt/dt_22/df/bj/201902/t20190213_2258915.html，2019年2月13日。

[2] 资料来源：http：//zrzy.guizhou.gov.cn/xwzx/tpxw/201707/t20170703_2689500.html，2015年1月4日。

[3] 资料来源：http：//zrzy.guizhou.gov.cn/zfxxgk/zfxxgkml/gfxwj/qtzcwj/201810/t20181031_3667903.html。

**表8-2 贵州省支持深度贫困地区和乌蒙山片区脱贫攻坚国土政策**

| 政策方向 | 主要政策内容 | 主要落实措施 |
|---|---|---|
| 土地利用规划、计划 | 1. 足额保障基础设施、易地扶贫搬迁、民生发展用地；<br>2. 推进"多规合一"，优化城乡用地结构和布局 | 1. 乌蒙山片区每年新增建设用地指标600亩/年；<br>2. 新增的重点工程、重点项目列入重点项目库并重点保障用地需求；<br>3. 其他保障性措施 |
| 城乡建设用地增减挂钩 | 1. 增减挂钩不受指标规模限制；<br>2. 拆旧区、工矿废弃地复垦产生的节余指标，可在省域内流转使用；<br>3. 节余的增减挂钩指标可在东西部扶贫协作和对口支援框架内跨省流转使用 | 1. 在符合土地利用总体规划的前提下，按需保障增减挂钩指标；<br>2. 可按规定预先使用或交易一定比例的节余指标；<br>3. 在拆旧区耕地面积不减少、建设用地不增加的前提下，可宜耕则耕、宜林则林、宜草则草进行复垦；<br>4. 跨省交易的节余指标增值收益全部用于易地扶贫搬迁 |
| 土地利用政策 | 1. 集体经济组织探索以出租、合作等方式盘活利用空闲农房及宅基地；<br>2. 强化对农业生产用地、旅游用地、光伏方阵用地、工业用地管理 | 1. 探索农村集体经济组织以出租、合作等方式盘活利用空闲农房及宅基地；<br>2. 以村庄整理节约出来的建设用地，发展农村新产业新业态和农村第一、第二、第三产业融合发展，农业配套设施用地按农用地管理；<br>3. 旅游项目中的自然景观及为观景提供便利的观光台、栈道等附属设施用地占用永久基本农田外的农用地，不征转，按现用途管理；<br>4. 光伏方阵使用未利用地或在不破坏农业生产条件前提下使用永久基本农田以外的农用地，可不改变原用地性质；<br>5. 新批准的工业项目，其建设用地控制指标可不受相应地区行业投资强度控制指标约束 |
| 完善耕地保护措施 | 与城乡建设用地增加挂钩政策相协调 | — |
| 用地审批特殊政策 | 边建设边报批，边占用耕地边补，易地搬迁等特殊情况占用永久基本农田的，纳入重大建设项目，需经省级国土部门预审 | 同左 |

续表

| 政策方向 | 主要政策内容 | 主要落实措施 |
| --- | --- | --- |
| 优先实施土地整治工程 | 统筹整合涉农资金，支持村民自建、先建后补、以奖代补等方式开展项目工程建设，提高农民收入 | 1. “村民自建”50万亩，每人整治1亩优质农田项目；<br>2. 整乡推进20个极贫乡镇土地整治三年行动计划 |
| 地质灾害防治，申报地质公园 | 1. 申报特大型地质灾害治理项目；<br>2. 建立地质灾害防治体系；<br>3. 受地质灾害威胁的贫困人口实施易地搬迁 | 1. 争取将贵州省纳入全国地质灾害综合防治建设重点省份；<br>2. 争取将乌蒙山片区纳入国家山水林田湖草生态修复重大工程；<br>3. 实施地质灾害三年综合治理行动计划；<br>4. 对极贫乡镇开展地质灾害综合治理；<br>5. 申报世界地质公园、国家地质公园，促进旅游扶贫产业 |
| “地质调查+”特色服务 | 1. 进行地质调查，摸清地质资源优势；<br>2. 加强耕地质量和地下水综合调查，助力特色农业发展和人畜饮水困难问题的解决；<br>3. 加大地质遗迹调查，服务特色旅游发展 | 同左 |

障粮食安全、建设美丽乡村、恢复绿水青山。中央财政资金，发挥了公共物品的作用。2018年，贵州省争取到中央资金130.15亿元，用于城乡建设用地增减挂钩、地质灾害防治、山水林田湖草生态保护修复、土地整治等重大土地工程。运用增减挂钩政策为脱贫攻坚筹集到资金136.42亿元❶，其中，用于乌蒙山区山水林田湖草生态保护修复重大工程资金为20亿元，用于乌蒙山“兴地惠民”土地整治重大工程资金为4.54亿元❷。资金与土地的结合，必然带来产业的发展和就业岗位的增加。

---

❶ 资料来源：http：//www.guizhou.gov.cn/xwdt/gzyw/201903/t20190304_2294526.html，2019年3月4日。

❷ 资料来源：http：//zrzy.guizhou.gov.cn/zfxxgk/zfxxgkml/tjsj_81192/gtzyddjcjb/201907/W020190702350826755854.pdf。

3. 易地扶贫搬迁是改善困难群众生产生活条件的重要举措

贵州省土地资源以山地和丘陵为主，占比达到92.8%，山间平坝区面积仅占全省土地面积的7.5%。[1] 耕地资源少，生态环境脆弱，山区住房生活条件恶劣，地质灾害频发是造成一部分人口贫困的重要原因。2012年，贵州省委、省政府提出用9年时间对全省47万户204万人实施扶贫生态移民工程。在易地扶贫搬迁的62万人中，武陵山区、乌蒙山区和滇桂黔石漠化区三大集中连片特困地区困难群众达55万人，占90%。[2] 对于一方水土养不起一方人的地区，只有尽早尽快实施易地扶贫搬迁，才能彻底使他们摆脱贫困。以易地扶贫搬迁的方式解决贫困问题，对于贵州省乌蒙山片区来说更为紧迫。乌蒙山片区已经易地扶贫搬迁的困难群众，不仅改善了住房条件、找到了新的就业岗位，更重要的是孩子们有了更方便的上学条件。[3] 2019年贵州省使用增减挂钩指标3.5万亩，可为易地扶贫搬迁筹集70亿元还贷资金。[4]

实施易地扶贫搬迁有三个桎梏：一是易地建房搬迁资金来源问题；二是易地建房土地和建设用地指标来源问题；三是搬迁贫困人口就业问题。只有将这三个问题全部解决，易地扶贫搬迁才算成功。由于困难群众[5]几乎没有资金能力进行搬迁，资金几乎都要靠外部资金。国土资源创新政策中的城乡建设用地增减挂钩、节余指标省内和跨省交易、土地整治，这三项土地政策实实在在地解决了搬迁资金、建房用地指标两个难题。城乡建设用地指标形成与流转过程示意图如图8－2所示。针对就业问题，贵州省推进城镇商贸型、园区服务型和乡村旅游型三种易地扶贫搬迁安置办法，同时提供精准的就业服务，确保每户移民家庭至少

[1] 资料来源：http：//zrzy. guizhou. gov. cn/zfxxgk/zfxxgkml/tjsj _ 81192/gtzyddjcjb/201907/W020190702350826755854. pdf。

[2] 资料来源：http：//www. xinhuanet. com/politics/2016 － 02/22/c_128739007. htm，2016年2月22日。

[3] 资料来源：http：//www. xinhuanet. com/2018 －03/26/c_1122590160. htm，2018年3月26日。

[4] 资料来源：http：//www. guizhou. gov. cn/xwdt/gzyw/201903/t20190304 _ 2294526. html，2019年3月4日。

[5] 资料来源：http：//www. gov. cn/xinwen/2016 －08/21/content_5101123. htm，2016年8月21日。

1个劳动力就业。[1] 改善居住条件是扶贫的第一步，第二步是为易地搬迁困难人群提供相对稳定的就业，形成可持续的收入来源，起到的是锦上添花的作用。

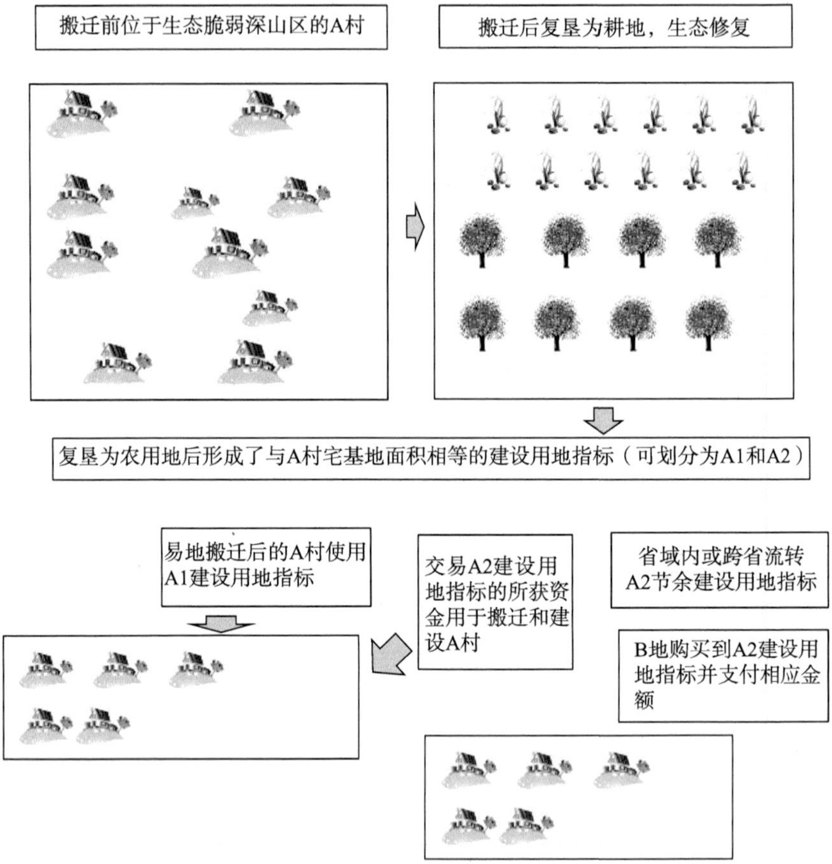


**图8-2　城乡建设用地增减挂钩与易地扶贫搬迁融合示意图**

注：A1地块面积与B地购买到的A2建设用地指标对应的建设用地面积之和依然等于A村原村庄面积。

---

[1] 资料来源：http：//www.gywb.cn/content/2016-01/25/content_4538601.htm，2016年1月25日。

## 8.3 结语

### 8.3.1 土地整治为产业发展提供了物质保障

“有土斯有财”，中国人民自古仰赖土地生产生活，发展出以农林渔牧等第一产业为主导的产业形式。随着改革开放，部分地区的主导产业由第一产业发展为以第二、三产业为主导，土地价值也从基于肥沃度转向依托土地的商业价值与工业价值，地均产值长足成长，土地持有者与使用者经济收入大幅增长。土地整治决定了土地的地租，地租决定了产业形态，产业形态决定地均产值，地均产值再推升地租，然而部分地区受限于区位条件不足，仍以第一产业为主，维持原有的生产形态，地均产值成长缓慢，经济收入与以第二、三产业为主导地区的差距逐渐拉大，成为相对贫困的地区，且在农地保护的要求及区位条件的约束下，只能继续维持一产生产。为突破土地作为一产使用的产值限制，提升贫困地区人民的生活水平，通过产业活化实现扶贫成为重要的手段。

扶贫的最终目标在于培育贫困地区的生产能力，通过土地整治使农林渔牧用地更适宜产业需要，因此土地整治不仅是工程技术或土地交换分合，更重要的是促进第一产业与第二、第三产业的融合。三次产业中，第二产业是培育生产能力的核心，它能够提高第一产业产品的附加价值，拉动第三产业现代化，也能够有效提高地均产值以及地均产值增长率。对于仍以农林渔牧业为主要产业的贫困地区来说，朝向第二产业发展是经济增长的必要阶段，而农副产品的加工业则是第一产业与第二产业生产整合的基础形式。虽然产品附加价值不高，但社会需求稳定，能确保第一产业生产者的长期收入，而低技术门槛的农副产品加工，也能为农渔民提供就业机会；农家乐、采摘则是第一产业与第三产业结合发展的基础形式，以自然、粗放的观光、旅游产业为主，就业进入门槛低，适合农渔民转业，但农家乐及采摘旅游一方面旅游质量较低，收入提升有限，另一方面高度倚重观光资源，因此可经营的地区有限。

朝向文化创意产业转型是当前前沿的产业发展模式，以农林渔牧业为上游产业，制造业为中游产业，批发零售业为下游产业，通过商务服务业及各类产品设计业建立上、中、下游的联系渠道，整合产品从原物料生产、设计、加工到销售的一条龙生产过程，将原有的农副产品加工业、农家乐、采摘旅游，进一步提升至民宿业、观光旅馆业及度假村，大幅提升产品的附加价值，创造更高的土地利用效益，提高贫困地区的人均收入。提高产品附加价值就能够吸纳更多的企业投资与劳动力就业，提高第二产业及第三产业在三次产业中的产业集中度，降低第一产业在三次产业中的占比，促进地均产值提高，拉动现代化农业发展，最终实现脱贫目标。

综上可知，扶贫工作是一个跨部门、有对象、讲顺序的整体性工作。“跨部门”是指国土、规划部门及产业部门的通力合作；“对象”是指承载人民生计的土地资源；而“顺序”则是产业发展路径，由一产独立发展，到与二、三产的整合，再提升到文化创意产业。因此，依托土地资源的扶贫工作不仅是依靠国土部门推动，还需仰赖规划部门及产业部门的配合；当前国土部门转型朝向自然资源管理部门，整合了土地及规划部门，能为扶贫工作带来更有利的契机；如再加上与发改部门的合作，将能更好地推进扶贫工作的开展。总结来说，“跨部门”整合才能强化实施主体的扶贫工作能力，通过土地及规划部门的“跨部门”整合，可以合理地调整土地区位条件，创造土地再利用的经济价值；通过土地及产业部门的“跨部门”整合，可大力推进土地上的产业发展，三者共同协作，将能够协调城乡与区域间的产业分工，有序推进产业发展，提高地均产值，以最终达到土地最高最佳的使用，提高贫困地区自主、自立的生产能力。

### 8.3.2 提升社会要素在贫困地区的投入

本书从自然、社会和经济三个维度，建构了乌蒙山片区贫困综合测度方法，通过评估乌蒙山片区及其所属地级市市域范围内所有区县的自然、社会和经济消贫指数来分析这三类要素对消除贫困影响的相对难易程度。根据评估结果发现，在2005—2015年期间，自然要素对于缓解贫困的影响较为稳定，同时在区域内呈现出一定的空间分异现象。乌蒙山片区内自然消贫指数较高的贫困县位于中西部及东部，这一区域地势相对平坦，山间盆地较为广阔，可供发展的土地面积较大，人口密度较大，发展的自然潜力大，依靠自然资源要素实现脱贫的潜力较大。此外，在乌蒙山片区周围地区，还有一些县虽然不属于乌蒙山连片贫困地区，但其自然资源并不充裕，自然消贫指数较低，发展的自然潜力较弱，未列入贫困县的自然资源相对缺乏的“贫困县”，需要防微杜渐、加以关注。

与自然要素相比，社会要素对于扶贫的贡献则显著上升，地区的基础教育水平、医疗条件、社会福利、基础设施明显改善。2005 年，乌蒙山片区 15 个县社会消贫指数处于中等偏低水平，而到了 2010 年则只有 2 个县的社会消贫指数处于该水平。从空间分布来看，整个区域内市县社会消贫指数较低，呈现由中部向西南部和西北部逐步递减的趋势，这些区域的教育、医疗、社会福利和基础设施仍需投入较多资源。

同样，乌蒙山片区的生产能力、人均收入、地方财力、投资和消费能力等消除贫困的经济要素也呈现明显上升趋势。2005 年有 18 个县的经济消贫指数处于较低水平，而到 2015 年则减少为 2 个县，乌蒙山片区的整体经济发展状况有所提升。从空间分布来看，整个区域内的经济消贫指数与社会消贫指数呈现类似的分布趋势，由中心向周围经济消贫能力呈现下降趋势。

由于社会和经济消贫的贡献，乌蒙山片区的区域综合发展指数呈不断上升的趋势，后续发展的潜力也增大，有力地缓解了未来的扶贫压力。2005—2015 年期间，乌蒙山片区区域综合发展指数较低的市县由 7 个减少到 1 个，区域综合发展指数中等偏上的市县由 22 个增加到 28 个，区域多个维度的发展程度不断提高，扶贫压力得到缓解。此外，从空间分布来看，区域综合发展程度较低的区县由集中连片分布演变为局部连片分布，区域发展程度的均衡性有所提高。

就政策而言，首先，未来乌蒙山片区需要加强重点地区的社会要素投入，通过区域间土地指标流转、转移支付、生态补偿等政策工具，提升该地区的基础教育、医疗和基础设施水平。其次，要结合新型城镇化发展方向，引导贫困地区的居民通过能力提升、居住和工作迁移方式向中心城市地区迁移，中心城市需要在教育、医疗等公共服务方面提供有力的支持和保障。再次，扎实推进、久久为功，精准扶贫，不是一蹴而就的，需要一代人甚至几代人的努力，才能完全实现脱离贫困。同时，物质上的贫困状况可能在短期内容易改变，精神层面的贫困则需要从教育、文化、体育、卫生保健、社会福利等多个角度投入，才能实现地区人民全面摆脱贫困。最后，树立区域整体发展观念，提升整个地区的经济发展能力和协同能力，不仅关注乌蒙山片区内的贫困县，还需要重视周边地区未列入乌蒙山片区的潜在“贫困县”。

# 后 记

减少贫困，是一个世界性课题，也是一个难题。

2015 年，我们科研团队参与了科技部、国土资源部的“乌蒙山土地利用规划扶贫公关课题”。该课题由云南大学和中国人民大学共同承担研究任务，其中中国人民大学课题组由严金明教授领衔负责乌蒙山土地整治精准扶贫空间规划研究。作为子课题项目，我们重点研究乌蒙山片区产业发展与国土资源精准扶贫相关内容。这是团队第一次接触精准扶贫研究课题，在此之前，我不仅对精准扶贫没有关心，甚至对乌蒙山也知之甚少，只在毛主席诗词《七律·长征》“红军不怕远征难，万水千山只等闲。五岭逶迤腾细浪，乌蒙磅礴走泥丸。”这首诗中隐约记得“乌蒙”二字。我对我的无知感到脸红。当我们开始深入研究、查找资料时，我被各项数据所展示的深度贫困程度所震惊，我完全没有想到在我国的西南部还有这么贫困的地方，还有这么多贫困人口！他们亟需各界提供帮助以改善生存状况。

2016 年 7 月底，课题组赴乌蒙山云南片区的寻甸县开展实地调研。寻甸县位于乌蒙山片区，距离昆明市 109 千米，地理位置相对闭塞，周围都被群山环绕，交通出行不便。数据显示，寻甸县人均收入 1500 元/年。我们都不敢相信，毕竟我们从北京来昆明的飞机票价格就几乎相当于当地村民一年的收入了。我们到访了小横山村、大堖村、草海子村、小多姑村，看到几乎是原始的农业耕作方式，人畜不分的居住环境，非常分散的小片农地，心疼得默默流泪。当我们看到国土资源部的土地整治项目，有效改善了村民居住条件、村庄环境和耕作条件后，又为村民们发自内心的高兴。

在寻甸县小横山村，我们看到的是原始的泥草房子或土木结构的老房子，村庄主干道和住房旁边就是堆肥的牛粪，牛羊牲畜和人几乎同居一起，共享一个饮用水水源。邢蓉同学对小横山村的印象是这样的：小横山村所处位置地质灾害隐患大。村庄三面环山，村民住房依山势而建，从山脚向上延伸，错落凌乱，土质含沙量大，遇水容易松动。在我们去往村中农户家里的路上，因为刚下完雨的缘故，村中的土路被雨水冲得全和成了稀泥，行走非常困难。同时村中还有坡度非常大的道路，不仅不方便出行，而且在雨量较大的雨季非常容易出现倒灌现象。农户房屋多为土木结构，抗灾性差。遭遇连续或强降水天气易发生泥石流滑坡等灾害，将会造成巨大损失。这只是乌蒙山片区一个贫困村庄的缩影而已。

我们到寻甸县第二天，在县政府与县里各委办局召开座谈会，了解土地整治和村庄改造等扶贫攻坚情况。离开寻甸县政府办公地时，我看见办公楼的电子牌上写着“寻甸县‘脱贫摘帽’倒计时：176 天”，就问陪同我们调研的寻甸县国土局的白局长，176 天后真能完成扶贫吗？真能“脱贫摘帽”吗？白局长肯定地说，那是必须完成的。在调研过程中，我深深感受到了白局长身上的压力。为了实现“脱贫摘帽”的目标，寻甸县政府领导班子将寻甸县的脱贫计划和目标分解到每一个具体的部门，每个科级以上干部都要包村、包组、包户，为了完成精准扶贫目标，他们常常一个月才能回家一次。我们在甸沙乡调研时，还在哺乳期的张乡长如数家珍一样向我们介绍各个村、重点困难户的情况。她的干练和敬业，对扶贫工作的付出，给我们留下了深深的印象。

2018 年我们完成了课题研究任务。在研究成果基础上，进一步丰富了国土资源参与精准扶贫的内容，形成本书。土地资源是贫困地区最重要、最有价值的资源，发挥土地资源价值、与产业扶贫政策形成合力，是精准扶贫的有效路径之一。同时，更需要教育、卫生、产业、国土、住建等各方面共同努力才能实现精准扶贫目标，让所有的人都能享受到改革开放、国家繁荣发展的红利。在书稿写作查阅资料的过程中，每每看到关于深度贫困家庭的新闻报道，我一边伤心落泪一边写；看到他们在精准扶贫政策下，生产生活条件有了切实改善，我又激动地哭了。我切实感受到，习近平总书记提出的精准扶贫政策太“精准”了，必须让贫困地区的每一位老百姓过上幸福生活。

在本书出版之际，首先感谢中国国土资源土地整治中心罗明总工程师和王敬处长，给了我们课题组一个研究乌蒙山精准扶贫的机会。其次感谢云南省土地整理中心李主任、寻甸县国土资源局白当权局长、甸沙乡张乡长，以及陪同我们调研的寻甸县国土资源局的同志们，让我们感受到了乌蒙山区的优美风景与淳朴的民风，以及他们兢兢业业、扎根基层的工作态度。我们由衷地希望包括寻甸县在内的乌蒙山片区各区县，不仅在2020年全部实现脱贫，还要过上更加富裕、幸福、安康的生活。中国人民大学公共管理学院2017级硕士研究生王佳、张艺璇、李怡三位同学参加了部分数据的运算和图表制作工作，在此一并感谢。

我们要特别感谢知识产权出版社的蔡虹和程足芬两位老师，帮助我们精心审稿和编辑，使本书能够顺利出版。

本书初稿于2019年10月15日提交到出版社后，于2020年1月14日返回校对稿。一一修订后，于2020年2月8日（庚子年正月十五）再次提交到出版社。此时此刻我的心情，没有因为书稿的提交而高兴，反而因新冠肺炎的肆虐非常沉重。这是一个终身难忘的庚子年春节。想到病患因病不能欢度春节，被病毒折磨，甚至失去生命，难过得落泪。看到全国各地的医护人员逆行而上，驰援湖北，我被他们大仁大爱的勇气和精神所感动。

为了降低被传染的几率，我们都被要求宅在家中。面对疫情，中国人最不缺的就是幽默。有一个让人哭笑不得的小视频，想必大家都看过。妻子抱怨丈夫在家天天躺着，丈夫却理直气壮地说：“国家让我躺着的、国家让我躺着的。”各种口号和段子满天飞。“这届高三，生于非典，考于肺炎”“现在下床就是周边游，客厅就是省内游，进厨房、洗手间、阳台就是国内游，出小区都要办签证，已经是出国游了”“戴口罩总比戴呼吸机好，躺家里总比躺ICU好”。春节祝福都加上了“戴口罩、勤洗手、多喝水”三句话。

对我而言，这是一本难忘的书。

张秀智

2020年2月8日于重庆渝北区